तोहफ़ा और तोहफ़ा

सुरिन्दर गीत

अनुवाद

सुभाष नीरव

वाणी प्रकाशन

प्रकाशन के उत्कृष्टतम 61 वर्ष

vaniprakashan.com

सजिल्द प्रथम संस्करण : 2024

वाणी प्रकाशन
4695, 21-ए, दरियागंज, नयी दिल्ली-110 002
फ़ोन : +91 11 23273167, 23275710
शाखाएँ
अशोक राजपथ, पटना-800 004, बिहार
कॉफ़ी हाउस कैम्पस, महात्मा गांधी मार्ग, प्रयागराज-211 001, उत्तर प्रदेश
महात्मा गांधी अन्तरराष्ट्रीय हिन्दी विश्वविद्यालय, वर्धा-442 001, महाराष्ट्र
sales@vaniprakashan.in
vaniprakashan@gmail.com

Tohfa Aur Tohfa
by Surinder Geet
Translated by Subhash Neerav

ISBN : 978-93-6287-259-3
Collection of Stories

मूल्य : ₹ 450

आर. टेक ऑफ़सेट प्रिंटर्स, दिल्ली-110 032 में मुद्रित

वाणी प्रकाशन का लोगो मक़बूल फ़िदा हुसेन की कूची से

समर्पण

अपनी आदरणीय माता
मुख्तियार कौर धालीवाल
की
आत्मीय स्मृति को...

भूमिका

सुरिन्दर गीत पंजाबी काव्य जगत में एक प्रौढ़ और स्थापित नाम है। इसका प्रमुख कारण उसकी कविता में समकालीन यथार्थ के बहुआयामी पक्षों और जीवन-मूल्यों को बहुत ही सचेत होकर और संवेदनशीलता के साथ बयान किया गया है। उसका बयान समकालीन परिस्थितियों के प्रति लोकमुखी और लोकपक्षी दृष्टि वाला रहा है। लगभग एक दर्जन काव्य पुस्तकों के माध्यम से उसने सामाजिक यथार्थ के अनुभवों को कलात्मक सौन्दर्य के ज़रिये व्यक्त किया है। हस्तगत कहानी-संग्रह 'तोहफ़ा और तोहफ़ा' के ज़रिये उसने पंजाबी कहानी के क्षेत्र में पाँव रखा है। इस कहानी-संग्रह में कुल सत्रह कहानियाँ शामिल की गयी हैं। ये कहानियाँ हमारे समाज-सभ्याचार के प्रसंग में विचरते छोटे-छोटे पलों के अन्दर की ताँतों, तनावों और अंशों को बयान करती हैं। ये कहानियाँ अपने कथात्मक विवेक द्वारा ज़ात-पात, धर्म आदि पर आधारित समाज-संस्कृति के अन्त:र्सम्बन्धों को इसकी गतिशीलता में रूपमान करती हैं। ऐसा करते हुए कहानीकार सुरिन्दर गीत अपने जीवन अनुभव को एक विशेष विधि, मानववादी दृष्टि और धर्म-निरपेक्षता के माध्यम से प्रकट करती है। इन कहानियों की विलक्षणता इस बात में है कि ये कहानियाँ जीवन की विभिन्न परतों, दशा और दिशा को बहुत ही सूक्ष्म तरीक़े के साथ बयान करती हैं। इन कहानियों के अन्दर के पात्र सामाजिक परिवर्तनों के वेग को भिन्न-भिन्न वृत्तान्तों के ज़रिये रूपमान करते हैं। यही कारण है कि इन कहानियों की रचना-विधि अधिकतर वर्णनात्मक है। इन कहानियों के अन्दर का तनाव और टकराव ही इनके अस्तित्व की विधि को निर्धारित करता है।

पंजाबी साहित्य की एक विडम्बना यह भी रही है कि स्त्री के साहित्य-सृजन को पुरुष के दृष्टिकोण से समझने-समझाने का यत्न होता रहा है। सुरिन्दर गीत

स्त्री की त्रासदी को एक विशेष नज़रिये से अपनी कहानियों में प्रगट करती है। यह त्रासदी हमारे समाज की उन पुरुष-प्रधान प्रवृत्तियों के कारण है जो सामन्ती अवशेष और पूँजीवादी प्रबन्ध की भयानक परम्पराओं की वजह से वजूद ग्रहण करती हैं। सुरिन्दर गीत इन प्रवृत्तियों और परम्पराओं को नकार कर मनुष्यता और स्त्री की बेहतरी की बात इन कहानियों में करती है। इन कहानियों की विषय-वस्तु पंजाबी समाज में स्त्री और पुरुष के सामाजिक अस्तित्व और होनी को भी रूपायित करने का यत्न करती है। इसके अतिरिक्त पिछले लम्बे समय से पंजाब में प्रवास धारण करने की प्रवृत्ति को भी ये कहानियाँ अग्रभूमि में लाती हैं। सुरिन्दर गीत की मलवई उपभाषाई सामर्थ्य के कारण ये कहानियाँ कलात्मक पक्ष से भी अपने पाठकों को आकर्षित करती हैं।

इस कहानी-संग्रह की पहली कहानी 'ताये के : चोर-उचक्के नहीं' कैनेडा में उन मूल निवासियों की ज़िन्दगी की त्रासदिक स्थितियों को बयान करती है जो वहाँ के सभ्य समाज की असल तस्वीर है। कैनेडा, अमरीका या ऑस्ट्रेलिया आदि देशों में रहते मूल निवासियों की नारकीय ज़िन्दगी के बारे में बहुत कम पंजाबी कहानियाँ देखने को मिलती हैं, इसके बावजूद यह कहानी इन देशों के मूल निवासियों की समस्याओं, संकटों, सीमाओं और संवेदनाओं को बख़ूबी बयान करती हैं। कहानीकार की संवेदना इन मूल निवासियों के हक़ों के पक्ष में है जो साम्राज्यवादी धौंस के चलते अपने मुल्क में ही ग़रीबी और भुखमरी का शिकार होने को विवश कर दिये गये हैं। यहीं पर अन्त नहीं है, इन मूल निवासियों को साम्राज्यवादी कूटनीतियों के कारण अपने ही देश में 'चोर-उचक्के' बना दिया गया है। कहानीकार इस वृत्तान्त को सृजित करने में सफल होती है कि साम्राज्यवादी सियासत का शिकार यह मूल निवासी (माइकल फ़ोनटैन) संवेदनशील और शिष्टाचारी इन्सान है। ऐसी भावना को व्यक्त करती कहानी की निम्नलिखित पंक्तियाँ वर्णनयोग्य हैं :

उसका डॉटर (Daughter) कहना मेरे लिए बेहद अचम्भे की बात थी। मेरी आँखें भर आयीं। मैंने वह दस का नोट उसको देना चाहा, पर उसने यह कहकर इनकार कर दिया कि किसी दिन ब्रेकफास्ट ख़रीद देना जिस दिन मुझे भूख हुई।

लेखिका का मानना है कि यह नेटिव लोग सामाजिक-राजनीतिक परिस्थितियों से सताये, उत्पीड़ित और टूटे हुए लोग हैं न कि चोर-उचक्के। इन्हें समाज की हमदर्दी और प्यार की बेहद ज़रूरत है ताकि ये भी दूसरे लोगों की तरह अपना जीवन मान-सम्मान से व्यतीत कर सकें। कहानीकार सुरिन्दर गीत सामाजिक यथार्थ के तनावों, टकराहटों और अपवादों के प्रति चेतन और संवेदनशील नज़र आती है।

उसकी संवेदना जहाँ स्त्री मन की अति सूक्ष्म ताँतों के साथ जुड़ती है, वहीं समाज के कुरूप चेहरे को भी वह अग्रभूमि में लाती है। इस संग्रह की शीर्षक कहानी 'तोहफ़ा और तोहफ़ा' में औरत की ममता और मोह को पेश करने के साथ-साथ बाह्यमुखी यथार्थ के अन्दर की विसंगतियों को भी उजागर करती है। इस कहानी के पात्र बलबीर के ज़रिये लेखिका ने औरत के बड़े आदर्शों और मोह-ममता की ताँतों को सिरज कर हमारे समाज में फैली धार्मिक साम्प्रदायिकता पर भी चोट की है। बलबीर जब अपनी सहेली के बेटे रोहित को अपनाकर अपने हिस्से की सारी सम्पत्ति उसके हवाले कर देती है तो कहानीकार इसको एक बहुमूल्य तोहफ़ा मानती है। कहानी की अन्तिम पंक्तियाँ इसकी गवाही भरती हैं–

आजकल बलबीर की क्लीनिक पर मोटे अक्षरों में डॉ. रोहित भुल्लर, एम.डी. लिखा हुआ है और बलवीर उस वास्ते एक सुन्दर-सलोनी लड़की तलाश कर रही है।

'तोहफ़ा और तोहफ़ा' कहानी में समाज के अन्दर औरत के स्थान की निशानदेही भी की गयी है। कहानी की निम्नलिखित पंक्तियों में औरत के अस्तित्व के संकट का अहम खुलासा इस प्रकार किया गया है :

बलबीर ने बताया कि उसके नाना-नानी, दादा-दादी सब परलोक सिधार गये। हरीश माता-पिता की इकलौती औलाद थी। न ससुराल वालों ने, न मायके वालों ने नीरू का साथ दिया। किसने उसकी मौत का शोक न मनाया। माँ-बाप भी उसे कलंक समझते थे और ससुराल वाले भी। किसी ने नीरू के बच्चे के बारे में नहीं पूछा।

सुरिन्दर गीत मालवा क्षेत्र की जन्मी-पली है। बेशक उसको कैनेडा जाना पड़ा, इसके बावजूद उसकी मलवई आत्मा मालवा के प्यार और मोह भीगे अनुभवों के साथ लबरेज रही। ऐसे अनुभव ही उसके ज़हन में पार-राष्ट्रीय चेतना को ग्रहण करते हैं। यही कारण है कि इस संग्रह की कहानियाँ औरत की भावुक आकांक्षाओं के साथ-साथ उसकी सामाजिक-आर्थिक आकांक्षाओं और तनाव को बयान करती हैं। विदेश की धरती पर औरत की दुर्दशा को 'क़ुरबानी' कहानी के माध्यम से पेश करने का यत्न किया गया है। इस कहानी के अन्दर की औरत पात्र मीतां की दास्तान को नीचे लिखी पंक्तियाँ यूँ बयान करती हैं :

...फिर एक दिन मेरी बाँह तोड़ दी। एक दिन बालों से पकड़कर दरवाज़े तक घसीटकर ले गया और बोला–यहीं दरवाज़े में बैठकर रात काट। मैं दो-तीन घण्टे बैठी रही।

सुरिन्दर गीत की कहानियाँ जहाँ हमारे समाज में फैली ज़ात-पात की कुरीति पर प्रश्नचिह्न लगाती हैं, वहीं धर्म के नाम पर बने विभाजन के बारे में भी ये कहानियाँ हमें सचेत करती हैं। इसके अलावा, एक और बहुत बड़ा सवाल इन कहानियों के ज़रिये हमारे सम्मुख आता है कि क्या कारण है कि कैनेडा जैसा देश इतनी तरक़्क़ी करके आज दुनिया के सबसे सुन्दर और सामर्थ्यपूर्ण देशों में गिना जाता है, वहीं भारत और पंजाब आज भी पिछड़ेपन का शिकार हैं। यह पिछड़ापन सिर्फ़ आर्थिक ही नहीं, बल्कि मानसिक और सामाजिक भी है। इस पिछड़ेपन को इन कहानियों के ज़रिये सुरिन्दर गीत हमारे ध्यान का केन्द्र-बिन्दु बनाती है। यही कारण है कि इन कहानियों में पंजाबी समाज के अलग-थलग पड़े वर्गों/जातियों के विभिन्न कारणों में से उत्पन्न हुई दिक़्क़तों को भोगती पंजाब की साधारण स्त्री की दास्तान के दर्शन होते हैं। इन भिन्न-भिन्न कहानियों में पंजाब की ज़ात-जमात की प्रक्रिया में स्त्री को इन सामाजिक परिस्थितियों के प्रकरण में प्रस्तुत किया गया है। इस सन्दर्भ में 'माँ', 'मैं अच्छी माँ हूँ', 'गुनाह' आदि कहानियाँ देखी जा सकती हैं।

सुरिन्दर गीत अपनी कहानियों में आधुनिक मनोविज्ञान का सहारा लेकर पंजाब की स्त्री के व्यक्तित्व को भी समझने का यत्न करती है। उसने कई कहानियों में स्त्री को मानसिक कारणों की वजह से भी कष्ट भोगते दिखाया है। इन कहानियों में लेखिका स्त्री को अपने अस्तित्व का अहसास करवाने का यत्न करती है और स्वयं की चेतना ही उसको इन कहानियों में विशेष प्रकार के स्त्री पात्रों को सृजित करती हुई उन्हें आदर्श पात्र बनाकर पेश करती है।

सुरिन्दर गीत का स्त्री के प्रति दृष्टिकोण सम्मानजनक है। अपने आदर्शवादी और मनुष्यतावादी नज़रिये के कारण ही वह स्त्री-पुरुष सम्बन्धों को सिरजती है। कई कहानियाँ आदर्शवाद या रोमांस की हदों को भी खींचती दृष्टिगोचर होती हैं। असल में, सुरिन्दर गीत इन कहानियों में यथार्थवादी पहुँच को अपनाने का यत्न करती है। इन कहानियों के अन्दर की स्त्री एक आम साधारण स्त्री है जिसकी चिन्ताओं और दुख-तकलीफ़ों का कारण पुरुष प्रधान समाज भी है और पूँजीवादी व्यवस्था भी उसकी समस्याओं को बढ़ाती है। इसके साथ लेखिका का दृष्टिकोण एक ओर झुका न होकर सन्तुलन को क़ायम रखने वाला है। उसने स्त्री को मानववादी नज़रिये से देखने-परखने की कोशिश की है। इसी नज़रिये ने उसको भावुक होने से बचाया है। इस नज़रिये के कारण ही उसने स्त्री को उसकी साधारणता में पेश करने का यत्न किया है।

स्त्री के प्रति समाज के इस दृष्टिकोण को समझने/समझाने का यत्न लेखिका बड़ी गम्भीरता के साथ करती है। इस दृष्टिकोण के कारण ही उसकी शैली,

तकनीक या रूप, वृत्तान्त आदि तय होती है। इन कहानियों के साधारण पात्र साधारण परिस्थितियों में विचरते लगते हैं। उसकी कहानी कला की तकनीक मन-कथा या चिट्ठियों जैसी लगती है। उदाहरण के तौर पर उसकी कहानियाँ 'कैनेडा की टिकट', 'खेत के कोने में', 'देवता', 'बेटी का क़र्ज़' आदि में ऐसी तकनीक के दर्शन होते हैं। कई कहानियों में वह अपने विचार पहले घड़ती है और बाद में उनको अलग-अलग पात्रों के माध्यम से प्रस्तुत करने का यत्न करती है। यही कारण है कि उसकी कहानियाँ हमें भावुक काव्य जैसा भ्रम देती हैं। उदाहरण के तौर पर 'नयी जूती' कहानी की शुरुआत वह नीचे लिखे शब्दों से करती है :

मैं जैसे ही 'लोकगीत प्रकाशन' की किताबों वाली दुकान के अन्दर गयी तो देखा कि दो लड़कियाँ किताबें ख़रीद रही थीं। उन लड़कियों और दुकानदार की बातचीत से पता लग गया कि वे जिस कालेज में पंजाबी पढ़ाती थीं, उस कालेज की लायब्रेरी के लिए वे किताबें ख़रीद रही थीं। वे दोनों लड़कियाँ कम्प्यूटर काउंटर पर खड़ी थीं और लगातार एक से बढ़कर एक अच्छी किताब काउंटर पर निकलवा रही थीं।... उनकी किताबों का चयन इस बात की गवाही भरता था कि वे अमीर विचारों वाली हैं।

सुरिन्दर गीत की इन कहानियों की भाषा कई बार भावुकता के नज़रिये से काव्यमयी भी हो जाती है। इस प्रकार की भाषा को 'क़ुरबानी', 'गुनाह', 'मैं अच्छी माँ हूँ' आदि कहानियों में देखा जा सकता है। इन कहानियों में मध्यवर्गीय पात्रों की भाषा विशुद्ध मलवई है जो पात्रों के अनुकूल हमें स्वाभाविक प्रतीत होती है। इन कहानियों में स्त्री के दुख-दर्दों को एक तरह की प्रगीत शैली में पेश किया गया है। इस कारण इन कहानियों में लेखिका ने असाधारण अनुभव की पेशकारी भी की है और अनेक कहानियों में दुख के प्रबल अनुभव को भी रेखांकित किया है। यही कारण है कि कई बार ये कहानियाँ हमें अन्तर्मुखी प्रतीत होती हैं। ऐसी अन्तर्मुखता की आवश्यकता कविता लिखते समय अधिक होती है। इसलिए ये कहानियाँ कोमलता के साथ-साथ स्त्री के प्रति सहानुभूति को जाग्रत करती हैं और स्त्री के दुखों-सुखों को समझने की चेतना भी प्रदान करती हैं।

सुरिन्दर गीत की कहानियाँ हमारे समाज के असमान बँटवारे, ज़ात-पात व्यवस्था, आर्थिक लूट आदि के बारे में सचेत करती हैं। इन कहानियों के अन्दर के पात्र मध्यवर्गीय आर्थिक व्यवस्था से सम्बन्धित होने के कारण बेचैनी और भय का शिकार होते नज़र आते हैं। इन कहानियों की साधारण बातें भी असाधारण प्रभाव निर्मित करती हैं। कहानी लेखिका ये बातें बहुत सचेत होकर कर रही है। इन बातों के

पीछे उसकी गहरी सोच है। यही कारण है कि वह अपनी कहानी में मानवीय वजूद के सवाल को बख़ूबी सर्जनात्मक अभिव्यक्ति देती हुई पाठक के मन में मनुष्य को मनुष्य बनने का सन्देश देती है। यही सन्देश इन कहानियों की ताक़त है। आशा है कि सुरिन्दर गीत अपनी इस ताक़त को पहचानती हुई पंजाबी कथा साहित्य में और वृद्धि करेगी। आमीन!

—डॉ. भीम इंदर सिंह
पंजाबी यूनिवर्सिटी
पटियाला।

दो शब्द

संसार में पैदा हुए हर मनुष्य के अन्दर एक कलाकार बसता है। साहित्यिक पक्ष से यह कलाकार शब्दों का जादूगर और सुरीली आवाज़ का मालिक हो सकता है। प्राकृतिक तौर पर जिन सूझवान लोगों के हाथ में क़लम लग जाती है, वह अपनी रचनाओं के ज़रिये दुनिया से रू-ब-रू होते हैं। इसलिए हरेक रचनाकार का अपना एक संसार होता है। बाहरी सामाजिक व्यवहार में यदि कोई अच्छी-बुरी घटना घटित होती है तो रचनाकार उस घटना को अपने अन्दरूनी किरदार की सोच और समझ के अनुसार बड़े गहरे रूप में भिन्न-भिन्न साहित्यिक कृतियों के माध्यम से लोगों के सम्मुख करता है।

मैं पिछले लम्बे समय से कैनेडा में रह रही हूँ। कैनेडा की धरती पर मेरा अधिक समय पारिवारिक ज़िम्मेदारियों और डॉलर एकत्र करने में बीता। उम्र के अलग-अलग पड़ावों में से गुज़रते हुए मेरी साहित्यिक रचनाशीलता की भूख बढ़ती गयी। इस दौरान मुझे भारतीय पंजाब में साहित्यिक रुचियों से सम्बन्धित भिन्न-भिन्न लोगों से मिलने, विचार-विमर्श करने और सुनने का अवसर समय-समय पर प्राप्त होता रहा। इस साहित्यिक सकारात्मक ऊर्जा के कारण ही मैं अपने मन के भावों और अनुभवों को अपनी रचनाओं के माध्यम से पाठकों के सम्मुख करती रही हूँ। कैनेडा की धरती पर रहते हुए भी मेरा अवचेतन सदैव भारतीय पंजाब के साथ जुड़ा रहता है। इस पूर्वी और पश्चिमी समाज-सभ्यता में से जो कड़वे-मीठे अनुभव हासिल हुए हैं, उनको मैंने अपने कहानी-संग्रह 'तोहफ़ा और तोहफ़ा' में दर्ज कहानियों के ज़रिये पेश किया है।

कैनेडा की पंजाबी कहानी के क्षेत्र में 'तोहफ़ा और तोहफ़ा' मेरा पहला कहानी-संग्रह है। इस कहानी-संग्रह में लगभग सत्रह कहानियाँ शामिल हैं। प्रत्येक कहानी जीवन के भिन्न-भिन्न पक्षों का रहस्य खोलती हुई भावनात्मक दृष्टि से समाज में

रहते इन्सान की असलियत से परिचित करवाते हुए आगे बढ़ती है। ये कहानियाँ पंजाब के स्वस्थ मौसमों में से निकलकर कैनेडा आ बसे मनुष्य के मशीनी जीवन के अलावा अल्पसंख्यक सम्प्रदाय होने के कारण किस तरह प्रवासियों को अनेकानेक समस्याओं का सामना करना पड़ता है, इन कहानियों में उन गहन-गम्भीर मसलों को उघाड़ा गया है। इसी प्रकार कुछ कहानियाँ पंजाब में रहते लोगों के तंगियों-तुर्शियों से भरपूर जीवन से भी परिचित करवाती हैं। इन कहानियों के पात्र मेरे अपने आस-पास के सामाजिक परिवेश के अलावा निजी जीवन के साथ भी सम्बन्धित हैं।

वर्तमान समय में किसी प्रकार मनुष्य अपनी पहचान धीरे-धीरे गँवा रहा प्रतीत होता है। उसका मुख्य केन्द्र-बिन्दु सिर्फ़ पैसा और भौतिक लालसा है। इस स्थिति में फँसे मनुष्य में से इन्सानियत ख़त्म हो रही है। इस पक्ष में मेरे इस कहानी-संग्रह 'तोहफ़ा और तोहफ़ा' में मनुष्य जीवन की कई परतों को खँगालने का यत्न किया गया है। इस संग्रह की समूची कहानियाँ नयी और पुरानी पीढ़ी के मध्य बढ़ रहे पीढ़ी-फ़ासले की समस्या, कैनेडा में काम करने के उचित अवसरों की बहुतायत, कैनेडा में गोरों द्वारा यहाँ के मूल निवासियों पर किये जाते जुल्मों की दास्तान, पंजाबियों की मदद करने की प्रवृत्ति, कैनेडा की धरती पर बने ऊँचे टावरों की ख़ूबसूरती, रिश्तों के अन्दर टूट-फूट, अन्तर-सांस्कृतिक साँझ और टकराव, पंजाब के अन्दर कमज़ोर अर्थ-व्यवस्था के कारण बेरोज़गारी की समस्या, कैनेडियन जीवनशैली की मुख्य सुविधाएँ, अन्तर्जातियों में बीच नाजायज़ सम्बन्धों का दुखान्त, बुजुर्ग पीढ़ी की त्रासदी, अनमेल और अन्तर-नस्ली विवाह प्रबन्ध, दहेज प्रथा, दाम्पत्य जीवन का दुखान्त, शिक्षा की बेक़द्री, अवैध तरीक़ों से हो रहा प्रवास, लड़कियों को न पढ़ाने के बारे में सामन्तवादी मानसिकता से सम्बन्धित लोगों की संकीर्ण सोच, लड़की-लड़के में भेदभाव, गाँव में श्रमिक वर्ग की हालत, घरों में होता औरतों का शोषण, माँ-बाप द्वारा विदेश जाने के लालच में बेटियों का सौदा करना, 1984 का दुखान्त और पश्चिमी जीवन में बढ़ रही प्रतियोगिता जैसी समस्याओं को उघाड़ती हैं। सो, मैंने इन कहानियों के माध्यम से मनुष्य जीवन के राजनीतिक, सामाजिक, आर्थिक और सांस्कृतिक पक्षों को अनावृत करने की कोशित की है। इसमें मैं कितनी सफल हुई हूँ, यह निर्णय पाठकों के हाथ में है।

—सुरिन्दर गीत

अनुक्रम

तायेके : चोर-उचक्के नहीं

कैलगरी के नये सिटी हॉल को बने अधिक समय नहीं हुआ था। कहते हैं, अल्बर्टा सरकार और सिटी कौंसल ने बहुत ख़र्च किया इस शानदार इमारत पर। मेरा सौभाग्य कि मैं इस ख़ूबसूरत इमारत में एक दिलकश दफ़्तर में काम करती थी। सच मानिये, काम पर जाने का चाव चढ़ा रहता था।

पहली मंज़िल अर्थात मेन लॉबी की ख़ूबसूरती देखने वाली थी। चमकता-चमचमाता फ़र्श और बहुत क़ीमती कुर्सियाँ रखी हुई थीं। सिटी हॉल देखने वाले लोगों की आवाजाही बहुत रहती थी। कहने का तात्पर्य यह कि ख़ूब रौनकें लगी रहतीं। लॉबी में पड़ी कुर्सियाँ लगभग भरी ही रहतीं।

सोमवार का दिन था। आदत के अनुसार मैं दफ़्तर के टाइम से 15-20 मिनट पहले सिटी हॉल पहुँच गयी। अपना पर्स अपने डेस्क पर रख मैं मेन लॉबी में घूमने के लिए आ गयी।

अपने ध्यान में मैं इधर-उधर सिटी हॉल की सुन्दरता और बनावट देख ही रही थी कि एक आवाज़ ने मेरा ध्यान अपनी ओर खींच लिया।

"मुझे भूख लगी है। क्या तुम मेरे लिए ब्रेकफास्ट ख़रीद सकते हो?"

मैंने उसको ग़ौर से देखा। काफ़ी बड़ी उम्र का बुजुर्ग था वह। मोटा बड़ा चेहरा, जो बुढ़ापे के कारण सिकुड़ गया लगता था। मैले-कुचैले कपड़े, बिखरे हुए धूल-मिट्टी से भरे बालों की दो चोटियाँ, लम्बी उलझी हुई सफ़ेद दाढ़ी और गीद से भरे कोयों में धँसी आँखें। उसके चेहरे पर एक बड़े-से पुराने ज़ख़्म का निशान भी था। उसके पास एक छड़ी भी पड़ी थी। बाद में मुझे पता लगा कि वह छड़ी के सहारे चलता है और इसकी टाँग में कोई नुक्स है। साधारण लोगों की तरह चल-फिर नहीं सकता था और वह सिटी हॉल की बड़ी सुन्दर-सी, महँगी और नयी नकोर कुर्सी पर बैठा था।

पहली ही नज़र में मैं समझ गयी कि यह 'ताये का' है। 'ताये का' यूँ क्योंकि यहाँ के मूल निवासियों को हमारे भारतीय पंजाबी लोग 'ताये के' ही कहते हैं। 'ताये के' कहने का एक कारण यह भी हो सकता है कि मैक्सीकन लोगों की तरह इनके नयन-नक्श भी भारतीय मूल के लोगों के साथ मिलते-जुलते हैं और इन्हें भी इंडियन कहा जाता है। मैं इस बारे में कुछ कहने से संकोच ही करूँगी, क्योंकि मैं इतिहास से अधिक परिचित नहीं हूँ।

इतिहासकार बताते हैं कि चार-पाँच हज़ार साल पहले ये लोग साइबेरिया से बैरिंग स्टेट के रास्ते जमी हुई बर्फ़ के अलास्का आये और फिर आगे चलकर कैनेडा की धरती पर फैल गये। ऐसा मूल निवासी भी कहते हैं कि वे तो तब से यहाँ रह रहे हैं, जब से यह धरती बनी है। हमारी तरह इनमें भी मिथकीय कहानियाँ प्रचलित हैं।

ज्यों ही मैंने उसकी तरफ़ देखा तो मेरा मन भर आया। इस देश में भी भूखे लोग हैं? अपने आपसे किये इस सवाल ने मुझे झकझोर कर रख दिया।

"मेरा पर्स मेरे दफ़्तर में है। मैं पैसे लाकर देती हूँ।" मैंने कहा।

वह कुछ न बोला। मैं चुपचाप ऐलिवेटर से होती हुई छठी मंज़िल पर पहुँच गयी। अपना पर्स देखा। मेरे पास पाँच-पाँच के केवल दो नोट ही थे। सोचा, दस डॉलर दे देती हूँ। फिर सोचा कि मुझे भी ज़रूरत पड़ सकती है। चलो, पाँच डॉलर दे देती हूँ। अपने आप से यह फ़ैसला करके मैंने पाँच डॉलर का नोट उसके हाथ में पकड़ा दिया। उसने सिर से लेकर पैरों तक मुझे देखा। धन्यवाद किया और छड़ी की ओर हाथ बढ़ाया। शायद वह कुछ खाने के लिए कोई चीज़ ख़रीदने जा रहा था। मेरे दफ़्तर का समय हो रहा था, इसलिए मैं बिना उसकी तरफ़ देखे तेज़ी के साथ अपने डेस्क पर आ बैठी।

उस दिन मैं दिनभर उस बुजुर्ग के बारे में सोचती रही। विभिन्न प्रकार के ख़याल मन को घेर रहे थे। ख़ैर, उसको पाँच डॉलर देकर मुझे अपना आप अच्छा-अच्छा सा लग रहा था।

दूसरे दिन वहाँ ताये के इक्का-दुक्का कुछ और लोग बैठे थे, पर वह नहीं था। हफ़्ते के पाँच दिन बीत गये, पर वह न आया। एक दिन सिक्युरिटी गार्ड उन लोगों को वहाँ बैठने से रोक रहा था। मुझे तरस भी आया कि ये बेचारे बारिश में कहाँ जाकर बैठेंगे और साथ में मुझे उस बुजुर्ग का ख़याल आया जिसको मैंने एक दिन पाँच डॉलर दिये थे। सोचा, कहीं चला गया होगा। उसका कौन-सा कोई घर-घाट होगा।

तीसरे सप्ताह एक दिन दोपहर के समय मैंने उसको सिटी हॉल के बाहर बने एक चबूतरे पर बैठा देखा। वह कुछ खा रहा था। मैं अपनी एक अंग्रेज़ सहेली के साथ लंच पर जा रही थी। उसने मुझे देख लिया था, पर मेरे साथ मेरी सहेली होने के कारण मैंने उसको नहीं बुलाया। सोचा, यदि मैं इसके पास खड़ी हो गयी, मेरी सहेली क्या सोचेगी।

उसके बाद मैं कभी उसको सिटी हॉल की कुर्सियों पर, कभी सिटी हॉल के बाहर और कभी लाइब्रेरी के पास देखती। आज तक मैंने उसे चलते हुए नहीं देखा था। पर जब मैंने उसको चलते हुए देखा तो पता चला कि वह बहुत मुश्किल में था। बमुश्किल ही पैर उठा पाता था।

दिन बीतते गये। मेरी उसके साथ अक्सर ही हैलो होती रहती। वह हमेशा अकेला होता था। वह बड़ी विनम्रता के साथ मुझे हैलो कहता और मैं भी बड़े आदर के साथ उसकी हैलो का जवाब देती। मेरी एक सहेली दूसरे डिपार्टमेंट में थी, पर कॉफ़ी या लंच ब्रेक पर मेरा उसका मेल हो जाता था। वह अक्सर ही मेरा यह कहकर मज़ाक़ उड़ाती कि तेरा दोस्त बैठा है। जब वह ऐसा कहती तो सचमुच वह मुझे मेरा दोस्त लगता। पर एक दिन उसने मुझे कह ही दिया, "ये लोग चोर होते हैं। नशा-पत्ता भी करते हैं। कामकाज करते नहीं। ये निठल्ले सरकारों पर बोझ हैं। यूँ ही घूमते-फिरते हैं। स्टोरों में से भी सामान चोरी-छिपे उठाकर खा जाते हैं।"

मैंने उसकी बात तो सुनी पर कोई ख़ास हुंकारा न भरा। पता नहीं क्यों।

सर्दियों का मौसम आ गया। ठण्ड बढ़ने लगी। कभी-कभी बर्फ़ भी पड़ जाती। उसके पैरों में तो कुछ अच्छे बूट होते, पर उसकी जैकेट बहुत ही फटी-पुरानी थी, उसमें दो-एक बड़े-बड़े छेद भी थे।

और उस दिन अत्यधिक ठण्ड थी। दफ़्तर में बैठी मुझे उसका बार-बार ख़याल आ रहा था। एकदम से ख़याल आया कि घर में एक जैकेट पड़ी है। अच्छी भारी जैकेट है। मेरे हसबैंड की पुरानी जैकेट। वह तो उसको पहनता नहीं है। क्यों न वह इसको दे दूँ? फिर ख़याल आया कि उसने कौन-सा मुझसे माँगी है। मुझे मेरी सहेली की बात याद हो आयी कि ये लोग चोर-उचक्के होते हैं।

इन सभी अच्छे-बुरे ख़यालों के बावजूद मैं अपने हसबैंड के पुराने दस्ताने, एक पुराना गरम स्कॉर्फ़ और पुरानी जैकेट पलास्टिक के बैग में डालकर ऑफ़िस आते समय अपने साथ ले आयी। सोचा, वह मुझे सिटी हॉल के अन्दर या बाहर कहीं मिल जायेगा। पर उस दिन वह मुझे दिखायी न दिया। मैंने सारा सामान अपने लॉकर में रख लिया यह सोचकर कि जब भी मिलेगा, दे दूँगी।

और एक दिन वह मुझे मिल ही गया। उसी कुरसी पर बैठा जिस पर बैठे हुए ने मुझसे ब्रेकफास्ट के लिए पैसे माँगे थे। मैं दौड़कर सारा सामान उठा लायी और उसे दे दिया। उसकी आँखों में चमक फैलने लगी और वह लगातार मेरी तरफ़ देखे जा रहा था।

मेरा भी मन करता था, उसके साथ बातें करूँ। सो, मैं कुछ देर उसके पास खड़ी रही।

मैंने उसके चेहरे पर पड़े बड़े-से निशान के बारे में पूछा तो उसने गहरी आह भरकर बताया कि जब वह छह साल का था तो अंग्रेज़ लोग उसको और उसकी बहन को उसके माँ-बाप से छीनकर किसी दूर के स्कूल में ले गये थे।

उसने दुबारा एक लम्बी साँस ली और बोला, "उस दिन मेरा बाप घर पर नहीं था। मेरी माँ ने बहुत ज़िद की। वह किसी भी सूरत में मुझे और मेरी छोटी बहन को उनके साथ भेजना नहीं चाहती थी। मेरी माँ ने एक गोरे आदमी को दूर धकेल दिया तो उसने मेरी माँ को गोली मार दी। मुझे इतना याद है कि मेरी माँ गिर पड़ी थी और ख़ून से लथपथ थी।"

उसने फिर एक गहरा नि:श्वास भरा, "उसके बाद मेरे माँ-बाप के साथ क्या बीता, कुछ पता नहीं। बस इतना मालूम है कि वे मुझे और मेरी बहन को अलग-अलग स्कूलों में ले गये थे।"

उसकी आँखों में से पानी बहने लगा।

"किसी रेजिडेंशियल स्कूल में?" मैंने कहा।

उसने 'हाँ' में सिर हिलाया। इससे पहले कि वह चेहरे के निशान के बारे में बताता, उसने टाँगों पर से पैंट ऊपर उठाकर मुझे टाँगों की हालत दिखायी।

"यह क्या?" मैंने हैरान होकर पूछा।

"वहाँ स्कूल में हमें बहुत मारा-पीटा जाता था। मैं कुछ तगड़ा था। मैंने तंग आकर वहाँ से भागने की कोशिश की। उन्हें पता लग गया और मेरी टाँगों का यह हाल कर दिया। वे लगातार मेरी टाँगों पर डण्डे मार रहा था। मेरी एक हड्डी भी टूट गयी थी, पर किसी ने कोई दवादारू न की। मैंने ख़ुद ही एक कपड़े के साथ कसकर उस जगह को बाँध लिया। मैं तब से ही लँगड़ाकर चलता हूँ। अब उम्र के साथ-साथ तकलीफ़ बढ़ गयी है।" कहते-कहते उसकी आँखें भर आयीं।

मेरा मन भी अन्दर ही अन्दर रो रहा था।

मैंने हौसला करके पूछा, "और यह चेहरे का निशान?"

उसने अपने माथे के निशान को सहलाते हुए बताया, "एक दिन जब मैंने खाने के लिए कुछ ज़्यादा भोजन माँगा तो मेरी बहुत पिटाई हुई। मुझे भूख बहुत लगती थी। वहाँ किसी ने (उसका भाव किसी टीचर या प्रबन्धक से था) मेरे इतनी ज़ोर का थप्पड़ मारा कि मेरा माथा किचन में पड़े तीखे किनारे वाले पतीले से जा बजा। बहुत ख़ून निकला था। यह उस जुल्म की निशानी है।"

इतना जुल्म! किस बात पर? मैं अपनी डबडबायी आँखों को छुपाने का यत्न कर रही थी।

मैंने घड़ी की ओर देखा। लंच टाइम का अभी आधा घण्टा शेष था।

उसने मेरा नाम पूछा और बदले में अपना नाम बताया। उसके कहने के मुताबिक़ उसका नाम माइकिल फ़ोनटैन था।

मैं चाहती थी कि उसके परिवार के बारे में बातचीत करूँ।

मैंने हिम्मत करके पूछ ही लिया, "माइकल, आप अपने माँ-बाप से दुबारा कभी मिले हो?"

उसने गहरा साँस लिया, आँखों पर हाथ फेरा और बोला, "जब मैं स्कूल से बाहर आया तो माँ-बाप और बहन को खोजना शुरू किया, पर उनकी कोई खोज-ख़बर न मिली। मेरी माँ तो शायद उसी समय गोली लगने से मर गयी होगी और बाप... कुछ पता नहीं।"

उसने अपने दुखदायी जीवन की कहानी को आगे बढ़ाते हुए कहा, "मैं तो विनीपैग में रहता था। मुझे किसी ने बताया कि तेरी बहन कैलगरी सिटी हॉल के आसपास घूमती-फिरती है। वह कुछ-कुछ पागल-सी हो गयी है। इसीलिए मैं यहाँ कैलगरी में आ गया हूँ अपनी बहन को खोजने। मैं हर औरत पर निगाह रखता हूँ कि शायद उनमें कोई मेरी बहन हो।"

मैं सोच रही थी कि शायद उसकी बहन उन हज़ारों बदनसीब लड़कियों, औरतों में से एक हो जिन्हें गुम हो गयीं या मर गयीं कहकर एक कमीशन बना था और जिसकी सिफ़ारिशों पर अभी तक कोई अमल नहीं हुआ था।

"और कोई है तेरे परिवार में?" मैंने पूछा।

वह और अधिक भावुक हो गया। रुलायी को रोकते हुए बोला, "मेरी गर्ल फ्रेंड गर्मियों में मैमोरियल ड्राइव वाले पुल के नीचे रात को सोये-सोये मर गयी।"

वह सिसकियाँ भरने लगा, पर जल्द ही आसपास देखकर सँभल गया।

दिन बीतते गये। उसका सिटी हॉल आना-जाना कम हो गया। मैं अक्सर ही उसके बारे में सोचती रहती। मुझे इस बात का सन्तोष था कि उसके पास गरम

जैकेट, दस्ताने और गरम स्कॉर्फ है। यदि कहीं बाहर पुल के नीचे भी सोयेगा तो ठण्ड से पूरा नहीं तो कुछ तो बचा रहेगा।

एक दिन फिर वह दिखायी दिया। सिक्युरिटी गार्ड उसको धमका रहा था कि बाहर जाकर बैठे और वह अपनी छड़ी के सहारे धीरे-धीरे बाहर की ओर जा रहा था। उसने मेरी दी हुई जैकेट पहन रखी थी। गले में स्कॉर्फ भी लपेट रखा था और हाथों में दस्ताने भी पहन रखे थे। यह देखकर मेरा मन भीतर से बहुत ख़ुश हुआ कि मेरी छोटी-मोटी सहायता उसके कितना काम आ रही है।

जब कहीं लंच के समय वह मुझे दिखायी दे जाता तो मैं छोटी-सी सैंडविच उसके लिए ख़रीद लेती और चुपके से फुर्ती के साथ उसको पकड़ा देती। मेरी एक-दो सहेलियाँ जो मुझसे पहले मज़ाक़ किया करती थीं, अब चुप ही रहतीं। मुझसे बूढ़े की कहानी सुनकर उनके दिल में भी उसके लिए सहानुभूति पैदा हो गयी लगती थी।

मेरी आदत थी कि मैं जब भी कुछ ख़रीदती तो कैशियर द्वारा वापस लौटाये पैसे मैं पर्स में डालने की बजाय जल्दबाज़ी में अपने कोट की जेब में ही डाल लिया करती थी।

एक दिन मुझे छठी मंज़िल से किसी काम से नीचे लॉबी में जाना पड़ा। शायद मेल रूम में मेल चेक करने गयी थी। जब मैं गयी थी तो वह मुझे कहीं भी नहीं दिखायी दिया। परन्तु जब मेल रूम से वापस आ रही थी तो मैंने देखा कि वह एक कुरसी पर बैठा था। पहले से काफ़ी कमज़ोर लग रहा था। जल्दी में होने के कारण 'हैलो' कहकर मैं उसके पास से गुज़र गयी।

थोड़े ही क़दम आगे गयी तो एक आवाज़ सुनाई दी।

"डॉटर ठहरो।"

मैं खड़ी हो गयी और पीछे मुड़कर देखती हूँ कि वह मुझे बुला रहा था। मैं उसकी तरफ़ बढ़ी तो उसने यह कहकर कि यह दस डॉलर का नोट तेरी जेब में से गिरा है, वह नोट मुझे पकड़ा दिया।

मैंने अपनी जेब में हाथ मारा तो देखा कि सचमुच ही यह दस डॉलर का नोट मेरे हाथ से ही जेब में से बाहर निकलकर फ़र्श पर गिर पड़ा था।

उसका मुझे 'बेटी' कहना मेरी लिए बेहद अचम्भे वाली बात थी। मेरी आँखें सजल हो उठीं। मैंने वह दस का नोट उसको देना चाहा, पर उसने यह कहकर इनकार कर दिया कि किसी दिन जब मैं भूखा होऊँगा, तुम मुझे ब्रेकफास्ट ख़रीद कर दे देना।

मैंने उस दस डॉलर के नोट को पर्स की एक गहरी जेब में सँभालकर रख लिया ताकि किसी दिन उसको ब्रेकफास्ट करवा सकूँ।

उसके बाद मैंने उसको कभी नहीं देखा। एक दिन मैंने उसके साथी से पूछ ही लिया कि क्या वह कहीं चला गया है?

उसने बताया कि वह तो कुछ दिन पहले मर गया। होमलैस शैल्टर में रात को सोया तो जागा ही नहीं। कुछ दिनों से बीमार-सा रहता था।

मेरी आँखें नम हो गयीं।

"क्या उसकी बहन जिसको वह तलाश रहा था, मिल गयी थी कि नहीं?" मैंने पूछा।

उसने भरी आँखों और भारी आवाज़ में कहा, "हाँ-हाँ! उसके मरने से दो-तीन दिन पहले ही मिली थी। दोनों बहन-भाई बहुत ख़ुश थे।"

चलो, कुछ ख़ुशी तो मिली, बेशक कम समय के लिए ही सही।

वह दस डॉलर का नोट मुझे टिकने नहीं दे रहा था। एक दिन मैंने उसके उसी साथी से कहा, "तुझे भूख लगी है?"

उसने 'हाँ' में सिर हिलाया और मैंने उन दस डॉलर का सिटी हॉल के कैफे से ब्रेकफास्ट ख़रीदकर उसको पकड़ा दिया। मुझे यूँ लगा मानो मैंने माइकल फ़ोनटैन का उधार चुका दिया हो।

मैं आज भी जब किसी नेटिव इंडियन को देखती हूँ तो मन ही मन कहती हूँ कि ये 'ताये के' चोर-उचक्के नहीं हैं। ये हालात के सताये, मारे-कूटे और टूटे हुए इन्सान हैं। ये हमारे प्यार और हमदर्दी के पात्र हैं।

गरम पानी

मैं जब भी जिम जाती, मेरी आँखें उसको तलाशती रहतीं। कई बार तो वह मेरे से पहले ही कसरत करके चली जाती और कई बार वह दौड़ने वाली मशीन पर मद्धम चाल से चल रही होती। कई बार वह मेरे से पहले ही अपना काम समाप्त करके जा चुकी होती और बहुत बार वह मेरे बाद आती। पर मैं जब भी जाती, उसको ज़रूर देखना चाहती। उसने बहुत ही महँगे ब्रैंड के कसरत वाले कपड़े और बहुत ही बढ़िया बूट पहने होते। उस साधारण-सी औरत का झुर्रियों से भरा चेहरा देखकर महूसस होता था कि उसने ज़िन्दगी की बहुत तल्ख़ हक़ीक़तों को भोगा होगा। पढ़ी-लिखी नहीं लगती थी, मगर पहनरावे से किसी अच्छे अमीर घर की बुजुर्ग होने का संकेत अवश्य देती थी। वह बहुत कम ही किसी के साथ बोलती। उसकी बोलचाल से पता लगता था कि उसको अंग्रेज़ी बोलनी भी नहीं आती। थोड़ा-बहुत समझ लेती थी, वह भी नाममात्र-सी। उसकी चाल से पता लगता था कि उसको घुटनों की तकलीफ़ थी। शायद इसीलिए ही वह यहाँ जिम में आती थी। उसको और कोई तकलीफ़ नहीं दिखती थी। जिम में पहनने वाले महँगे कपड़े मुझे उसकी ओर आकर्षित कर रहे थे। पर मेरा उसके साथ बातें करने को मन भी करता रहता। मैं जब भी उसको देखती, सिर हिलाकर सत्श्री अकाल कह देती और वह भी प्रत्युत्तर में सिर हिलाकर मेरी सत्श्री अकाल का जवाब दे देती। वह मुझे कुछ जानी-पहचानी सी लगती। यही नहीं, वह मुझे अपने दिल के बहुत नज़दीक लगती, कुछ अपनी-अपनी-सी।

एक दिन वह कसरत ख़त्म करके गरम पानी वाले टब में बैठने जा रही थी तो मैं चेंज रूम में कपड़े बदलने जा रही थी। सोचा कि आज मैं बिना एक्सरसाइज़ किये सीधा हॉट टब में बैठ जाती हूँ। यह एकमात्र तरीक़ा है इसके साथ बातचीत करने का। मैंने मन ही मन सोचा।

मैं हॉट टब में बिल्कुल उसके क़रीब होकर बैठ गयी। रस्मी 'सत्श्री अकाल' के बाद मैंने कहना शुरू किया, "आप रोज़ ही आते हो?"

"हाँ, रोज़ ही आती हूँ। मेरा बेटा ग़ुस्सा होने लगता है, यदि मैं न आऊँ।" उसने मुस्कराकर कहा।

यह बात तो मैं समझ गयी कि इसका बेटा इसका बहुत ख़याल रखता है।

मैंने बात आगे बढ़ाने के लिए कहा, "कैनेडा में कब से आये हुए हो?"

"मेरे बेटे को आये तो क़रीब दस साल हुए हैं अभी। वह नम्बर बनाकर आया था। परमात्मा की कृपा से इंजीनियर है। यहाँ वालों की वहाँ इंडिया में भी कम्पनी थी। सीधा ही उन्होंने ले लिया। सुख से पिछले साल विवाह करवा आया। बहू भी ख़ूब पढ़ी-लिखी है। मुझे वहाँ अपनी बेटी के कारण रहना पड़ा। अब वह अच्छे घर में ब्याही गयी है। कोई कमी नहीं छोड़ी बेटे ने बहन को दान-दहेज देने में। ऐसा पुत्र परमात्मा सभी को दे।" उसने बड़े ही गर्व के साथ कहा।

मैंने उसकी नाइकी ब्रैंड की पानी में पहनने वाली आधी बाँहों की शर्ट और घुटनों तक की पैंट पर निगाह डाली। मैं रह न सकी और कह ही बैठी, "ये आपका सूट बहुत सुन्दर है।"

"हाँ, बहू-बेटे ने लाकर दिया। मुझे तो शरम आती थी, पर बहू-बेटे ने पहना दिया। कहते हैं, बड़ी ग़रीबी काटी है अपने देश। अब माँ तू मौज कर।" उसने मुस्कराते हुए कहा।

मैं करवट बदलकर उसके और नज़दीक खिसक गयी। अनपढ़-सी औरत और बहू-बेटे इतने अच्छे! अच्छा कमाते होंगे तभी तो इतने महँगे कपड़े पहने बैठी है। इसको यहाँ आयी को न मामूल कितना समय हुआ होगा, उसने अभी तक मुझे यह नहीं बताया था। जब पूछा तो अपने बेटे का गुणगान करना शुरू कर दिया।

'चलो, फिर पूछती हूँ।' मैंने अपने आप से कहा।

"बहन जी, आपको कितना समय हो गया यहाँ आये?" मैंने अपनत्व के साथ या देशी रिवाज के अनुसार उसको 'बहन जी' कहा।

"मुझे यहाँ आयी को क़रीब छह महीने हुए हैं। ये जो नया चला है न सुपर वीज़ा, उस पर बेटे ने बुलाया है। दिन में घर के अन्दर बैठी रहती थी, और ऊपर से ये दायाँ घुटना दुखता था, लड़के ने यहाँ आने के पैसे भर दिये। बहन, मुझे तो बहुत ज़्यादा अच्छा लगता है ये गरम पानी। शरीर खुल जाता है। पिछले दुख-दर्द बिसर जाते हैं इस देश में आकर। वहाँ तो नहाने को गरम पानी ही नहीं मिलता था।

बालण की किल्लत रहती थी। हमारे यहाँ तो गोबर की पाथियाँ रखने तक को जगह नहीं थी। बड़ी ही मुश्किल होती थी बहन, बारिश-पानी के दिनों में। सारा बालण भीग जाता था। हाल बुरे और कष्टकारी दिन।" उसके अन्दर की पीड़ा झलक पड़ी।

उसने दीवार से टँगी घड़ी की तरफ़ देखा। उसके जाने का समय हो चुका था। उसकी बहू को आना था उसे लेने। उसके कहे बग़ैर ही मैं समझ गयी कि अब वह जाना चाहती है। हम दोनों ही पानी से बाहर आ गयीं। कपड़े बदले और एक साथ ही पार्किंग लॉट की ओर चल दीं।

उसकी बहू आयी हुई थी। मैं अपनी कार की तरफ़ हो ली।

दो-तीन दिनों बाद वह मुझे फिर हॉट टब में मिल गयी। मैं कसरत करके हॉट टब में गयी थी और वह सीधी बिना कसरत किये वहाँ चली गयी थी। मैं फिर उसके पास जा बैठी। औपचारिक-सा हाल-चाल पूछने के बाद मैंने सोचा कि अब इसका गाँव-ठिकाना भी पूछ ही लूँ। मौक़ा अच्छा है।

"बहन जी, आपका पंजाब में गाँव कौन-सा है?" मैंने पूछा।

"हम अब ख़ास लुधियाने में रहते थे–सराभा नगर। वैसे हमारा गाँव जगरावां के पास है। गाँव की ग़रीबी से तंग आकर शहर में रहने लगे थे।"

"मेरा नाम सुरिन्दर है।" मैंने ख़ुद ही अपना नाम बता दिया।

वह कुछ देर रुककर बोली, "मुझे लगता है, मैंने तुम्हारी फ़ोटो अख़बार में देखी है। तुमने कुछ लिखा था अख़बार में?"

"हाँ, ज़रूर देखी होगी।"

अब मैं उसका नाम जानना चाहती थी। सोचा था कि वह अपने आप ही बता देगी। पर नहीं। चलो, मैं ही पूछ लेती हूँ।

"बहन जी, आपका नाम क्या है?"

वह मुस्करायी और कहने लगी, "मेरे पासपोर्ट पर मेरा नाम सतवन्त कौर है, पर ससुराल और मायके में सब मुझे सिट्टो ही कहते थे। अब मेरा बेटा बहुत ग़ुस्से होता है जब कोई मुझे सिट्टो पुकारता है।"

क़रीब दसेक मिनट मेरे और उसके मध्य एक चुप-सी छायी रही। शायद साथ बैठे गोरे-गोरियों के कारण हमने चुप रहना ही उचित समझा। उसको ऊँची आवाज़ में बोलने की आदत थी।

"आज मुझे जल्दी जाना है। कहीं बाहर जाना है सभी को। मेरी बहू आ गयी होगी बाहर, मुझे लेने के लिए। चल, इतने में ही शरीर में आराम-सा रहेगा।" कहती हुई वह पानी में से बाहर आ गयी।

मेरे अन्तर्मन को सोच ने अपने घेरे में ले लिया। मैं बचपन में चली गयी। मुझे मेरे साथ गाँव के स्कूल में पढ़ती सिट्टो की याद हो आयी।

बहुत अच्छी थी सिट्टो, मेरी सहपाठिन और प्यारी सहेली। अच्छा ज़माना था तब। हम लड़के-लड़कियाँ पैदल चलकर ही स्कूल जाया करते थे। एक-दूसरे को घरों में से बुलाते थे। मैं अपनी सहेली जस्स के साथ स्कूल जाया करती थी। जस्स का घर कुछ दूर था। वह मुझे आवाज़ लगाती। हम दोनों सिट्टो के घर के दरवाज़े के आगे खड़ी होकर सिट्टो को आवाज़ लगातीं। फिर तीनों बातें करती-करती स्कूल पहुँच जातीं।

सिट्टो अक्सर ही हमारे घर अपनी माँ के साथ आया करती थी। मेरी आँखों के सामने वह सारा दृश्य आ गया, जब मेरी दादी और माँ, सिट्टो की माँ को झिड़क रही थीं कि उसने खेस अच्छे नहीं बुने थे। धागा बहुत मोटा डाला है और अन्य बहुत सारी बातें। मुझे यह कभी अच्छा नहीं लगता था कि मेरी दादी और माँ, सिट्टो की माँ के साथ इस प्रकार बोलें। मगर मैं उनको कुछ कह न पाती। सिट्टो ने कभी भी इस बात का ग़ुस्सा नहीं किया था। वह चुपचाप सुनती रहती।

सिट्टो जुलाहों की लड़की थी। उस समय मुझे ज़ात-पात का अधिक ज्ञान नहीं था। सिर्फ़ इतना पता था कि उनका घर जुलाहों का घर कहलाता था।

दादी की झिड़कियों के बावजूद मैं सिट्टो के घर खेलने चली जाती। उनके घर में पड़े धागों और धारियाँ डाल-डालकर बुने खेसों को निहारती रहती। सिट्टो की माँ जब धागे रंगती या ताना तान रही होती तो मुझे बहुत अच्छी लगती। एक दिन मेरी दादी ने मुझे सिट्टो के घर उसकी माँ और सिट्टो के संग धागों को सँभालते हुए देख लिया। फिर क्या! दादी का ग़ुस्सा तो सातवें आसमान पर। दादी मुझे खींचते हुए घर ले आयी। मैं रोती-रोती दादी के साथ घर आ गयी।

एक दिन स्कूल जाते समय मैंने और जस्स ने सिट्टो को स्कूल जाने के लिए आवाज़ दी। सिट्टो डरी हुई थी। उसने मुझसे पूछ ही लिया था कि तेरी दादी ने कहीं तुझे मारा तो नहीं। शायद सिट्टो भी नहीं जानती थी कि मेरी दादी क्यों अचानक आग-बबूला हो गयी थी।

सिट्टो स्कूल नहाकर नहीं जाती थी। उसको ठण्डा पानी अच्छा न लगता। गरम पानी कम ही मिलता। कम ही क्या, गरम पानी उसको मिलता ही नहीं था। उसकी माँ गरम पानी करने न देती। यदि गरम करती तो छोटे-से पतीले में पानी चूल्हे पर रखती। इतने भर पानी से क्या होता था। स्कूल में मास्टर कहते कि सवेरे नहाकर आया करो। नहाना तो एक तरफ़, सिट्टो तो मुँह भी नहीं धोती थी। उसकी आँखों

में गीद आयी रहती। मास्टर जी ने कई बार सिट्टो को सभी के सामने कहा था कि वह नहाकर आया करे। एक बार तो बद्धनी वाले मास्टर ने सिट्टो को थप्पड़ भी मारा था, नहाकर न आने की वजह पर। कपड़े भी तो उसके मैले-कुचैले होते थे।

एक बार सिट्टो की चप्पल की फीत टूट गयी और फिर कई महीने वह नंगे पैर ही रही। पर सिट्टो मुझे बहुत अच्छी लगती। वह सवाल बहुत जल्दी हल कर लेती थी। तख़्ती भी वह सबसे सुन्दर लिखा करती थी। किताब भी ख़बर पढ़ने की तरह पढ़ा करती थी।

एक दिन मैंने और जस्स ने रोज़ाना की तरह उसके घर के आगे पहुँचकर आवाज़ लगायी। उसकी माँ ऊँची आवाज़ में बोली, "ये नहीं जायेगी स्कूल।"

उस दिन के बाद सिट्टो कभी भी स्कूल नहीं गयी। उनके घर के बच्चों से पता चला कि वह रोज खेत में सीला चुगने जाती है।

फिर सिट्टो मुझे कभी न मिली। मैं पढ़ने के लिए शहर जाने लगी। जस्स चार कक्षाएँ पूरी करके घर में बैठ गयी। गाँव का स्कूल चौथी कक्षा तक ही था। उसके घरवालों ने बग़ल वाले गाँव में भेजना ठीक न समझा।

जब मैं पहली बार कैनेडा से वापस गाँव गयी तो देखा कि सिट्टो के घर में रोना-धोना चल रहा था। मातमपुरसी में रिश्तेदारों के लोग इकट्ठा थे। जुलाहों के घर राह में पड़ते थे। मैं सिट्टो का घर पहचान न सकी क्योंकि बहुत कुछ बदला हुआ था। कच्चे राह की जगह अब पक्की सड़क थी। स्कूल जो बहुत दूर लगता था, बिल्कुल घरों के समीप आ गया था। पता लगा कि इनका दामाद गुज़र गया है।

अम्मा सन्ती ने कहा, "सिट्टो के साथ तो कुछ ज़्यादा ही बुरा हो गया है। माँ-बाप के साथ सारी उम्र खेतों में सीला चुगती रही। विधवा माँ ने गाँव के लोगों से माँग-ताँगकर ब्याह किया। दामाद सिट्टो से काफ़ी बड़ी उम्र का था। बीमार ही रहता था। सिट्टो के जाने पर ससुराल घर में रोटी पकने लगी। ससुराल जाकर भी उसने बहुत सीला चुगा। कहते हैं, एक बार सिट्टो के पैर में कटी फ़सल की जड़ का तीखा कोना ऐसा चुभा कि कई महीने लहू बहता रहा। अड्डे पर बस से उतरी तो मैंने पूछा कि तू लँगड़ाकर क्यों चलती है, तो उसने बताया।"

ताई अमरो तभी पास से बोल उठी, "सिट्टो का बेटा बहुत सुन्दर है। लगता है, फिर से उम्मीद से है। सिट्टो की बेबे बताती थी कि पाँचवाँ महीना चलता है। सिट्टो के आदमी को इस बच्चे का मुँह देखना भी नसीब न हुआ। रब के आगे किसका ज़ोर चलता है भाई।"

कई बरस बाद मैं जब फिर गाँव गयी तो सुना, "सिट्टो का लड़का बहुत पढ़-लिख गया है। सिट्टो ने शहर में लोगों के बर्तन माँजकर, फ़र्श साफ़ कर, मेहनत-मज़दूरी कर इन दोनों बेटों को पढ़ाया है। हड्डियों का पिंजर बनी पड़ी है सिट्टो। रहना-बैठना तो बेचारी का पहले जैसा ही है, लिबड़ी-सनी सी।"

और अब इस औरत से उसका नाम सिट्टो सुनकर वह मुझे और भी अधिक अच्छी लगने लगी। मैं कई बार सोचती कि उसमें कौन-सी ऐसी बात है जो मुझे उसकी तरफ़ खींचती है। दिन-रात उसका ख़याल मुझे तंग करता था। मैंने अपने बच्चों के साथ बात साझी की। मेरी बड़ी बेटी ने आख़िर कहा, "माँ, हम तुम्हें भी वैसा ही सूट ले देते हैं, फिर तुम्हें उसका ख़याल आना बन्द हो जायेगा।" बात हँसी में टल गयी।

मेरी और सिट्टो की निकटता बढ़ गयी। मैं उसको 'बहन जी' कहती और वह भी मुझे बहन जी कहकर पुकारती। जिस दिन वह मुझे जिम में न मिलती, मुझे अपना जिम जाना व्यर्थ-सा लगता। बहुत बार मैं अपने आप ही अपने पर हँस पड़ती। क्यों वह मुझे इतनी अच्छी लगती है? इस शहर में कितनी पढ़ी-लिखी स्त्रियाँ मेरी सहेलियाँ हैं। इसमें ऐसी कौन-सी बात है जो मुझे इसकी ओर आकर्षित करती है। बेचारी को तो बात भी नहीं करनी आती। मेरे साथ बात करने से भी कन्नी कतराती रहती है। ख़ैर...। वाहेगुरु जाने।

एक दिन उसकी बहू को आने में कुछ विलम्ब हो गया। वह बाहर चबूतरे पर बैठकर उसकी प्रतीक्षा कर रही थी। मुझे अभी अन्दर जाना था। उसको बाहर बैठा देखकर मैं उसके पास रुक गयी।

"क्या बात है, आज राइड नहीं आयी?"

"हाँ। मैंने फ़ोन किया था। बहू राह में ही है। कह रही थी, राऊकियाँ से नानी का फ़ोन आ गया था। इसलिए थोड़ा लेट हो गयी।"

"राऊके?" सुनकर मैं अवाक् रह गयी।

"आपकी बहू की ननिहाल राऊकी है?" मैंने पूछा।

"नहीं। राऊकी मेरा मायका है। मेरी माँ का फ़ोन आया था राऊकियाँ से।" वह एकदम से ही सारी बात कह गयी।

मैंने सिट्टो की आँखों में आँखें डालकर कहा, "तो तू वही सिट्टो है! तुम्हारा घर राह में था। हम दोनों इकट्ठी स्कूल आया-जाया करती थीं!"

मुँह से तो निकलने वाला था कि क्या तू जुलाहों की सिट्टो है? पर मैं ऐसा कहते-कहते रुक गयी।

सिट्टो अचरज भरी आँखों से मेरी तरफ़ देख रही थी।

"हाँ... मैं वही शिन्दर जो पहली से लेकर चौथी कक्षा तक तेरे साथ स्कूल जाती थी। सूबेदारों की पोती।" मैंने कहा।

अब सिट्टो मेरे गले लग गयी। उसकी आँखें सजल हो उठीं।

उसकी बहू आ गयी। आज वह पहले की तरह अकेली उसकी कार के पास नहीं गयी। मेरा हाथ पकड़कर कार में बैठी बहू के पास मुझे ले गयी।

"बेटी, यह तेरी मासी है राऊकियाँ से। हम इकट्ठी ही पढ़ा करती थीं। मुझे मेरे घरवालों ने चौथी जमात से हटा लिया था, सीला चुगने के लिए।"

उसकी बहू कार से बाहर निकली। मेरे पैरों को छुआ। उसने मेरा फ़ोन नम्बर लिया और मेरे घर आने का वायदा कर हँसती-हँसती ने कार आगे बढ़ा ली।

आज सतवन्त इस शहर में मेरी सबसे क़रीबी दोस्त है। मुझे ख़ुशी है कि अब उसको गरम पानी की कोई कमी नहीं।

***थूहर**-निवडुंग (मराठी)

तोहफ़ा

इतने बरस बाद जब मैं बलवीर से मिली तो यह जानकर कोई हैरानी न हुई कि उसने तब तक विवाह नहीं करवाया था। मैं जानती थी कि बलवीर अपनी धुन की पक्की है। वह अपने किये फ़ैसले कभी नहीं बदलती। पर जब उसने बताया कि यह कमरा मेरे बेटे रोहित का है तो मैं मुँह में उँगलियाँ देकर अवाक् रह गयी। मेरी सोच में अतीत की यादों की रील ऊन के गोले की तरह उधड़ने लगी।

मैं ज्यों ही पहले दिन हॉस्टल गयी तो मुझे दूर से चली आती ऊँची-लम्बी भरवें शरीर वाली, फीके गुलाबी और दिपदिपाते चेहरे वाली एक नवयौवना दिखायी दी। उसको देखकर मेरा चेहरा खिल उठा। इसका नाम तो मुझे नहीं पता था, पर इतना याद था कि एक दिन मोगा स्कूल में पढ़ते हुए, स्कूल की प्रिंसिपल ने सवेर की असेम्बली के समय उपस्थित लड़कियों के समूह में से एक लड़की को बाहर बुलाकर उसकी सेहत की प्रशंसा की थी। प्रिंसिपल कह रही थी कि देखो, इस लड़की के चेहरे के नयन-नक्श देखो, इसका हँसता-खिलखिलाता चेहरा देखो। दरअसल, प्रिंसिपल स्कूल की सारी लड़कियों को सेहतमन्द होने के लिए कह रही थी और उसने इस लड़की को मिसाल देने के लिए चुना था। वह सचमुच ही बहुत सुन्दर और सलोनी थी और हमेशा मुस्कराती रहती थी। उसकी मुस्कराहट उसके हुस्न को चार चाँद लगा रही थी। उसका पंजाबी लिबास, कमीज़ और भारी-सी पटियाला सलवार और ढाई मीटर की चुन्नी उसके मालवे की जट्टी होने का प्रमाण थे। बहुत सुन्दर हल्के रंग के कपड़े उस पर बहुत फबते थे।

ज्यों ही वह मेरे पास आयी, हम एक-दूसरे को मिलकर बहुत ख़ुश हुईं। हमें लगा, मानो किसी विदेश में हमारा अचानक मेल हो गया हो। उन दिनों हॉस्टल किसी विदेश की तरह ही तो लगता था। उसको मेरा नाम याद था और उसने बिना पूछे ही अपना नाम बता दिया। बलवीर ने प्री-मेडिकल में दाख़िला लिया था और

मैं बी.एससी. मेडिकल के दूसरे साल में। स्कूल में वह मेरे से पीछे थी। बातचीत के दौरान पता लगा कि हॉस्टल में उसका कमरा मेरे कमरे के साथ ही था। उसकी रूम मेट लुधियाना के नज़दीकी गाँव की लड़की शरनजीत थी और मेरी रूम मेट दिल्ली की लड़की नीरू थी।

दिन बीतने लगे। हम खाने पर एक-दूसरे की प्रतीक्षा करने लगीं। यदि पीरियड का समय एक होता तो एक साथ ही हॉस्टल से निकलतीं। अपनी-अपनी क्लास की तरफ़ बढ़ जातीं। बेगाने शहर में हमें एक-दूसरे का बहुत सहारा था और कुछ ही दिनों में हमारा ग्रुप बड़ा हो गया। मेरी रूम मेट नीरू और उसकी रूम मेट शरनजीत के अलावा एक यू.पी., एक कोलकाता और दो अफ्रीका से आयी लड़कियाँ हमारे साथ जुड़ गयीं। नीरू को छोड़कर सभी लड़कियाँ पंजाबी बोलती थीं। आमतौर पर जैसा होता है, हमारा एक ग्रुप-सा बन गया।

बलवीर को नीरू ज़रा-भी अच्छी न लगती। उसको उसके हिन्दी बोलने पर बड़ी खीझ आती थी। नीरू की बात का वह उत्तर बहुत कम देती। नीरू बलवीर की क्लास में ही थी। नीरू ने मुझे बहुत बार कहा भी था कि बलवीर उसके साथ बोलती नहीं। उसकी तरफ़ घूर-घूर कर देखती रहती है। क्लास में भी वह कभी उसके साथ नहीं बोली। मैं हँसकर टाल देती, पर एक दिन मैंने कह ही दिया कि उसको तेरी हिन्दी से चिढ़ है।

उस दिन से नीरू ने पंजाबी बोलने की कोशिश करनी शुरू कर दी। वह जब भी पंजाबी बोलती तो बड़ा अजीब-सा लगता। उसकी जीभ न उलटती। बलवीर और ज़्यादा खीझने लगती।

एक दिन बलवीर ने खाने की टेबल पर बड़बड़ाते हुए कह ही दिया, "यदि बोलना नहीं आता तो चुप रहा कर। यूँ ही सिर न खाया कर।"

हम सब चुप हो गयीं। कमरे में आकर नीरू मुझसे कहने लगी, "दीदी! क्या मैं पंजाबी बहुत बुरी बोलती हूँ?" मैं उससे बड़ी क्लास में थो, इसलिए वह मुझे दीदी कहने लगी थी।

"नहीं," मैंने कहा।

मैं नीरू को निराश नहीं करना चाहती थी। परन्तु बलवीर की बात पर कोई टीका टिप्पणी भी न की। बेशक नीरू भी मुझे कभी बुरी नहीं लगी थी, पर बलवीर के साथ कुछ अधिक ही अपनत्व था, क्योंकि वह मेरे शहर की थी।

उस दिन के बाद रात के समय खाने की मेज़ पर मैं नीरू की सीट अपने साथ रखने लगी। जिस दिन मैंने पहली बार नीरू को अपने साथ बिठाया तो बलवीर ने

अजीब-से ढंग से मेरी ओर देखा। उसको अच्छा न लगा, पर मैंने उसकी नाराज़गी को नज़रअन्दाज़ कर दिया, मानो मैंने उसको देखा ही नहीं।

नीरू मेरी रूम मेट थी, उसके साथ कुछ तरफ़दारी अपने आप ही हो जाती थी। जब कभी नीरू कमरे में न होती तो बलवीर मुझे छेड़ती और कहती कि तेरी बाह्मणी कहाँ है। नीरू के नाम के साथ लगे 'शर्मा' शब्द से स्पष्ट था कि वह ब्राह्मणों की लड़की है। नीरू के बाल कटे हुए थे, बमुश्किल कन्धों तक आते थे। बलवीर को उसके कटे बाल भी बहुत चुभते। वह उसके बालों पर भी दाँत पीसती रहती। एक दिन तो सारी सीमाएँ लाँघ कर वह उसके बालों पर बोलने लगी। खाने वाली मेज़ पर नीरू आकर बैठी ही थी कि बलवीर बोल उठी, "रोटी खाते वक़्त बाल बाँध लिया कर।"

नीरू को ग़ुस्सा तो बहुत आया, पर बलवीर की रूम मेट शरनजीत ने नीरू को शान्त कर दिया। बलवीर को भी उसने समझाया कि इस तरह करना ठीक नहीं। नीरू हमारे साथ हर तरह से सहयोग करती है। अपनी बोली भी कौन-सा बढ़िया है...कई बार हम भी गालियाँ निकाल जाती हैं। हो सकता है, इसको हमारे साथ बोलने पर एतराज़ हो, पर उसने कभी कुछ नहीं कहा।

बात आयी-गयी हो गयी। नीरू और बलवीर की आपसी दूरी क़ायम ही रही। कई बार जब कभी नीरू और बलवीर दोनों इधर-उधर होतीं तो हम ख़ूब हँसतीं कि बलवीर ने नीरू को ये कहा... नीरू बेचारी चुप लगा गयी। नीरू ने स्कर्ट पहन ली, बलवीर जलती आँखों से उसकी तरफ़ देखने लगी। कहने लगी–शर्म नहीं आती बाह्मणी को। मैंने कुछ कहना चाहा, पर मुझे तो बलवीर बासी कड़ाह की तरह लेती थी। एक ही शहर की होने के कारण अपनत्व भी दिखाती थी।

एक दिन हॉस्टल की मैस में साग बना। हम सब शान्त थीं साग देखकर। मेरे, बलवीर और शरनजीत के लिए साग कोई ख़ास चीज़ नहीं थी। हम जट्ट किसानी परिवारों से सम्बन्धित थीं। पर दूसरों के लिए ख़ासतौर पर नीरू के लिए साग बड़ी ख़ास चीज़ थी। अफ़्रीका वाली लड़कियाँ भी साग-साग किये जायें। कोलकाता वाली कम ही बोलती थी। कह लो, हममें से सबसे अधिक समझदार थी।

नीरू कहने लगी, "मेरी मम्मी जब मकई का आटा डालकर साग बनाती है तो सारी गली खाती है।"

बलवीर को न जाने क्यों ग़ुस्सा चढ़ गया। वह एकदम से बोली, "क्यों झूठ बोलती है! तेरी मम्मी दो मुट्ठी साग ख़रीदकर लाती होगी और सारी गली को कैसे खिला देती होगी?"

नीरू चुप रही। दरअसल, वह बलवीर से डरती थी और उसकी बात का पलटकर जवाब नहीं देना चाहती थी। यूँ भी कहा जा सकता है कि नीरू बात को बढ़ाना नहीं चाहती थी। वह चुप लगा गयी।

मुझे अच्छी प्रकार याद है कि अफ़्रीका वाली अमृत हम सबके लिए अफ़्रीका से एक-एक शर्ट पीस लेकर आयी। सभी शर्ट पीस अलग-अलग रंग के थे। बलवीर को नीरू वाला पीस बहुत पसन्द था और उसने इच्छा प्रकट की कि किसी न किसी तरह नीरू वाला पीस उसको मिल जाये। पर वह नीरू से माँगना नहीं चाहती थी। नीरू को जब इस बात का पता चला तो नीरू ने बलवीर के क़रीब होने के लिए बड़े ही प्यार के साथ कहा, "बलवीर, मैं किसी दिन तुम्हें ऐसा तोहफ़ा दूँगी कि सभी देखते रह जायेंगे।" हम सभी हँस पड़ीं। बलवीर थोड़ा-सा मुस्करायी।

बलवीर हम सबसे ज़्यादा धार्मिक थी। वह रोज़ शाम को रहिरास का पाठ करती और हमें भी उसमें शामिल करने का यत्न करती, ख़ासतौर पर मुझे और शरनजीत को। नीरू भी कभी-कभी सिर पर चुन्नी लेकर हमारे बीच आकर बैठ जाती। तब बलवीर को शायद नीरू अच्छी लगती थी। नीरू भी नीरू थी...आँखें मूँदे बैठी रहती।

बलवीर तो सुबह भी पाठ करके कॉलेज जाया करती थी। वह गुटका साहिब क्लास में भी ले जाती थी। बलवीर ने मुझे बताया था कि वह कभी-कभी क्लास में पीछे बैठकर 45 मिनट के पीरियड में सुखमणी साहिब का पाठ भी कर लेती है।

बलवीर प्री-मेडिकल में फेल हो गयी। नीरू ने अच्छे नम्बर से प्री-मेडिकल पास कर लिया। हमारे सारे ग्रुप में से एक बलवीर ही फेल हुई।

समय अपनी गति से चलता रहा। सारा ग्रुप उसी प्रकार क़ायम रहा। बलवीर को छोड़कर बाक़ी सब के साथ नीरू ज़्यादा ही घुलमिल गयी। पर उन दोनों की दूरी बरकरार ही रही। लेकिन बलिहारी जायें नीरू के, उसने कभी भी किसी के पास कोई शिकायत नहीं की थी।

और यूँ दूसरे साल का भी अन्त आ गया। कॉलेज बन्द हो चुके थे, पर कुछ लड़कियाँ परीक्षाओं की तैयारी करने के लिए हॉस्टल में ही ठहरी हुई थीं और बहुत सारी अपने-अपने घरों को भी जा चुकी थीं। हमारा ग्रुप हॉस्टल में ही था।

गरमी के दिन थे। बाहर कमरों के सामने बने टैरेस पर बेड बाहर निकालकर हम पढ़ रही थीं। नीरू के मुँह से ऊँची आवाज़ में किसी गाने के बोल निकल गये। वह गा भी सुन्दर लेती थी। बलवीर एकदम ग़ुस्से में आ गयी।

उसने क़रीब पड़ी चप्पल उठाकर नीरू की तरफ़ दे मारी। नीरू के लगी भी। उसने रोना शुरू कर दिया। शोर मच गया। वार्डन भागी भागी ऊपर आयी और उसने नीरू के रोने का कारण पूछा। नीरू सिसकियाँ भरती बोली, "मैडम, बलवीर मुझे कुत्ती कहती है।"

बलवीर एकदम से बोल उठी, "मैडम, यह हिन्दी में कुतिया कहती है।"

हम सबकी हँसी निकल गयी। मैडम भी कुछ हँसी, पर उसने अपनी हँसी पर नियन्त्रण रखते हुए डाँटना-फटकारना शुरू कर दिया। हम सब चुप थीं। वार्डन मैडम ने हमारे सारे ग्रुप को ही दबोच लिया था। वह कह रही थी कि तुम्हारे में से कइयों के यह क्लास पूरी होने पर विवाह हो जायेंगे। अच्छे रंग दिखाओगी दूसरों के घर जाकर। अब तुम बच्ची नहीं रहीं। कुछ अक्ल करो। ढीठ कहीं कीं। और वह बड़बड़ाती हुई सीढ़ियाँ उतर गयी।

पेपर हो गये। रिजल्ट आ गया। कोई पास हो गयी, कोई फेल हो गयी। ग्रुप टूट गया। कोई इधर तो कोई उधर।

मैं कैनेडा आ गयी। बलवीर प्री-मेडिकल में फिर लुढ़क गयी। सुना था कि वह दो बार फेल होने के बाद बठिण्डा में अपने बड़े चाचा के पास चली गयी थी और वहीं उसने प्री-मेडिकल में दाख़िला ले लिया था।

बलवीर के डैडी दिल्ली में रहते थे। वह डॉक्टर थे। पर उसने कभी भी अपने डैडी का नाम नहीं लिया था। वह छुट्टियों में कभी दिल्ली गयी भी नहीं थी। उसको अपने चाचा-चाची के साथ बहुत प्यार था और वे भी उसको हॉस्टल में मिलने आया करते थे। बलवीर ने एक दिन थोड़ा-सा ज़िक्र किया था कि वह अपने डैडी से नफ़रत करती है। उसके डैडी ने अपनी एक नर्स के साथ विवाह करवा लिया है और उसकी माँ गाँव में रहती है। कभी-कभार उसके डैडी गाँव में आते हैं। कहने का मतलब ये कि बलवीर के लिए उसके चाचा-चाची और माँ ही सब कुछ थे। वह अपनी माँ के साथ भी नाराज़ थी कि उसने अपने ऊपर होते अत्याचार के विरुद्ध आवाज़ क्यों नहीं उठायी। पर फिर भी वह अपनी माँ को प्यार करती थी। पिता के साथ नफ़रत होने के कारण उसको सभी मर्दों से नफ़रत थी। वह अक्सर कहा करती थी कि वह कभी विवाह नहीं करवायेगी। उसको डर था कि उसके साथ विवाह करवाने वाला भी उसको धोखा देकर चला जायेगा। इसीलिए वह हम सबको नसीहतें देती रहती थी कि किसी लड़के के साथ बातचीत नहीं करनी चाहिए।

एक दिन हमारे कॉलेज में किसी अन्य कॉलेज के दो नेता विद्यार्थी कविता वाचन प्रतियोगिता में हिस्सा लेने के लिए निमन्त्रण देने आये। मैं अक्सर ही इस तरह

की प्रतियोगिताओं में जाती रहती थी। मुझे प्रिंसिपल ने बुला लिया। बातचीत करने के बाद मैडम ने मुझसे कहा कि जाओ इन्हें गेट तक विदा कर आओ। प्रिंसिपल मैडम बंगाली थी। पंजाबी ठीक से नहीं बोल पाती थी।

मैं जब उन दो विद्यार्थियों के साथ जा रही थी तो बलवीर ने देख लिया। कॉलेज ख़त्म होते ही उसने मुझे घेर लिया और कहने लगी, "बता मुझे, तू उन बग्गड़-से लड़कों के साथ क्यों जा रही थी?"

बग्गड़-से इसलिए कह रही थी कि वे दोनों लड़के रंग के बहुत गोरे थे।

बड़ी मुश्किल से बलवीर से पीछा छुड़ाया। आज भी उसकी बातें याद करके मुझे हँसी आ जाती है।

कुछ साल बाद मैं भारत गयी। बाज़ार में मुझे देखकर वह चौंक उठी। वह अपनी चाची के साथ रिक्शा में थी। मुझे देखकर वह ज़ोर-ज़ोर से रिक्शावाले को कहने लगी, "रुको...रुको!" रिक्शा अभी रुका ही था कि वह छलाँग लगाकर रिक्शे पर से उतर गयी। हम दोनों गले लगकर मिलीं। वह बिल्कुल उसी तरह थी। सुन्दर फीके-से रंग की सलवार-कमीज़ और मैच करती ढाई मीटर की चुन्नी। वही गोरा गुलाबी रंग, वही बोल, वही चाल। सचमुच वही बलवीर।

कुछ बातें कीं, पर उसको जल्दी थी, इसलिए उसने दूसरे दिन मिलने का प्रोग्राम बना लिया कि कल हम सारा दिन एक साथ रहेंगी। तय किये समय के अनुसार मैं उनके घर पहुँच गयी। अब वह बलवीर नहीं थी, डॉ. बलवीर कौर भुल्लर थी। उसके नाम के आगे डॉक्टर शब्द जुड़ गया था।

मुझे उसके डॉक्टर बनने का बहुत अचम्भा था। मैं जल्द से जल्द उसके डॉक्टर बनने की कहानी सुनना चाहती थी।

उसने मुझे बताया, "बठिण्डा जाकर सभी विषयों की ट्यूशन रख ली। जिस नर्स ने मेरे डैडी के साथ विवाह करवाया था, वह मर गयी। उसको कोई गन्दी बीमारी लग गयी थी जो उसे अपने साथ ही ले गयी। डैडी अकेले हो गये। उन्होंने बरसों पहले छोड़े अपने परिवार की ओर ध्यान देना शुरू कर दिया। मम्मी का भी ख़याल रखने लगे। मगर रहे वह दिल्ली में ही क्योंकि वहाँ उनका क्लीनिक था और वहाँ उनके मरीज़ थे। मैंने सेकेंड डिवीजन में प्री-मेडिकल पास कर लिया और डैडी ने प्राइवेट कॉलेज में डोनेशन देकर मुझे डॉक्टरी में दाख़िला दिला दिया।

एम.बी.बी.एस. करने के उपरान्त मैंने डैडी के साथ प्रैक्टिस प्रारम्भ ही की थी कि डैडी को दिल का दौरा पड़ गया और उनका निधन हो गया। तब से मैं डैडी का

क्लीनिक सँभाले हुए हूँ। उन्होंने अपनी मृत्यु से पहले ही क्लीनिक मेरे नाम करवा दिया था।

"तो फिर तेरा डैडी के साथ समझौता हो ही गया।" मैंने हँसकर कहा।

उसने गहरा नि:श्वास लिया। एक पीर मैंने उसके धुर अन्दर से निकलते देखी। उसके बिना कुछ कहे ही मैं समझ गयी कि उसने डैडी को माफ़ नहीं किया था। बस, एक दुनियादारी थी, एक समझौता था अपने आप के साथ।

हम दिनभर बाज़ार में घूमती रहीं। उसमें डॉक्टरों वाली अकड़ और अहंकार नहीं था। वह मुझे बलवीर बनकर ही मिली थी और बलवीर बनकर ही बातें कर रही थी।

मैंने हँसकर पूछा, "क्या कभी नीरू मिली तुझे?"

वह नीरू का नाम सुनकर हँस पड़ी, "बस, अभी तू ही मिली है। कभी कोई पुरानी सहेली नहीं मिली।" उसने दर्दभरे अन्दाज़ में कहा। नीरू के बारे में मैंने इसलिए पूछा था कि नीरू दिल्ली की थी।

बातचीत में मैं समझ गयी थी कि उसने विवाह नहीं करवाया था अभी। मेरे पूछने पर उसने जवाब दिया, "बताया था न तुझे कि मुझे विवाह नहीं करवाना। शादी को लेकर मैंने कभी सोचा ही नहीं। यूँ ही मेरे कान न खाना विवाह-विवाह बोलकर। मैं ऐसे ही ख़ुश हूँ। मुझे ख़ुश रहने दो। तेरा विवाह हो गया, शरनजीत का विवाह हो गया। कइयों का हो गया। अफ्रीकन लड़कियों का भी हो गया होगा।" उसकी आवाज़ में तल्ख़ी थी।

मैंने जानबूझ कर छेड़ने के लिए कहा, "और नीरू का?"

वह हँस पड़ी।

जब मैंने उसको बताया कि मेरी एक-दो साल की बेटी भी है तो वह बहुत हँसी। उसको यक़ीन नहीं आ रहा था कि मैं बच्चे की देखभाल कर सकती हूँ।

"तू सँभाल लेती है बेटी को?" उसने सवाल किया।

"क्यों?" मैंने हैरानी से पूछा।

"तुझसे अपना आप तो सँभाला नहीं जाता था। तू गिलास कितने तोड़ती थी। याद है कुछ..." और वह हँस दी।

सारा दिन बड़े मज़े में बीता।

उससे कुछ दिन बाद मैं कैनेडा लौट आयी।

उन दिनों में चिट्ठी-पत्र ही होता था। फ़ोन तो बहुत कम होते थे। यदि होते थे तो बड़ी मुश्किल से मिलते थे। हैलो-हैलो करते ही बड़ा-सा बिल बन जाता था। मैं

यहाँ की व्यस्तताओं में पूरी तरह जकड़ गयी। कहने का मतलब हमारा आपस का लिंक टूट गया।

क़रीब तीन साल पहले मैं फिर भारत गयी। एक शादी में हाज़िरी भरनी थी। मैं मोगे में ही अपने रिश्तेदारों के घर ठहरी हुई थी विवाह के कारण। जाते ही मेरा गला ख़राब हो गया। मैंने अपनी एक रिश्तेदार के साथ बात की कि इससे पहले कि मैं ज़्यादा ही व्यस्त हो जाऊँ, अभी डॉक्टर को दिखा आती हूँ।

सो, वह मुझे नज़दीक के डॉक्टर के पास ले गयी। वह लेडी डॉक्टर थी। जब मैंने उसका नाम भुल्लर पढ़ा तो मुझे ख़ुशी-सी महसूस हुई। मैं बलवीर के बारे में सोचने लगी।

डॉक्टर ने आवाज़ लगायी। मैंने कैबिन में घुसते ही कहना शुरू कर दिया कि क्या उनकी कोई रिश्तेदार बलवीर है जो दिल्ली में डॉक्टर है?

वह हँस पड़ी और कहने लगी, "हाँ, तुम कैसे जानते हो?"

"वह मेरी सहेली है।" मैंने कहा।

वह मेरा गला देखने लगी, पर मेरा ध्यान बलवीर की ओर था। मेरे चेहरे के हावभाव समझकर वह कहने लगी, "पहले मुझे चेक कर लेने दो, हम फिर बात करते हैं।"

गले के लिए दवाई लिखने के बाद वह बोली, "बलवीर मेरी ननद है। वह मेरे हसबैंड के ताये की लड़की है।"

उसने एक-दो और बातें कीं और यह भी बताया कि बलवीर का भाई गाँव में खेती करता है और बलवीर दिल्ली में ही रहती है। बहुत कम गाँव आती है। परिवार में ज़मीन वग़ैरह को लेकर झगड़ा चल रहा है। बलवीर को तो जायदाद की परवाह नहीं, उसके भाई के लिए तो ज़मीन ही सब कुछ है।

"आप मुझे उसका फ़ोन नम्बर दे सकते हो?" मैंने मिन्नत-सी करते हुए कहा।

"क्यों नहीं।" वह बोली।

उसने अपने पर्स में से छोटी-सी डायरी निकालकर उसका फ़ोन नम्बर एक पर्ची पर लिखकर मेरे हाथ में पकड़ा दिया।

दूसरे दिन गला कुछ ठीक हो गया तो मैंने बलवीर को फ़ोन लगा लिया। उसको मेरे साथ कुछ नाराज़गी भी थी कि मैं दिल्ली से जहाज़ चढ़ने से पहले उसको मिलकर क्यों नहीं जाती।

"मिलना तो चाहिए था, पर गाँव जाकर और ज़्यादा व्यस्तताएँ हो जाती हैं, ख़त्म नहीं होतीं। न वहाँ फुरसत, न यहाँ फुरसत। उलटे-सीधे कामों में ही टाइम गँवा

लेते हैं। कितनी बार मैं भारत आयी हूँ। समय तो निकाल सकती थी।" मैंने अपने आप को कोसा।

ख़ैर, उसके साथ प्रोग्राम बना लिया कि मैं कैनेडा वापस जाने से पहले दो दिन उसके पास आकर रहूँगी।

एक सोमवार सुबह-सुबह मैं गाँव से टैक्सी लेकर दिल्ली की ओर रवाना हो गयी।

बापू जी को बताया कि मुझे बलवीर के पास दो दिन रहकर कैनेडा लौटना है। बापू जी बलवीर को अच्छी तरह जानते थे। उन्हें इस बात की ख़ुशी हुई थी कि वह सादा-सी रहने वाली लड़की डॉक्टर बन गयी है। उन्होंने एक-दो बार कहा भी था कि अकेली बलवीर ही तुम्हारे में से डॉक्टर बनी है। बापू जी को भी बलवीर का सादापन बहुत प्यारा लगता था। बलवीर तो सबको ही प्यारी लगती थी।

मैं रास्तेभर बलवीर के बारे में ही सोचती रही। अब तो मेरी तरह उसके भी बाल सफ़ेद हो गये होंगे। शायद घुटने भी दुखते हों। वह तो डॉक्टर है। उसके घुटने क्या दुखने है। बाल डाई नहीं करती होगी। खाने-पकाने के लिए नौकर रख रखा होगा। पता नहीं मरीज़ों को अच्छी तरह देखती भी है या नहीं। दवाई ठीक लिखती भी है या नहीं। उसको तो मेडिकल टर्म्ज़ के स्पैलिंग भी नहीं आते थे। कितनी कमज़ोर थी पढ़ाई में। पैसे बहुत बनाती होगी। क्या करती होगी इतने पैसे...ऐसे ही अनेक तरह के सवाल मुझे घेरे बैठे थे।

नीरू को शायद कहीं मिली हो। आज ख़ूब बातें करूँगी। कल अवकाश है उसका। अच्छा हुआ एक दिन तो पूरा होगा हमारे पास। पूरे 25 साल बाद मिलना है पगली को। मैंने मन ही मन कहा।

टैक्सी वाले ने एक बार फिर पता पूछा। दिल्ली की सड़कों से वह परिचित था। अब मेरे पास बलवीर का सैल फ़ोन नम्बर था। मैंने उसको फ़ोन करके बता दिया कि मैं दिल्ली पहुँच गयी हूँ। रिंग रोड पर हूँ। उसने ड्राइवर को फ़ोन पकड़ाने के लिए कहा और साथ ही कह दिया, "तेरी समझ में नहीं आयेगा। तेरे दिमाग़ का मुझे पता है।"

मुझे हँसी-सी आ गयी उसकी बात पर कि यह अभी भी मुझे पहले वाली ही समझती है। ख़ैर, मैंने फ़ोन ड्राइवर को पकड़ा दिया और उसने रास्ता समझा दिया।

बलवीर के फ़्लैट पर पहुँचकर डोर बेल बजायी। वह जल्दी से बाहर आ गयी। वह प्रतीक्षा ही कर रही थी। फीके गुलाबी रंग का पंजाबी सूट पहने वह मेरे सामने

खड़ी थी। सिर के बाल बेशक सफ़ेद थे, पर सुन्दर लग रही थी। कुछ वज़न अवश्य बढ़ा हुआ था पहले से।

एक-दूजे को बाँहों में भरकर हम मिलीं। दोनों की आँखें नम हो आयीं। सामान टैक्सी में से निकाला। उसके नौकर ने चाय बनायी। ड्राइवर चाय पीकर चला गया और अपनी बातों में लग गयीं।

मैंने हैंडबैग में से अपनी किताबें निकालकर उसको दिखानी शुरू कर दीं। वह देखती रही और हँसती रही।

मेरी समझ में न आया कि यह किताबों पर क्यों हँस रही है।

आख़िरकार उसने अपने दिल की घुण्डी खोल ही दी। मेरे चेहरे को पकड़कर अपनी तरफ़ कर कहने लगी, "फिर तेरी आदत न गयी। तेरे साथ ही रही तेरी कविता। तुझे पता है जब तू कविता की बात किया करती थी तो हम हँसा करती थीं तुझ पर। एक दिन तू ग़ुस्सा हो गयी और दो दिन नीरू के सिवा किसी से नहीं बोली थी।"

आज उसने नीरू शब्द मुँह बनाकर नहीं कहा था। मेरे लिए हैरानी वाली बात थी।

पर किताबें देखकर वह गद्‌गद हो रही थी और मेरे से पूछे बग़ैर ही अपना अधिकार समझते हुए किताबें अपने पास रख ली थीं।

मैंने चहल क़दमी करते हुए फ़्लैट देखना शुरू कर दिया। साफ़-सुथरा फ़्लैट। एक कमरे में उसका अपना सामान और एक कमरे में एक बैड, कुरसी, टेबल, टेबल पर टेबल लैम्प और कुछ मेडिकल की किताबें। मुझे हैरानी हुई। मैंने सोचा, कोई रिश्तेदार रहता होगा। यहाँ पढ़ता होगा।

टेबल पर रखी फ़ोटो देखकर सोचा कि यह बलवीर का रिश्तेदार तो नहीं हो सकता। बिल्कुल भी शक्ल नहीं मिलती।

असमंजस की स्थिति में मैंने पूछ ही लिया, "बलवीर, यह कमरा किसका है?"

"मेरे बेटे का कमरा है ये।" उसकी आवाज़ में ख़ुशी की टंकार थी।

"बेटा...!"

मैंने हैरानी के साथ पूछा।

"हाँ, मेरा बेटा रोहित।" उसने बेहद विश्वासभरी आवाज़ में कहा। मैंने उसके चेहरे की ओर फटी आँखों से देखा। वह बिल्कुल शान्त थी।

"उतावली न हो... बता दूँगी धीरे-धीरे।" वह बोली।

बात का रुख बदलने के लिए उसने मेरे सिर की तरफ़ देखा और कहने लगी, “तेरे घुँघराले बाल कहाँ गये? सीधे करवा लिए? सफ़ेद नहीं हुए तेरे बाल? ले देख, मैं तो मोटी हो गयी हूँ। तू...तू तो वैसी की वैसी है।”

हँसती-हँसती ने मुझे प्यार से धकेलकर बेड पर गिरा दिया। एकदम मुझे याद आ गया कि हॉस्टल में ऐसे ही उसने मुझे बेड पर धक्का देकर फेंका था तो मेरा सिर दीवार से जा बजा था पूरे ज़ोर से। दर्द से मेरी आँखें डबडबा आयी थीं।

अपनी बातों में हम इतनी व्यस्त हो गयीं कि पता ही न लगा, कब दिन ढल गया। नौकर रात के खाने के बारे में पूछने आ गया कि घर में ही खाना है या बाहर जाना है। सलाह बनी कि घर में ही खायेंगी।

मेरा तो ध्यान उसके बेटे वाली बात की ओर था।

तभी दरवाज़े पर कुछ आवाज़ हुई। एक पतला-सा 23-24 साल का पक्के-से रंग का लड़का अन्दर आया और सीधा ही हमारे पास आ गया। मैं समझ गयी कि यही रोहित है। कमरे वाली फ़ोटो से शक्ल मिलती थी।

उसने मेरे और फिर बलवीर के पैर छुए। मुझे उसने मासी कहकर सम्बोधित किया। मैं समझ गयी कि बलवीर ने उसको मेरे और मेरे आने के बारे में बता रखा था।

जिधर-जिधर को रोहित जाता, मेरी आँखें उधर ही घूम जातीं। खाना हम तीनों ने इकट्ठे बैठकर खाया।

खाना खाकर रोहित अपने कमरे में चला गया। मैं और बलवीर दूसरे कमरे में चली गयीं। हमने एक ही कमरे में सोने का मन बनाया और सारी रात बातें करती रहीं।

बलबीर ने अपने आप ही बताना शुरू कर दिया था कि रोहित नीरू का बेटा है।

“नीरू?...वही नीरू...अपने वाली...?” मेरी आँखें फटी रह गयीं।

“हाँ...। हाँ, उसी नीरू का बेटा, पर अब मेरा बेटा है।” कहते हुए उसकी आँखें नम हो आयीं।

मैं समझ गयी कि यह कोई गहरी बात है।

उसने रोहित के कमरे की आहट ली और नौकर को ताकीद की कि दूध ज़रूर उसके टेबल पर रख दे।

“बच्चा सारा दिन कॉलेज में थक जाता है। पढ़ना कौन-सा आसान है।” वह मेरी तरफ़ देखकर कह रही थी।

"पहले मुझे यह बता कि यह नीरू का बेटा कैसे है और तेरा बेटा कैसे है?" मैं जानने को उत्सुक थी।

"तो फिर सुन...।" वह बोली।

नीरू बी.एससी. करके दिल्ली आ गयी। यहाँ पागल लड़की को प्यार हो गया किसी मलंग के साथ। नीरू के घरवाले विवाह के लिए राजी नहीं हो रहे थे। ख़ुद ही ढूँढ़ा और वह भी ढंग का न ढूँढ़ा। नशेड़ी-सा। वह बस पगली ही रही। घर से भी वह ठीकठाक ही थी। न मालूम कैसे उसके चक्कर में फँस गयी।

एक दिन अचानक ही मेरी क्लीनिक पर आ गयी। उसको सिर्फ़ इतना पता था कि यह किसी डॉक्टर की दुकान है। मुझे देखकर पहले तो ठिठक-सी गयी, पर जब मैंने आगे बढ़कर उसको बाँहों में भर लिया तो वह रोने लगी। फिर तो बस यूँ लगता था जैसे उसने बरसों से आँखों में पानी सँभालकर रखा हुआ था जिसे आज बाहर निकालना चाहती थी।

मेरे मुँह से निकल गया, "तूने उसको आँखों से डराया नहीं?"

"डराती किसलिए?" बलवीर का कण्ठ भर आया। "नीरू प्रिगनेंट थी। कुछ पचता नहीं था उसके। दिखाने आयी थी। महीना भर हुआ था। कमज़ोर बहुत थी। मैंने उसको दवा दी। हौसला दिया कि वह ठीक हो जायेगी और साथ ही ताकीद कर दी कि जब चाहे, अपने हसबैंड को लेकर आ जाना। इलाज करने की कोशिश करूँगी।"

कुछ दिन बाद वह हरीश को संग लेकर आयी। उसको देखकर मैं सोचने लगी कि नीरू ये तू क्या कर बैठी। यह काला-कलूटा शराबी तेरी पसन्द कैसे बन गया? बलवीर लगातार बोले जा रही थी और मैं चुपचाप सुने जा रही थी। दर्द के सागर में गोते खा रही थीं दोनों।

"क्या हुआ नीरू को?" मैंने चिन्तित होकर पूछा।

बलवीर की समझ में नहीं आ रहा था कि वह कहानी को कैसे आगे बढ़ाये। उसका मन भरा हुआ था। वह गहरा उसाँस लेकर, पानी का घूँट भरकर बोली, "नीरू के हसबैंड का लीवर ख़त्म हो चुका था। वह बहुत ज़्यादा पीता था और पीने के कारण उसकी नौकरी चली गयी थी। बैंक में मैनेजर था। पर सारा पैसा शराब पर बहाता था। उसको साफ़-साफ़ बता दिया कि अगर उसने पीना नहीं छोड़ा तो वह ज़्यादा देर जीवित नहीं रह सकेगा।"

बलवीर नीरू की कहानी सुनाती रही और मैं हैरान-परेशान सी सुनती रही।

नीरू ने मुझसे कहा, "मेरे पास इस समय पैसे नहीं है, मैं कुछ दिन बाद दे जाऊँगी।"

इसके साथ ही बलवीर का रुदन तेज हो गया।

"मुझे उसकी हालत पर बहुत तरस आया। मेरा मन भर आया। मेरी आँखों के आगे कॉलेज, हॉस्टल और लड़ाई सब कुछ घूमने लगा।"

"नीरू! पैसों की चिन्ता न कर। मैं कोई पैसा नहीं लूँगी तुझसे। तुझसे कैसे पैसे लेने हैं। कोई अपनों से भी पैसे लेता है क्या। आज के बाद पैसों की बात न करना। पागल कहीं की।"

"इलाज शुरू कर दिया। जो कुछ मैं कर सकती थी, किया। अन्य डॉक्टरों के साथ भी सलाह-मशवरा किया। उसकी सेहत में कुछ सुधार भी होना शुरू हो गया था, पर एक दिन अचानक उसके स्कूटर की ट्रक के साथ टक्कर हो गयी। वह स्पॉट पर ही मर गया।" बलवीर का गला अवरुद्ध हो गया। मेरी आँखों से भी आँसू बह रहे थे।

"जब नीरू पति के संस्कार आदि से निवृत्त हुई तो फिर एक दिन मेरे पास आयी। वैसे उसने उसकी मौत की ख़बर उसी समय ही बता दी थी। मैंने अन्तिम-संस्कार आदि में उसकी पूरी मदद की।" उसने आँखें पोंछते हुए बमुश्किल बात ख़त्म की।

हम दोनों ही रो रही थीं।

"फिर...?" मैंने कहा।

"नीरू के सास-ससुर ने नीरू को घर से निकाल दिया। वे अपने पुत्र की मौत का ठीकरा नीरू के सिर फोड़ने लगे। नीरू के माँ-बाप पहले ही नीरू के साथ नाराज़ थे। मैं सारे मरीज़ भुगता कर उसको अपने साथ इसी घर में ले आयी। वह मुझसे अपने अन्दर पलते बच्चे को कोई न कोई दवा देकर गिरा देने के लिए कहती, पर मैंने उसको ऐसा न करने दिया और सारी ज़िम्मेदारी अपने ऊपर ले ली और नीरू को अपने पास ही रख लिया।"

"अच्छा किया तूने?" मैंने बलवीर का हाथ अपने हाथों में लेकर दबाया।

अब बलबीर और मैं एक-दूजे को बाँहों में भरकर बैठी थीं। ऐसा महसूस हो रहा था जैसे नीरू भी पास ही है। उसका वजूद आसपास ही महसूस हो रहा था। बलवीर की आँखों में नीरू के प्रति इतना प्यार... बलवीर और नीरू... और मैं।

तेरे भी रंग न्यारे हैं रब्बा!

और वह फिर बोलने लगी, "पहले सब कुछ ठीक था। सातवें महीने में बच्चे की पोजिशन कुछ और हो गयी। डिलीवरी बहुत कठिन थी। नाड़ू बच्चे की गर्दन के इर्दगिर्द लिपट गया था। दोनों के लिए ख़तरा था। नीरू को दर्द शुरू हो गये। मैंने कभी इस तरह ख़ून बहता नहीं देखा था। बहुत कोशिश की। अपनी ओर से पूरा ज़ोर लगाया। मैं नीरू को ऐम्ज़ में ले गयी। मैं अकेली नहीं थी, मेरे साथ अन्य डॉक्टर भी थे जो डैडी के साथ काम करते थे। सोचती थी कि नीरू तू आयी भी तो किस वक़्त आयी।" बलवीर की आवाज़ भर्रा गयी।

मैंने उसको पानी का घूँट पिलाया। प्यार से उसका सिर अपने हाथों में लेकर सहलाया।

"बच्चा तो ठीकठाक पैदा हो गया, पर नीरू की जान को ख़तरा था।" बलवीर की रुलायी फूट पड़ी।

हम दोनों एक-दूसरे के गले लगकर रो रही थीं।

रोहित को हमारे रोने की आवाज़ सुनाई दे गयी। उसकी नींद खुल गयी। दौड़ा हुआ आया। कुछ मिनट हमारे पास बैठा और घूँट-घूँट पानी पिलाकर वापस अपने कमरे में चला गया। शायद वह हमारे रोने का कारण समझ गया था।

कुछ देर हम ख़ामोश रहीं। दोनों ही बहुत भावुक हो चुकी थीं। कुछ बोलने की हिम्मत ही कहाँ थी।

इस चुप्पी को तोड़ने और रोहित के बारे में जानने के लिए मैंने फिर बात शुरू की। मैंने धीमे स्वर में बलवीर से पूछा कि रोहित कब से तेरे पास है।

बलवीर बोली, "उसी दिन से जिस दिन वह पैदा हुआ था।"

बलवीर ने रोते-रोते मुझे बताया, "नीरू ने अन्त समय में एक बार रोहित की ओर देखा और मेरी तरफ़ उम्मीद भरी नज़रों से। उसकी नज़र मुझसे कुछ माँग रही थी। मैंने रोहित को अपनी गोद में ले लिया और एक तरीक़े से उसको समझा दिया कि यह बच्चा अब मेरा है।"

नीरू के चेहरे पर हल्की-सी मुस्कराहट आयी और इस मुस्कराहट के साथ ही उसने अन्तिम साँस लिया। बलवीर बेड पर औंधे मुँह गिर पड़ी।

टेबल पर पड़ी छोटी-सी ग्रुप फ़ोटो पर मेरी नज़र पड़ गयी। हम सबकी पुरानी-सी, छोटी-सी तस्वीर थी। मैंने ध्यानपूर्वक नीरू की तस्वीर को देखा। कन्धों तक बाल। शहरी क़िस्म का लिबास। हम सबसे अलग थी वह। मुझे भावुक होता देख बलवीर ने फ़ोटो मेरे हाथ से ले ली और बोली, "मैं हमेशा ही उसके साथ लड़ती

रही और वह मुझे दुनिया की सबसे क़ीमती चीज़, अपना जाया रोहित देकर रुख़सत हो गयी।"

"हूँ...।"

हम दोनों ही नीरू की याद में डूब चुकी थीं। कुछ कहने के लिए हमारे पास कुछ भी नहीं था।

मैं सोच रही थी कि बलवीर से रोहित के पूरे नाम के बारे में पूछूँ। उसने ख़ुद ही बता दिया कि वह चाहती थी कि उसका नीरू के धर्म वाला ही नाम हो। इसलिए उसने रोहित का नाम रोहित भारद्वाज रख दिया था ताकि नीरू की रूह को किसी प्रकार का दुख न हो।

मैं यह भी सोच रही थी कि यह वही बलवीर है जो नीरू को बाह्मणी कहा करती थी। मुझे बलवीर पर बेइन्तहा प्यार आ रहा था।

"अब ईश्वर की कृपा से रोहित एम.बी.बी.एस. के तीसरे साल में है। जब यह डॉक्टर बन जायेगा तो क्लीनिक इसी के हवाले करके आराम करूँगी।" बलवीर रोहित के प्यार में डूबी कह रही थी। उसको रोहित पर गर्व भी था। उसने बताया कि रोहित बहुत मेहनती और अच्छा डॉक्टर बनेगा।

मुझे भी रोहित पर प्यार आने लगा। मन तो किया कि उसी वक़्त रोहित के कमरे में जाकर उसका माथा चूम लूँ, पर रुक गयी। सोचा, बच्चा कहीं महसूस न करे।

मैं सोच में डूबी रोहित के परिवार के बारे में सोचने लगी। मैंने पूछ ही लिया बलवीर से।

बलवीर ने बताया कि उसके नाना-नानी, दादा-दादी सब परलोक सिधार चुके हैं। हरीश अपने माँ-बाप की इकलौती सन्तान था। न ससुराल ने और न ही मायके ने नीरू का साथ दिया। किसी ने उसकी मौत का शोक नहीं मनाया। माँ-बाप भी कलंक समझते थे और ससुराल वाले भी। किसी ने नीरू के बच्चे के बारे में नहीं पूछा।

सवेरे के तीन बज चुके थे। सोने का यत्न किया, पर नींद कहाँ! मैं बहुत पीछे चली गयी, जब नीरू ने कहा था कि 'मैं किसी दिन बलवीर आपको ऐसा तोहफ़ा दूँगी कि सभी देखते रह जायेंगे।'

मेरे कानों में नीरू के हँसी-मज़ाक़ में कहे शब्द 'मैं बलवीर को ऐसा तोहफ़ा दूँगी' गूँज रहे थे और मैं सोच रही थी कि जिस तोहफ़े की बात नीरू करती थी, वह तोहफ़ा रोहित के रूप में बलवीर को दे गयी है। वाकई, सभी इस तोहफ़े की ओर देख रहे हैं। नीरू...।

तीसरे दिन मैंने बलवीर और रोहित से विदा लेकर दिल्ली एयरपोर्ट से कैनेडा के लिए उड़ान भरी।

आजकल बलवीर की क्लीनिक पर मोटे अक्षरों में डॉ. रोहित भुल्लर एम.डी. लिखा हुआ है और बलवीर उसके लिए एक सुन्दर-सलोनी और सुघड़ लड़की की तलाश कर रही है।

कैनेडा की टिकट

राखी को होश आ गया तो सबने सुख की साँस ली।

वह इस गाँव की बहू थी। जब ब्याही आयी थी तो सारे गाँव में उसकी सुन्दरता की चर्चा थी। ज्यों-ज्यों उसके बारे में पता लगा, गाँव की ज़मींदार औरतों ने भी किसी न किसी बहाने हरिजन मुहल्ले में जाकर उसको देखा।

अम्मा भागो कहने लगी, "अरे बड़ी सोहणी है। लगती नहीं, वह इस ज़ात की। वह तो जट्टियों से भी सोहणी है। इतना गोरा-चिट्टा रंग, ऊँची-लम्बी, चित्त करता देखते ही जायें। मैंने तो पूरे दस रुपये शगुन दिया।"

चाची मिंदर कौर बीच में ही बोल पड़ी, "अकेली शक्ल की ही सोहणी नहीं। तुमने तो भैण जाते वक़्त मुझे बताया नहीं, हारकर मैं अकेली ही शगन देने चली गयी। अरी, उसने तो मिनटों में बर्तन माँज कर रख दिये। चुन्नी की बुक्कल यूँ मारती है जैसे महारानी हो। हाँजी-हाँजी करती के मुँह से फूल झड़ते हैं।"

"भाबी, अपने गाँव में उसके जैसे दाँत नहीं किसी के। जैसे सफ़ेद मोतियों की लड़ी हो।" कॉलेज से आयी कमल ने साइकिल खड़ी करते हुए कहा।

"हाँ, अम्मा जी! चरने चमार की तो क़िस्मत ही निराली है। वह ख़ुद तो नज़र-बट्टू ही लगता है। बहू हीर जैसी ले आया।"

बीच में ही कमल के साथ आयी पढ़ी-लिखी लड़की बिन्दर बोल उठी, "ताई! वो हीर जैसी नहीं, हीर ही है। पर चरना राँझा नहीं है।"

सभी हँस पड़ीं। इसके बाद गाँव की बहुत सारी स्त्रियों ने उसको हीर ही कहना शुरू कर दिया।

"हाँ बेटा! उसको तो अफीम फाँकने से ही फ़ुरसत नहीं। कमाई कम करता है और ख़र्च ज़्यादा करता है। इस बेचारी को भी मरे पशुओं की खालें उतारनी पड़ेंगी या जट्टों का गोबर-कूड़ा करना पड़ेगा।" अम्मा ने गहरा साँस भरते हुए कहा।

'माथा टेकती हूँ अम्मा जी' कहकर सर पर से ख़ाली टोकरा नीचे उतारते हुए भाबी कमलजीत बोली, "अम्मा जी, इस गाँव में सब सोहणियाँ ही आती हैं। तुम्हारे लड़के ही काने-मीणे हैं। पता नहीं, कौन से मोती दान किये हैं तुम्हारे गाँव के लड़कों ने और लड़कों की माँओं ने।"

अम्मा भागो ने भाबी कमलजीत को आशीष दिया और बोली, "बहू! बात तो तेरी सच्ची है। मैं तो आप ख़ूब सोहणी थी, जब ब्याही आयी थी।"

सभी खिलखिलाकर हँसने लगीं।

"री! उसका तो नाम ही बड़ा सुन्दर है।" ताई अमरो बीच में ही बोल पड़ी।

पढ़ी-लिखी लड़की बोली, "ताई! शहरों में इसी तरह के नाम रखते हैं। राखी नाम है उसका। यूँ न, रक्खी-रक्खी कहने लग जाना।"

सभी को राखी नाम बहुत ही सुन्दर लगता था।

चरना अपनी बीवी को छिपा-छिपाकर रखता। उसको पता था कि राखी के हुस्न के चर्चे सारे गाँव में हैं। वह गुजारे के लिए कुछ काम भी ज़्यादा करने लगा था। अपनी बेबे (माँ) को एक दिन चरने ने कह ही दिया, "बेबे, तू आप ही जैसे-तैसे दुकान से सौदा-पत्ता ले आया कर, राखी को न भेजा कर। गाँव के आवारा लड़कों ने तो देखना ही है, साले बूढ़े भी आँखें फाड़-फाड़कर देखते हैं। हीर-हीर कहते रहते हैं।"

राखी बहुत कम ही घर से बाहर निकलती। घर का चूल्हा-चौका सँभाल लेती, आँगन में झाड़ू मार देती, कपड़े धो लेती और फुरसत मिलने पर पीढ़े बुन लेती। छोटे-छोटे बैठने वाले पीढ़े चरना मोगे जाकर बेच आया।

और फिर अचानक चरने की बेबे बीमार पड़ गयी। किसी नामुराद बीमारी ने उसे घेर लिया। चरना अपनी माँ को अपने मामा के पास ले गया। चरने का मामा लुधियाना में रहता था। उन्होंने सोचा, यहाँ उसकी दवा-दारू अच्छी हो जायेगी। गाँव में तो कोई सुविधा है ही नहीं। शहर में चरना और राखी किसी फैक्टरी में काम कर लेंगे। चरने का मामा ख़ुद भी तो धागों वाली फैक्टरी में काम करता था। वहीं फोरमैन को कहकर दोनों को लगवा लेगा।

तीनों जन लुधियाने चले गये। छोटा-सा किराये पर कमरा मिल गया। बेबे की दवा-दारू चलती रही। भारत जैसे देश में ग़रीब को इलाज करवाना कौन-सा सरल है। यहाँ तो सबसे बड़े लुटेरे ये डॉक्टर ही बने बैठे हैं। ख़ैर, चरने की बेबे चार-पाँच सालों की भयंकर बीमारी भोग कर रब को प्यारी हो गयी। वह बेशक शहर में जा बसी थी, पर उसका वहाँ जी नहीं लगा था। वह हर समय गाँव की राह की

ओर देखती रहती और मरने से एक दिन पहले चरने को कह गयी कि मेरा अन्तिम संस्कार गाँव में ही करना। यहाँ के मुर्दे मुझे अपने संग नहीं मिलाने वाले।

सो, बेबे के साथ किये वायदे के अनुसार चरना उसकी लाश को गाँव ले आया। भोग के बाद चरने का भी मन न किया गाँव छोड़कर जाने को। जितना भर शहर में से कमाया था, वह सब बेबे की दवा-दारू में लग गया। राखी के एक बेटी हुई और जन्म लेते ही मर गयी। उसके बाद उसकी कोख हरी न हुई। डॉक्टर ने जवाब दे दिया कि अब वह कभी माँ नहीं बन सकती। शहर जाना भी किसलिए था। किसी क़िस्म का हौसला बाक़ी नहीं रहा था।

भोग के बाद एक दिन राखी गाँव की दुकान पर खड़ी थी। बचित्तर सिंह की निगाह राखी पर पड़ी। वह गाँव का मोटा ज़मींदार था। ज़मीन-जायदाद खुली थी। बड़ा बेटा कई सालों से कैनेडा में रहता था। बचित्तर सिंह ख़ुद भी कई साल से कैनेडा जाने की कोशिश कर रहा था। उसके कैनेडा में रहते पुत्र ने अपने पिता बचित्तर सिंह, अपनी माँ और छोटे भाई और एक बहन के लिए एप्लायी किया हुआ था।

जैसे ही बचित्तर सिंह ने राखी को देखा तो देखता ही रह गया। मन हरामी हो गया। उसके मन में ख़याल आया कि क्यों न इसको और इसके आदमी को पक्के तौर पर अपने घर में नौकर रख लिया जाये। पहले तो उनकी बुढ़िया बाधा थी। अब तो मैदान साफ़ है। मर गयी, पीछा छूटा। सो, उसने बिना वक़्त गँवाये चरने के घर का दरवाज़ा जा खटखटाया। मन चूँकि हरामी हो गया था, इसलिए उसने स्वयं ही हरिजन बस्ती में जाना बेहतर समझा। नहीं तो किसी नौकर को भेजता कि जा, चरने को बुला ला।

चरना और राखी अब बचित्तर सिंह के घर पक्के नौकर लग गये। चरना खेतीबाड़ी का काम करता और राखी घर का गोबर-कूड़ा और अन्य साफ़-सफ़ाई का काम कर देती। आहिस्ता-आहिस्ता उसको चौके में जाने देने लगे और उससे रोटी बनाने का काम भी लेने लगे। बचित्तर सिंह उन पर इतना मेहरबान हो गया कि अपने घर के रिहायशी हिस्से से दूर मशीनरी रखने के लिए बरामदे में बनाया एक कमरा चरने और राखी को रहने के लिए दे दिया। चरना और राखी उनका ही काम करते और वहीं खाते-पीते। मानो अब उनका यही घर था।

कुछ ही दिनों में बचित्तर सिंह ने राखी के साथ निकटता बढ़ा ली। वह उसका मानसिक और शारीरिक शोषण करने लगा। जब भी मौक़ा मिलता, राखी को अकेली देखकर अपनी हवस पूरी कर लेता और चरने को वह खेत में ही उलझाये रखता।

राखी को बचित्तर सिंह ने यहाँ तक कह दिया कि वह उसको बहुत प्यार करता है। वह उसके बग़ैर नहीं रह सकता। कैनेडा पहुँचकर वह उसके लिए भी एप्लायी करवा देगा। नया क़ानून बनने ही वाला है। फिर वे वहाँ जाकर ऐश करेंगी, ऐश।

एक दिन राखी ने पूछ ही लिया, "सरदार, वहाँ जाकर मैं क्या करूँगी?"

बचित्तर सिंह शरारती हँसी हँसता कहने लगा, "वहाँ बहुत कुछ है करने को। वहाँ पढ़ाई-वढ़ाई को कोई नहीं पूछता। वहाँ सब बराबर हैं। जो काम मैं करूँगा, वही तुझे करना है। मैं जैसा कहूँ, किये जा। ज़िन्दगी बन जायेगी और फिर कार लेकर गाँव में आना टौर के साथ।"

राखी तो कैनेडा के सपने लेने लगी और कभी-कभी चरने को कह देती कि ध्यान से काम किया कर। सरदार अपने पर बहुत मेहरबान है। हमें कैनेडा बुलवा लेगा। किसी बात पर सरदार को नाराज़ न कर बैठना।

डेढ़ साल बीत गया। राखी लगातार बचित्तर सिंह की हवस का शिकार होती रही। यदि मन में शक पैदा होता तो तुरन्त ही दूसरी तरफ़ सोचने लग जाती। अब तक उसने देखा भी क्या है, सिवाय ग़रीबी और सूखी रोटी के। कैनेडा जाकर वह अपने बहन-भाइयों को भी बुलवा लेगी और वे भी गाँव में कोठी डलवाकर सरदार कहलाएँगे। अब वह अपने से ज़्यादा अपने रिश्तेदारों और बहन-भाइयों के लिए जी रही थी।

बचित्तर के परिवार का वीज़ा आ गया। जाने की तैयारियाँ होने लगीं। नये-नये कपड़े और सूटकेस ख़रीदे गये। बचित्तर सिंह की घरवाली रोज़ ही शहर जाती और छोटा-मोटा कोई न कोई सामान उठाये लौटती। राखी सोचती कि वह भी यूँ ही सामान ख़रीदेगी। आज तक तो उसने लोगों की उतरन ही पहनी थी। उसके मन में भी चमकते हुए नये सूट पहनने की इच्छा जाग उठती।

सीटें बुक हो गयीं। बचित्तर सिंह ने राखी को और अधिक पक्का कर दिया कि वह बेबे की और घर की अच्छी प्रकार से देखभाल करे। उसके सिर पर ही उसको घर और बेबे का ज़रा भी फ़िक्र नहीं था। वकील ने बताया है कि शीघ्र ही नया क़ानून बन जायेगा और फिर दोनों को और बेबे को उधर बुलाने के लिए एप्लायी कर देगा।

राखी हँस पड़ी, "बेबे कैसे जायेगी?... वह तो जहाज़ में बैठ ही नहीं सकती।"

"तू फ़िक्र न कर। बेबे को लेटने वाली सीट ले देंगे और हम सब दूसरी आम सीटें ले लेंगे।"

बचित्तर सिंह उसकी पत्नी और पुत्र कैनेडा चले गये। अब चरना, राखी और बचित्तर सिंह की माँ रह गये थे घर में। राखी बेबे की पूरी देखभाल करती। समय

से दवा-दारू देती और घर को साफ़-सुथरा रखती। वह बचित्तर सिंह से किसी भी क़िस्म का उलाहना नहीं लेना चाहती थी।

गाँव में आस-पड़ोस की बूढ़ी स्त्रियों को राखी और बचित्तर सिंह के सम्बन्धों की भनक पड़ गयी। जब बचित्तर सिंह यहीं था तो वे आपस में कानाफूसी करती रहतीं, पर उसके कैनेडा चले जाने के बाद वे एक-दूसरे के साथ खुलकर बातें करने लगीं। कभी-कभी कोई औरत राखी से मसखरी-सी में पूछ लेती कि वह कब जा रही है।

वह बड़े चाव के साथ कहती कि जल्दी ही काम बन जायेगा। नया क़ानून बनने ही वाला है।

इसी प्रकार चरने से भी लोग मज़ाक़ करने लगते। जब भी चरना चौपाल के पास से गुज़रता, कोई न कोई उससे मसखरी करने लगता। एक दिन नशेड़ी भजना कहने लगा, "ओ चरने! कैनेडा जाकर मुझे अंग्रेज़ी शराब की बोतल ज़रूर भेजना।" दूसरा बीच में ही बोल उठा, "ओए, ये नहीं अब अपने साथ मिलने वाला। अब तो यह उड़न-छू होने को फिरता है।"

एक साल बाद बचित्तर सिंह गाँव वापस आ गया। उसकी पत्नी वहीं रह गयी। पोता और पोती स्कूल जाते थे। उन्हें भी तो किसी को सँभालना था। बचित्तर सिंह ने ज़मीन का ठेका इकट्ठा करना था, इसलिए आना पड़ा।

राखी ख़ुश थी। वह उनके लिए अच्छे-अच्छे कपड़े लेकर आया था। हालाँकि कैनेडा के हिसाब से वे स्टोरों पर बचे-खुचे कपड़े ही थे, पर राखी और चरने के लिए तो वे बहुत क़ीमती थे। ऐसे कपड़े तो राखी ने दूर से ही देखे थे और आज वह ख़ुद पहने घूमती है। बचित्तर सिंह राखी को ख़ुश करने के लिए दूसरे-तीसरे दिन राखी की मुट्ठी में हज़ार, दो हज़ार रुपये रख देता। राखी चरने से छिपाकर उन्हें रख लेती। वह जानती थी कि कैनेडा के टिकट के लिए और छोटा-मोटा सामान ख़रीदने के लिए पैसों की ज़रूरत पड़ेगी ही, हालाँकि उसको यक़ीन था कि बचित्तर सिंह किसी बात की कमी नहीं आने देगा, पर फिर भी अपने पास कुछ तो होना ही चाहिए। या फिर उन पैसों के साथ अपने भाई की मदद कर देती और ऐसा करके बेइन्तहा ख़ुशी महसूस करती।

"बचित्तर सिंह... घर में ही हो?" खुले पड़े गेट से अन्दर आते हुए निर्मल सिंह ने आवाज़ लगायी।

"हाँ, आ जा निर्मल सिंह।" बचित्तर सिंह बोला। दोनों जन बचित्तर सिंह के कमरे के साथ लगने वाले बरामदे में रखी कुर्सियों पर बैठ गये।

राखी बचित्तर सिंह के कमरे में उसके कपड़े सँभाल रही थी। निर्मल को देखकर वह रुक गयी और बिना किसी हिलजुल के उनकी बातें सुनने लगीं।

बचित्तर सिंह समझ रहा था कि राखी उसकी माँ की देखभाल में व्यस्त है। उसको ज़रा भी कयास नहीं था कि राखी उनका सारा वार्तालाप सुन रही है।

निर्मल सिंह, बचित्तर सिंह का लँगोटिया यार था। एक-दूसरे के भेदी थे। किसी वक़्त एक साथ ही स्कूल में पढ़ते रहे थे। तब भी उनकी अच्छी निभती थी और आज भी वे एक-दूसरे के वफ़ादार थे।

रस्मी-सी बातचीत के बाद निर्मल सिंह ने कहना शुरू किया, "मैंने सुना है, तूने अपने इन नौकरों और बेबे के लिए एप्लायी करना है। बेबे की बात तो मैं समझता हूँ, पर नौकरों को किस क़ानून में लेकर जायेगा। मैंने सोचा, बचित्तर सिंह से पूछकर आता हूँ। मैं भी सोचता हूँ कि कोई बन्दा किसी रिश्तेदारी में से इस तरह उधर भिजवा सकूँ। रिश्तेदारों की भी इच्छा रहती है कि हमारा भी कोई बेटा-बेटी बाहर निकले।"

अब राखी ने मानो साँस लेना भी बन्द कर दिया। बरसों की प्रतीक्षा के बाद असली बात उसके कानों को सुननी थी कि कब क़ानून बनेगा।

बचित्तर सिंह कुछ हँसा और फिर बताने लगा, "यार! तू भी भोला ही रहा। कौन सा क़ानून और किसने किसी को उधर लेकर जाना है। साली दिल को अच्छी लग गयी। टाइम-पास करना शुरू कर दिया। अगर तू देख ले तो तू भी लट्टू हो जाये। जितनी देर चलता है, चली जाने दो। एक दिन ख़ुद ही इसे पता लग जायेगा। और फिर यार, बेबे को लेकर बड़ी चिन्ता है। इसीलिए मुझे ये झूठा सपना दिखाना पड़ा। इन पर तो तसल्ली है हमको। किसी और पर इतना यक़ीन करना कठिन है। ये तो घर के सदस्यों की तरह ही रहते हैं यहाँ। बेबे की पूरी देखरेख करते हैं दोनों। इनके सिर पर बेबे की चिन्ता नहीं रहती।"

"अच्छा! तो फिर ये बात है। मैं भी कहूँ, मुझे बच्चों ने नये क़ानून के बारे में कोई जानकारी नहीं दी। रोज़ फ़ोन करके पूछता हूँ कि कहीं किसी रिश्तेदार का काम बन जाये।"

दोनों मिलकर हँसने लगे। राखी धीमे से परले दरवाज़े से कमरे से बाहर निकल गयी। बचित्तर सिंह को शक तो हुआ कि राखी कमरे से बाहर गयी है अभी-अभी।

निर्मल जाने के लिए उठ खड़ा हुआ। बचित्तर सिह ने दबी-सी आवाज़ में कहा कि वह चाय पीकर जाये। दरअसल, उसको डर हो गया था कि कहीं आज ही न बम फूट जाये। राखी के कमरे से निकलकर जाने का भ्रम जो हुआ था उसे।

जैसे ही निर्मल सिंह घर से बाहर निकला, राखी आकर गरज पड़ी।

"क्यों सरदार, आज मुझे बता ही दे कि तेरा नया क़ानून कब बनेगा और तू हमारी चिट्ठी कब भरने वाला है?"

बचित्तर सिंह चुप था। वह डर गया था कि क्या जवाब दे।

"अब बोल न, आज कर ही ले पक्की बात।"

बचित्तर सिंह समझ गया कि राखी ने सारी बात सुन ली है। वह खोखला रौब डालने के लहजे में बोला, "अगर इस तरह लोग जात-कुज़ात को कैनेडा बुलवाने लग पड़े तो हो गया गुज़ारा। पासपोर्ट बनवाकर रखना। जहाज़ भी नया बनेगा तेरे लिए। नीच कहीं की। ज़ात की छिपकली, शहतीरों को जफ्फियाँ...। भैण...।"

राखी ने बचित्तर सिंह के गिरेबान को हाथ डाल लिया और पता ही न चला कब उसने ताबड़तोड़ अनगिनत थप्पड़ उसके मुँह पर जड़ दिये।

बचित्तर सिंह ने गालियाँ बकनी शुरू कर दीं, "कुत्ती...हरामज़ादी...नीच... तेरी माँ को...तेरी भैण को...। साली खाती-पीती फैल गयी। खाने की कुतिया... खा-पीकर कैसे भोंकती है?"

चरना भी बाहर वाले घर से भैंस को पट्ठे डालता-डालता आ पहुँचा। रोती हुई राखी ने चरने की बाँह पकड़कर कहना शुरू किया, "इस दरिन्दे ने इतने साल मेरे साथ मुँह काला किया। मेरी ग़रीबी का फ़ायदा उठाया। मुझे सपने दिखाता रहा कैनेडा के।"

और फिर बचित्तर सिंह की तरफ़ देखकर बोली, "हरामज़ादे! तुझे कहीं आसरा न मिलेगा। देखना, कीड़े पड़कर मरेगा। कुत्ता बदमास। भैण का...हम ग़रीबों की आह तुझे लगकर रहेगी।"

शोर-शराबा सुनकर अड़ोस-पड़ोस इकट्ठा हो गया। बेइज़्ज़ती होती देख बचित्तर सिंह ने पूरे ज़ोर के साथ राखी को धक्का दिया और राखी का सिर पास में पड़े पत्थर के गमले में जा बजा। चरने ने दौड़कर राखी को उठाया। वह बेहोश हो गयी थी। किसी ने उसके पैर के तलुवे झसे, किसी ने हथेलियाँ, किसी ने सिर को टटोला। कोई दूध में घी लेकर आया और कोई डॉक्टर की ओर भागा। कहने का मतलब पूरा अड़ोस-पड़ोस दौड़ा फिरता था।

राखी को होश तो आ गया, पर उस दिन से वह गाँव की पागल औरत बन गयी। उसके बाल हमेशा बिखरे रहते और कपड़े जगह-जगह से फटे। न कभी नहाती, न कभी मुँह धोती। जो मिलता, खा लेती। जहाँ नींद आती, सो जाती।

कन्धे पर पुराना बैग लटकाये गलियों में घूमती रहती और हर किसी को कहती कि वह कैनेडा जा रही है। कैनेडा...कैनेडा...कैनेडा करती आती-जाती

कारों के पीछे भागती रहती। गाँव के बच्चे उसको कैनेडा-कैनेडा कहकर छेड़ते रहते। वह बच्चों को गालियाँ बकती और बच्चे उसको रोड़े-पत्थर मारते। कभी-कभी गाँव का बड़ी उम्र का आदमी कह देता, "न तंग करो बेचारी को... करमों की मारी को।"

और एक दिन गाँव की बाहरी सड़क पर कार आती देख 'कैनेडा-कैनेडा' करती वह उस कार की ओर दौड़ पड़ी। कार के क़रीब जा पहुँची। ड्राइवर ने बहुत ब्रेक़ लगायी, पर राखी कार के नीचे आ गयी और पता नहीं किस देश को चली गयी।

शायद कैनेडा जाने की उसकी टिकट आ गयी थी।

बेटी का क़र्ज़

कुछ साल पहले जब मैं अपने देश गयी तो वे सब जो पहले मुझे मिलने आती थीं या यूँ कह लो, उसी वक़्त आ जाती थीं, नहीं आयीं। मैंने किसी को कुछ नहीं कहा, पर मैं मन ही मन चाची के बारे में सोच रही थी। यदि मुझे पता होता कि चाची भगवान को प्यारी हो गयी है तो मैं अवश्य उसके बारे में माँ से पूछती। मुझे बापू जी ने फ़ोन पर बता दिया था कि चाची अब नहीं रही है। मैं सुन्न हो गयी थी, चाची की मौत की ख़बर सुनकर। चाची चली गयी...!

जब चाची इस गाँव में ब्याह कर आयी थी तो सारी बूढ़ी स्त्रियाँ यही कहती रहीं कि दियालो की बहू रंग की काली है। कोई कहती, रंग तो दो ही होते हैं, पर अगर गोरा रंग हो तो धी-बेटा सुन्दर लगते हैं। कोई दूसरी कहती–फिर क्या है? गोरे रंग में कौन-सा कुछ डालकर खाना है! कामकाज को सच्ची है, और फिर भाई, ऊँची-लम्बी बहुत है। चल जायेगा! गाँव की बूढ़ी औरतों के साथ-साथ चाची की सास और ननदों की भी ऐसी ही राय थी।

उस समय मैं छोटी बच्ची थी, पर यह सब बातें समझती थी। मुझे चाची के बारे में कही जाने वाली बातें बिल्कुल ही अच्छी न लगतीं, पर मैं किसी को कुछ नहीं कह सकती थी।

एक दिन चाची अपने मायके गयी और कई दिनों तक वापस न आयी। मैंने सुना कि दियाला उसको लाना नहीं चाहता। कोई बूढ़ी चाची की सास से पूछती कि बहू कब आयेगी तो उसको जवाब मिलता, "भई लड़के की मरज़ी है, हमें क्या कहना है। आजकल के लड़के कौन-सा किसी की सुनते हैं। मैं तो नित मगज मारती हूँ लड़के के साथ। लड़कियाँ सारा दिन काम में पागल हुई फिरती हैं, रोटी खाने तक की फुरसत नहीं मिलती। बहू यहाँ हो तो थोड़ा-बहुत लड़कियों के दरी-खेस के काम में हाथ बँटाये। खड़े पैर काम करने बड़े मुश्किल हैं। सुख से, ब्याह बेशक आज

धर लो। कोठे जितनी लड़कियों को देख-देख दिल में हौल पड़ते हैं मेरे। सारी-सारी रात नींद नहीं आती। क्या कहूँ अपनी क़िस्मत को...।"

मेरी एक बुआ अभी कुँआरी थी। उसकी चाची के साथ अच्छी बनती थी। एक दिन मैंने बुआ से कहा, "चाची क्यों नहीं आती अपने मायके से?"

उसने गहरा साँस भरा और कहने लगी, "यूँ ही... भाई दियाला ऐंठा फिरता है। कहता है, वो सोहणी नहीं। आप तो जैसे ख़ूब सुन्दर हो। बेढब-सा!"

मैंने कहा, "मुझे तो चाची अच्छी लगती है। चाचा दियाला भी तो काना-सा है।"

वह हँस पड़ी और कहने लगी, "भाभी, काम में मेहनती बहुत है। मेरे साथ दरी का नमूना डलवाया था उसने, बहुत ही सुन्दर। किसी को बुरा नहीं बोलती। सबकी गरम-ठण्डी सुनती रहती है बेचारी।"

मैंने गाँव के स्कूल की पढ़ाई ख़त्म करके मोगे सरकारी स्कूल में दाख़िला ले लिया। उन दिनों में बापू जी की नौकरी भी मोगे में ही थी। मोगे में हम किराये के मकान में रहते थे। बीबी और बापू जी सहित हम सभी बहन-भाई मोगे ही आ गये थे। गाँव में बेजी और बाजी ही रह गये थे। हम दादी को बेजी और दादा को बाजी कहा करते थे।

एक दिन बेजी मोगे आये। बेजी ने मेरी माँ को बताया कि मिंदर कौर को दियाला ले आया है। मैंने भी यह बात सुन ली। मैं भी अन्दर ही अन्दर ख़ुश थी।

छुट्टियों के दिन थे। हम सभी बहन-भाई छुट्टियों में गाँव आ जाया करते थे। मैंने चाची को गोबर-कूड़े का टोकरा सिर पर उठाये जाते हुए देखा और उसने भी मुझे देख लिया था। गोबर के ढेर पर टोकरा उलटने के बाद वापस लौटते हुए वह हमारे घर पर रुक गयी। टोकरा सिर पर से नीचे उतारते हुए उसने मेरा सिर सहलाया और पूछा, "शिन्दर, तू किस जमात में हो गयी अब? और तेरी माँ ठीकठाक है?" वह अधिक देर नहीं रुकी, बोली, "चलती हूँ, तेरे चाचा की रोटी देने जाना है। खेत भी कौन-सा नज़दीक है। मैंने सोचा, पहले सवेरे-सवेरे दो टोकरे फेंक आऊँ।"

इसके बाद चाची कभी भी लम्बे समय के लिए मायके नहीं गयी। सवेरे जाती और शाम को वापस लौट आती। उसका जाना कम ही होता था। खेतीबाड़ी का काम कौन-सा घर से निकलने देता है, और फिर चाची का परिवार तो बड़ा था। तीन ननदें ब्याहने वाली थीं घर में। चाची खाने-पकाने से फुरसत पाकर चरखा लेकर बैठ जाती या फिर दरी बुनने लगती। कोठे बराबर हुई ननदों को भी घर से विदा करना था। घर की ज़मीन न ज़्यादा थी, न ही बहुत कम। गुज़ारा हुए जाता था।

मेरी होश में चाची ने कभी कोई ढंग का सूट नहीं पहना था। चाचा ने तो शायद उसको कभी नया सूट सिलाकर ही नहीं दिया था। उसके मायके वाले ही गरमी-सरदी दो-एक सूट और चुन्नी-दुपट्टा दे जाते।

चाची की सास दिनभर उस पर आवाज़ें कसती रहती। कहती, ये काम ख़त्म नहीं करती।

"कल रोटी-पानी करके पड़ गयी। कहती, सिर दुखता है। हमारा तो भाई इस उम्र में कभी कुछ नहीं दुखा था। और फिर अगर इसे फ़िक्र हो ननदों की तो सिर न दुखे।"

और फिर, एक-एक कर चाची की दोनों ननदें ब्याही गयीं। सुना है, मँगनी भी थालों के साथ की थी। दामादों को सोने की चेना और लड़कियों को भी एक-एक ज़ेवर। ननदों के ब्याह ने घर ख़ाली कर दिया। एक-दो किल्ले भी इन विवाहों की भेंट चढ़ गये। चाचा दियाला ने न चाहते हुए भी ज़मीन बेच दी। और कोई चारा भी तो नहीं था। इसी दौरान चाची के चार बच्चे हो गये। पहले बेटा हुआ। चाची की थोड़ी-सी इज़्ज़त बढ़ गयी। उसके बाद फिर दो लड़कियाँ और फिर एक लड़का।

चाची की सास जिसने कभी भी चाची को सीधे मुँह नहीं बुलाया था, कुछ दिन बिस्तर पर पड़कर परलोक सिधार गयी। सुना था, टाइफाइड हो गया था। चाची का ससुर तो चाची के ब्याह से पहले ही मर गया था। बहुत मेहनती और बलवान था। बैलगाड़ी लादते रस्सी टूट गयी थी। गर्दन के बल गिरा और मणका टूटने के कारण मौक़े पर ही मौत हो गयी।

चाची मेरे देखते-देखते बूढ़ी हो गयी। मेरा भी विवाह हो गया। मैं कैनेडा आ गयी।

चाची अक्सर कहा करती, "कोई बाहर का लड़का मिल जाता तो अच्छा था। दोनों लड़कियों में चाहे जिसका पहले विवाह हो जाये। हमें मंजूर है। अगर एक लड़की बाहर निकल गयी तो शिंदे का ख़ुद ही कुछ न कुछ बन जायेगा। घर का दलिद्दर निकल जायेगा।"

कई बार मुझे भी कहती, "शिन्दर! देखना कोई लड़का उधर, बेशक दुहाजू ही हो। लड़कियाँ कौन-सा ज़्यादा पढ़ी-लिखी हैं अपनी। आठ-आठ करवा दी। क्या करती? मन तो करता था कि और आगे पढ़ाऊँ, पर अपने नज़दीक कोई बड़ा स्कूल है ही नहीं। ये बड़ी मुश्किल से गाँव का स्कूल पूरा किया। यह भी कम नहीं था। कभी किसी की किताबें, कभी किसी की वरदी और कभी किसी की फ़ीस।" यह सब कहते-कहते उसकी आँखें नम हो गयीं।

अब चाची को घर जाने की ज़्यादा जल्दी नहीं होती थी। रोटी-पानी लड़कियाँ कर लेती थीं। चाची हमारे घर के भी कई चक्कर लगा जाती। माँ के साथ काम करवा जाती। बेजी की चारपाई अन्दर-बाहर करवा जाती। कभी लहसुन छीलने बैठ जाती। माँ से कहती, "ले बहन, तू वो कर ले, मैं यह कर देती हूँ।"

अब चाचा खेतीबाड़ी का काम नहीं करता था। ज़मीन ठेके पर दे दी थी। काम उससे होता भी नहीं था। शरीर दुर्बल हो चुका था। लड़के टौहरबाज़ी में फँस गये। कहते–बापू सीरी (खेत मज़दूर) रख ले। बाप भला सीरी कैसे रख लेता तीन-चार किल्लों पर। जैसे-तैसे ब्याज पर इधर-उधर से रुपया उठाकर बड़ा लड़का बहरीन भेज दिया। एक लड़की की शादी बड़े लड़के के बहरीन जाने से पहले ही कर दी। ग़रीबी का मारा। जैसे भी हुआ, रिश्तेदारों और बहन-भाइयों ने मिल-जुलकर दिया। अब चाची कुछ हलका महसूस करती थी। परन्तु अभी क़बीलदारी का बहुत हिस्सा पड़ा था। चाची इस बात से भी ख़ुश थी कि लड़की को उसकी ससुराल में कोई काले रंग की नहीं कहता। इसका ज़िक्र वह आमतौर पर किया करती थी, "शुक्र है वाहेगुरु का...लड़की सुखी है अपने घर। सास तो बहुत ही अच्छी है। दोनों ननदें ब्याही हुई हैं। बस अपना दामाद ही छोटा था लड़कियों से। क़बीलदारी के सारे काम निबट गये।"

चाची को अधिक तसल्ली तो इस बात की थी कि उसकी बेटी को कोई कालो नहीं कहता था। अपने काले रंग की पीड़ा को वह पीती रही थी।

अब घर में रह गये थे चाचा दयाला, चाची स्वयं और एक लड़का और एक लड़की।

बड़े बेटे शिंदे को गये तीन साल हो गये। कोई पैसा-धेला न भेजा। इसी बीच छोटी लड़की के लिए अच्छे घर से रिश्ता आ गया। चाची ने शिंदे को बताया कि लड़की का ब्याह करना है। शिंदे ने अब यह कहकर बात ख़त्म कर दी कि जैसे -तैसे ब्याह कर दो, मैं जल्दी ही आकर सारे पैसे उतार दूँगा। खेत का एक किल्ला गिरवी रख दो। यहाँ काम बहुत है, छुट्टी नहीं मिलती। और फिर, एक किल्ला क्या है, मैं आकर उसे छुड़ा लूँगा। परन्तु चाची और चाचा ने आपस में सलाह-मशवरा करके भट्ठे वालों को ज़मीन ठेके पर दे दी और लड़की का ब्याह बहुत अच्छे से कर दिया। चलो, सिर पर से बोझ उतरा, वे सोचते।

"क़र्ज़ा तो शिंदा आकर उतार ही देगा। छोटा मीतां भी बाहर जाने को फिरता है। शिंदा ख़ुद ही इसे अपने पास बहरीन बुला लेगा। एक-दो महीनों की बात है। इसको

वहाँ काम पर लगवाकर ख़ुद आ जायेगा और अपना विवाह करवा जायेगा।" चाची घर-घर यही कहानी बताती घूमती।

कभी-कभी मेरे बापू जी को भी अपनी सारी योजनाएँ सुना जाती। बापू जी सप्ताह भर बाद जब भी घर आते, चाची अवश्य आती। तंगियों-तुर्शियों की मारी चाची को हमारा घर ही अपना सहारा दिखता।

कहते हैं कि एक दिन चाची कूड़ा फेंककर वापस घर लौटी तो उसकी चीख़ ने सारे गाँव को हिला दिया। चौबारे का दरवाज़ा खोला तो देखा, मीते ने फाँसी लगा ली थी। ऐसा उसने क्यों किया? इसका कारण चाची को कभी पता न चला। चाची का जवान बेटा... असहनीय पीड़ा!

चाची कुछ ही दिनों में सूखकर तिनका हो गयी। पहले भी सेहत अच्छी नहीं थी, पर अब तो सचमुच ही बहुत दुर्बल हो गयी थी। चाचा भी अफ़ीम के सहारे बाहर ठूँठ पर बैठा रहता। कम ही बोलता किसी के साथ। बोले भी तो क्या बोले? जवान पुत्र की मौत आदमी को ले बैठती है। बोलने योग्य नहीं छोड़ती।

शिंदा बहरीन से आ गया। चाची शिंदे के गले लगकर बहुत रोयी थी। पूरा गाँव इकट्ठा हो गया था। आहिस्ता-आहिस्ता कुछ दिन बाद मन को इकट्ठा-सा करके लड़की के विवाह के समय चढ़े क़र्ज़े की बात शिंदे के कानों में डाली तो शिंदे का जवाब सुनकर वह मरने को हो गयी। शिंदा तो कुछ भी नहीं लाया था। क़र्ज़ा किससे उतारना था और किससे शिंदे का विवाह करना था।

'क्या करता रहा बहरीन...।' चाची अपने आप से सवाल करती, 'क्या मालूम, काम करता भी था कि नहीं।' वह शिंदे को ज़्यादा कुछ न कहती। यही रह गया है मेरे पास... यह कहकर मन को तसल्ली दे लेती।

जैसे भी हुआ, चाची ने शिंदे का ब्याह रख लिया। क़र्ज़ा पहले भी था, और चढ़ गया। गिरवी पड़ा खेत का किल्ला बिक गया और बाक़ी दो किल्ले बच गये। भट्ठे वालों को ज़मीन देने के कारण ज़मीन का मामला कम हो गया। ज़मीन ज़्यादा उपजाऊ नहीं रही थी। इसलिए जो भी उस ज़मीन को लेता, कम पैसों पर लेता।

चाची की बहू ने आते ही चाची को सूली पर टाँग दिया।

एक दिन चाची की बहू ने कह ही दिया, "क्या तू मुझे रानीहार पहनाकर ब्याह कर लायी थी? मुझसे नहीं पकता तेरा और तेरे बूढ़े का लंगर। और फिर, तुझे क्या हुआ? दिनभर तू तहसीलदारों के यहाँ बैठी रहती है।"

परन्तु चाची किसी तरह वक़्त काटती रही जैसे-तैसे।

मैं इंडिया गयी हुई थी। आँगन में चलते-फिरते मुझे कुछ अजीब-सा शोर-शराबा सुनाई दिया। चाची को शिंदा और उसकी बीवी पीट रहे थे। चाची चीख़ती-चिल्लाती गालियाँ बकती अड़ोस-पड़ोस को सुनाई दे रही थी। मैं दौड़कर गयी। चाची ज़मीन पर बैठी रो रही थी। सिर पर से चुन्नी उतर गयी थी। बाल बिखर गये थे। चाचा असहाय-सा बैठा हुआ था। मेरे पहुँचने पर कहने लगा, "बेटा, मुझसे कौन-सा उठा-बैठा जाता है। जब तक मैं बाहर ठूँठ पर से उठकर आया, तब तक इन पापियों ने इसका बुरा हाल कर दिया।"

अब तक इक्का-दुक्का लोग और आ गये थे। सभी ने शिंदे और उसकी पत्नी को बुरा-भला कहा। मैंने चाची को उठाया। पानी पिलाया। दिलासा दिया। उसकी चुन्नी उठाकर उसके सिर पर रखी। कुछ समय वहाँ बैठकर मैं अपने घर आ गयी।

उस दिन के बाद से चाची मेरे कुछ अधिक ही नज़दीक हो गयी। मैं जितने दिन गाँव में रही, चाची मेरे साथ दुख-सुख साझा करती रही। मैंने चाची से लड़ाई का कारण पूछा। चाची ने रोते हुए बताया, "पैसे माँगते हैं। और क्या, शराब पीनी होगी। मेरे पास कहाँ हैं नोट। कहते हैं, ज़मीन का ठेका तुम पकड़ते हो। किधर जाता है? रोटी-पानी ही बड़ी मुश्किल से चलता है। कभी चूल्हे पर दाल रखते हैं, कभी नहीं। कल तेरे चाचा की तबीयत ढीली थी। मैंने इधर बहन जी से दाल ले जाकर रोटी खिलायी बेचारे को। दूध का गिलास भी मैंने झिझकते-झिझकते माँग ही लिया। भला हो तेरी माँ का, जो वक़्त-बेवक़्त हमारा गुज़ारा किये जाती है। तेरे तो बापू ने भी कभी जवाब नहीं दिया। ज़रूरत पड़ने पर पकड़ लेते हैं। कभी लौटाया भी नहीं।"

"चल, कोई बात नहीं चाची। तू कौन-सा परायी है हमारे लिए।" मैंने कहा।

चाची ढुसकने लगी। चाची ने चारपाई पर से ज़रा-सा हिलते हुए चीख़-सी मारी।

"क्या हुआ चाची?" मैंने पूछा।

"कुछ नहीं बेटी। टाँग में फोड़ा है। कमबख़्त बढ़ता ही जाता है। छोटी-सी फुंसी थी।" चाची ने दर्द में दाँत भींचते हुए कहा।

"चाची, डॉक्टर को नहीं दिखाया।" मैंने चिन्तित होकर पूछा।

"दिखाया था, अपने राजू को।" राजू गाँव में दवा-दारू दे देता था लोगों को। छोटी-मोटी दवाइयों के नाम वह जानता था। "उसने टूब (ट्यूब) दी थी। आराम नहीं आया। जिस दिन शिंदे में मुझे ज़मीन पर घसीटा था, उस दिन फोड़ा छिल गया।" चाची कराहती हुई बोली और साथ ही, सलवार का पौंचा ऊपर उठाकर मुझे उसने दिखाया। एक पत्ता रखकर उस पर कपड़े की कतरन बाँध रखी थी।

मेरा मन बहुत ख़राब हुआ। मैं क्या करूँ? चाची को लेकर मैं बहुत देर सोचती रही। माँ से बात की। अगले दिन मैं चाची को साथ लेकर शहर के डॉक्टर के पास गयी। पट्टी करके डॉक्टर ने गोलियाँ दे दीं। चाची को आराम आ गया। मैंने कुछ पैसे चाची की मुट्ठी में देते हुए कहा, "चाची, ये रख ले। तुझे ज़रूरत होगी।"

चाची की आँखीं नम हो गयीं।

"बेटी, बेटियों से लेते अच्छा नहीं लगता। मैं कब लौटाऊँ तेरे ये पैसे?" चाची ने आँखें पोंछते हुए कहा।

"चाची, ले, यह क्या बात हुई कि बेटियों से नहीं लेते। यूँ ही न बोली जाया कर। ख़ुद आ जायेंगे।" मैंने चाची को अपनत्व भरी तल्ख़ी में कहा।

दूसरे-तीसरे दिन मेरी फ्लाइट थी। चाची को मैं मिलने गयी। सिर पर हाथ फेरते हुए चाची ने इतना ही कहा, "रब, तुझे ख़ूब दे। तेरे बच्चों को राजी रखे।"

उसके बाद मैं फ़ोन पर बापू जी और माँ से चाची का हाल्चाल पूछती रहती। अच्छा तो कम ही सुनने को मिलता था। कभी चाची बीमार होती, कभी चाचा बीमार होता। कभी बहू के साथ लड़ाई हुई होती।

मैं अक्सर बापू जी और माँ को चाची का ख़याल रखने के बारे में कहती रहती थी। समय अपनी गति चलता रहा। दो वर्ष बीत गये। मैं फिर अपने गाँव गयी तो चाची काफ़ी बीमार थी। बुख़ार चढ़ता था। मगर वह 'हाय-हाय' करती मुझे मिलने आ गयी।

दूसरे दिन मैं भी चाची के पास जा बैठी। कुछ पैसे मैंने चाची की मुट्ठी में देने चाहे। सोचा, चाची दवाई ले आयेगी। चाची ले नहीं रही थी, पर मैंने जैसे-तैसे दे दिये। वह बार-बार यही कहती रही, "मुझे तो पहले ही लौटाने हैं तेरे पैसे... बेटियों का खाकर कैसे चलेगा?"

"कुछ नहीं होता चाची, बेटियों को। बेटियों-बेटां में क्या फ़र्क़ है। मेरी तू माँ नहीं। चुप हो जा, यूँ ही बेटियाँ-बेटियाँ लगा रखी है। दवाई ले जा कर।" मैंने मोहभरे लहजे में कहा।

चाची का कण्ठ भर आया, "पिछले इतवार भाई जी आया था। दवा-दारू के लिए पैसे दे गया था। मैं बेटी दवाई ले आयी हूँ। ये देख शीशियाँ। अब तो आराम आ गया है। तीन-चार दिन से बुख़ार नहीं चढ़ा। कमज़ोर हूँ थोड़ी-सी। बहन जी, तेरी माँ दूध का गिलास भेज देती है रात को। अब मैं ठीक हूँ।"

चाची चलने-फिरने लगी। मैं कुछ दिन बाद वापस कैनेडा आ गयी। एक दिन गाँव से फ़ोन आया। बापू जी कह रहे थे, "तेरी चाची महिंदर कौर पूरी हो गयी।"

"हैं...अ...!" मेरी धाह निकल गयी। मैंने अपने आप को इकट्ठा करके बापू जी से पूछा, "क्या हुआ था चाची को?"

"हुआ तो कुछ नहीं था उसको। कमज़ोर थी। थोड़ा-सा बुख़ार हुआ रात को और सवेरे चल बसी। तेरी माँ को बुलाया था उसने रात को। तेरी माँ गयी थी उसका पता लेने। दूध भी ले गयी थी उसके लिए, पर उसने पिया नहीं। कहती थी, चित्त नहीं करता।" कहते-कहते बापू जी का मन भर आया।

मैं फिर कुछ बोल न सकी। चाची के जीवन की सारी कहानी मेरी आँखों के सामने किसी फ़िल्म की भाँति घूम गयी।

बापू जी ने फिर कहना शुरू किया, "तेरी माँ के साथ रात में उसने ख़ूब बातें कीं। ठीक लगती थी, पर तड़के ही प्राण त्याग गयी।"

मुझे महूसस हुआ कि बापू जी कुछ और भी कहना चाहते थे, पर कह नहीं पा रहे थे।

"तेरी चाची कहती थी–मैंने शिन्दर के...।" बापू जी चुप हो गये। वाक्य पूरा न हुआ।

मैं भी चुप थी। मुझसे भी और बात न हो सकी। बापू जी ने फ़ोन माँ को पकड़ा दिया। माँ रो रही थी। बड़ी कठिनाई से भरी आवाज़ में माँ बोली, "शिन्दर बेटी, तुझे याद करती थी। कहती थी, मुझे शिन्दर के पैसे देने हैं। बहन जी, तुम मेरी तरफ़ से उसके पैसे दे देना। बेटियों के पैसे नहीं रखने मुझे। मैं बेटी का क़र्ज़ लेकर नहीं मरना चाहती।"

माँ का मन भर आया और इससे आगे वह एक शब्द न कह सकी।

बदलते रिश्ते

चार साल हो गये थे बिक्कर सिंह की पत्नी करतारो को इस संसार से गये। उसके साथ ही बिक्कर सिंह के घर की रौनक ही चली गयी।

कैंसर की नामुराद बीमारी क्या आयी, करतारो को अपने साथ ही ले गयी। घर ख़ाली हो गया। कई रबी-खरीफ़ की फ़सलें इसी कमबख़्त रोग के लेखे लग गयीं। महँगे से महँगा इलाज भी करतार कौर को बचा न सका। आमतौर पर कहा जाता है कि यह रोग जिस घर में पैर रख लेता है, घर के सदस्य के साथ-साथ घर का रुपया-पैसा भी अपने साथ बुहार कर ले जाता है। बिक्कर सिंह के घर पर करतार कौर की बीमारी की मार तो पड़ी, पर फ़सल अच्छी-ख़ासी होने के कारण लोगों में दबदबा बना रहा। बहुत कम लोगों को उनके अन्दर की हालत की जानकारी थी। जट्ट के पुश्तैनी पन्द्रह-बीस किल्ले कैसे उसको लोगों के बीच सिर झुकाकर चलने देते।

चलो यह भी अच्छा हुआ कि करतार कौर के जीवित रहते उनकी बेटी हरपाल को कैनेडा वाला लड़का मिल गया। लड़की हालाँकि अधिक पढ़ी-लिखी तो नहीं थी, पर सुन्दर बहुत थी। दसवीं तक पढ़कर घर में बैठ गयी थी। देह की ऊँची-लम्बी और अपनी माँ करतार कौर जैसे तीखे नयन-नक्शों ने कैनेडा से विवाह करवाने आये रविन्दर को ऐसा मोहित किया कि उसने देखते ही हाँ कर दी। रविन्दर प्रगतिशील ख़यालों का बन्दा नहीं था। उसने दान-दहेज की बात गोलमोल करके बता दी कि उसे विवाह पर पूरा माल-मत्ता चाहिए और किसी महँगे मैरिज पैलेस में विवाह करवाने का वह इच्छुक है।

सो, बिना लम्बी-चौड़ी सोच-विचार के बिक्कर सिंह ने ज़मीन के नम्बर देकर बैंक से बहुत सारी रकम उठा ली। बिक्कर सिंह की नाक का प्रश्न था। जट्ट के पन्द्रह किल्ले होने पर भी वह बेटी का विवाह सादा-सा करे? यह कैसे हो सकता था। लोग क्या कहेंगे–जट्ट ने बेटी के विवाह पर अपना कुर्ता उठा दिया। ख़ाली हाथ विदा कर दी लड़की? किसी भी क़ीमत पर बिक्कर सिंह को यह मंजूर नहीं था।

गहनों से लदी हरपाल अपने पिता की ओर से दी बड़ी-सी कार में बैठकर ससुराल चली गयी।

इस प्रकार बिक्कर सिंह ने बेटी के विवाह पर अथाह पैसा ख़र्च करके अपने क़बीले-बिरादरी में अपना नाक तो बचा लिया, पर आर्थिक बोझ के तले आ गया। नरमे की फ़सल को पड़ी सुण्डी ने तो उस वर्ष किसानों का वह बुरा हाल किया कि भगवान का नाम लो। नकली दवाइयों ने हर किसान की कमर तोड़कर रख दी। एक बार ज़मींदार क़र्ज़े की मार तले आ जाये तो जल्दी उभर पाना कठिन हो जाता है। ऐसा ही कुछ बिक्कर सिंह के साथ घटा।

पर बिक्कर सिंह का परिवार इस बात से बहुत ख़ुश था कि करतार कौर के जीवित रहते बेटी का भार सिर पर से उतर गया। बिक्कर सिंह के पुत्र जिन्दर और उसकी पत्नी गुरमेल को तो अपनी माँ करतार कौर की सेहत की बजाय हरपाल कौर के विवाह की चिन्ता अधिक थी कि पता नहीं कितना पैसा उसके विवाह पर उन्हें फूँकना पड़ेगा। पैसा हालाँकि बहुत लग गया था, पर उन्हें इस बात की तसल्ली थी कि उनके सिर पर से बोझ उतर गया। गुरमेल को इस बात की ख़ुशी थी कि कैनेडा जाकर उसकी ननद उसको चमकीले-चमकीले सूट और अन्य छोटा-मोटा सामान भेजती रहेगी और वह भी सजधज कर रहा करेगी। उसके बच्चे भी बुआ के भेजे कपड़े पहनकर बाहर निकला करेंगे। इस बात की गुरमेल को मन ही मन बहुत तसल्ली थी। सबसे अधिक ख़ुशी इस बात की थी कि यदि हरपाल का विवाह यहाँ पंजाब में होता तो सारी उम्र उसको देना ही पड़ता। अब एक बार ख़र्च हो गया और बाक़ी की सारी उम्र मौज ही मौज।

आठ-दस महीनों में हरपाल का काम बन गया और वह कैनेडा चली गयी। हालाँकि हरपाल को पता था कि माँ अब ज़्यादा देर नहीं रहेगी, पर फिर भी माँ के गले लगकर बोली, "माँ, तू ठीक हो जायेगी। मैं जल्दी ही मिलने आऊँगी। मेरी फ़िक्र न करना।"

पर करतार कौर जानती थी कि यह उसकी अन्तिम मुलाक़ात है, फिर भी उसने बेटी का माथा चूमते-चूमते कह ही दिया, "बेटी, सयाना बनकर रहना बेगाने घर में। मेरी फ़िक्र न करना, रब पर भरोसा रख, मैं ठीक हो जाऊँगी। तू जल्दी-जल्दी चिट्ठी डालती रहना।"

यह कहकर करतार कौर का मन भर आया, पर उसने अपने आँसू अन्दर ही अन्दर पी लिए और जो छुपाये न जा सके, वो चुन्नी के पल्लू से पोंछ लिए।

हरपाल अपने बापू के गले लगकर बहुत रोयी। रोती-रोती ने कह ही दिया,

"बापू, मुझे पता है घर की हालत का। मेरे विवाह पर बहुत ख़र्च हो गया, पर फिर भी माँ की दवा-दारू में कमी न आने देना।"

और फिर वह अपनी भाभी के गले लगकर इतना रोयी कि उसने अपने अन्दर सँभालकर रखा सब कुछ आँसुओं के ज़रिये बाहर निकाल दिया।

जिन्दर अपनी बहन को दिल्ली हवाई अड्डे तक छोड़ने आया।

बिक्कर सिंह को हालाँकि बेटी के कैनेडा जाने का बड़ा चाव था, मगर थी तो वह उसके जिगर का टुकड़ा। उसे ऐसा लगा मानो उसके अन्दर से कोई चीज़ निकल गयी हो और उसके अन्दर एक शून्य-सा बन गया हो। वह करतार कौर को हौसला देता कि देख अपनी हरपाल कैनेडा जाकर मौजें करेगी। जिसकी धी सुखी, उसका कुल सुखी।

और इस पर करतार कौर कहती, "वह तो ठीक है, पर उसके बिना तो पूरा घर ही सूना हो गया। आख़िर उसको अपने घर जाना ही था। परमात्मा राजी रखे उसको और उसके सिर के साई को।"

और फिर वह अपनी चुन्नी के पल्लू से आँखें पोंछने लगती।

हरपाल के कैनेडा जाने के दो महीने बाद ही बीमारी ज़ोर पकड़ गयी और करतार कौर रब को प्यारी हो गयी।

बिक्कर सिंह से अब खेतीबाड़ी का काम भी कम ही होता था। घुटनों के दर्द ने उसको परेशान करना शुरू कर दिया। वह थोड़ा-बहुत खेत का चक्कर लगा आता या बच्चों को खिला छोड़ता। यदि बाहर बरगद के नीचे बैठे अपने साथियों के पास जा बैठता तो बहू बड़बड़ाने लगती कि हमारा बूढ़ा तो निठल्लों की तरह खाता है। लोगों के बूढ़े तो बहुत काम करते हैं, सारा-सारा दिन अन्दर-बाहर का काम करते घूमते हैं, पर हमारा बूढ़ा तो छोटे-से काम को भी हाथ नहीं लगाता। कहता है, घुटने दुखते हैं। घुटने तो आजकल सभी के ही दुखते हैं।

खा लिया, पी लिया, यहाँ बैठ लिया, वहाँ बैठ लिया। इसे ज़रा भी शर्म नहीं आती कि दोनों जन शरीर तोड़ते रहते हैं। यह तो अपने पेट का ही प्यारा है। खाने-पीने को अच्छा चाहिए। दाल में दोनों वक़्त घी चाहिए इसे।

बिक्कर सिंह सब कुछ सुने जाता है। कानों में कड़वा तेल डाले घूमता रहता है। उसकी बहू गुरमेल कौन-सा चोरी-छिपे कहती थी, अड़ोसिनों-पड़ोसिनों के साथ बात इतनी ऊँची आवाज़ में करती कि बिक्कर सिंह भी सुन ले।

एक दिन जिंदर रात को सोने से पहले अपने बापू के पास जा बैठा और बोला,

"बापू, यहाँ भी तू ख़ाली रहता है, मैंने और गुरमेल ने सोचा कि क्यों न बापू को कैनेडा भेज दें। साफ़-सुथरे देश में मौज़े करेगा। यहाँ क्या पड़ा है अब। और फिर कहते हैं, वहाँ बूढ़ों को पेंशन लग जाती है। ये हमारी सरकार तो कुछ नहीं करती। चाहे अकाली आ जायें, या कांग्रेसिये। ख़ुद ही खाये जाते हैं।"

बिक्कर सिंह बिस्तर पर पालथी मारकर बैठ गया ताकि पुत्र की बात को अच्छी तरह समझ सके। हालाँकि उसने बात सारी समझ ली थी, पर फिर भी अपने आप को हौसला-सा देने के लिए कहने लगा, "बेटा जिंदर! बात तो तेरी ठीक है, पर तुझे छोड़कर जाने को मन-सा नहीं करता। बेशक अब मुझसे काम तो ज़्यादा नहीं होता, पर फिर भी रिश्तेदारी-बिरादरी में यह है कि इसका बाप भी हैगा...कोई तेरी तरफ़ आँख उठाकर नहीं देखता।"

"वो तो ठीक है बापू... तेरे साथ ही हमारी इज़्ज़त है, पर...पर देख न, वहाँ कहते हैं, बूढ़े मर्द-औरत भी ख़ूब कमा लेते हैं। वहाँ तो मशीनों से काम होता है और फिर कुछ सालों बाद पेंशन...।" इतना कहकर वह बिजली के बल्ब की मद्धम-सी रोशनी में बापू का चेहरा पढ़ने लगा।

बिक्कर सिंह ने न 'हाँ' कही, और न ही 'ना'। अपनी बाँह को सिर नीचे रख कर सीधा होकर लेट गया।

कुछ देर और चारपाई की बाही पर बैठकर बापू की चुप को भाँपते हुए जिंदर ने उठना ही ठीक समझा। वह समझ तो गया कि बापू जाना नहीं चाहता। उसने इस वक़्त चुप रहना ही उचित समझा और बापू के कमरे से बाहर निकल गया।

उस रात बिक्कर सिंह को नींद न आयी। कभी मन ही मन करतार कौर के साथ बातें करता, कभी स्वयं के साथ बातें करने लगता। कभी जिंदर को मन ही मन कहता कि बेटा, तूने यह क्या कह दिया। क्यों मैं तेरे पर बोझ बन गया? कई बार उसकी आँखें डबडबा आयीं पर वह अपने आँसू किसको दिखलाता। कोई भी तो नहीं था उसके दिल की सुनने वाला।

गुरद्वारे के ग्रन्थी की आवाज़ के साथ ही बिक्कर सिंह उठकर बैठ गया। आज पाठ में भी मन नहीं लगता था। करता तो क्या करता। वह चाय पिये बग़ैर खेत की तरफ़ चल दिया। उसका मन किया कि अपने खेत के साथ जी भरकर बातें करे। उसको बताये कि अब तेरे से बिछड़ने का समय आ गया है।

ज्यों-ज्यों उसके क़दम खेत की ओर बढ़ रहे थे, त्यों-त्यों अतीत फ़िल्म की तरफ़ उसकी आँखों के आगे घूमने लगा। कैसे उसने और उसके बापू ने मिट्टी के साथ मिट्टी होकर थोड़ी-थोड़ी करके ज़मीन बनायी थी। कैसे गाँव में थोड़ा-

बहुत रौब बनाया था और फिर करतार कौर रोटियाँ पकाती, खेत में रोटियाँ ले जाती, पशु सँभालती, जैले शीरी की बहू बचनो को गोबर की टोकरियाँ भर-भरकर उठवाती और कैसे वह जैले शीरी को काम कम करने पर गालियाँ बकता था और कैसे वह बड़बड़ाता रहता था कि जैला अपने लड़के को अपने साथ काम पर क्यों नहीं लाता। वह और उसके पुरखे कितनी पीढ़ियों से हमारे साथ शीरी करते आ रहे थे। उसकी धाह निकल गयी, अपने शीरी जैले को याद कर कि कैसे उसने इस खेत की ख़ातिर अपनी जान गँवा ली थी। बिक्कर सिंह बिल्कुल उसी जगह पर बैठा था जहाँ उसके शीरी जैले ने दम तोड़ा था। साथ वाले खेत का शीरी भागकर गाँव की तरफ़ गया और शोर मचा दिया कि जैले का सिर फट गया है। जैला गिरा पड़ा है। बिक्कर सिंह सोया हुआ था। गाँव में मचता शोर सुनकर बिक्कर सिंह हड़बड़ाकर उठा और खेत की ओर दौड़ पड़ा, पर उसके वहाँ पहुँचने से पहले ही जैला दम तोड़ गया था।

बिक्कर सिंह का साथ के खेत वालों के साथ मेंड़ को लेकर झगड़ा था। बिक्कर सिंह ने आयी बिजली का फ़ायदा उठाने के लिए जैले को ही मोटर चलाकर पानी लगाने भेज दिया।

जब जैले ने झगड़े वाले खेत की मेंड़ पर पैर रखा तो साथ के खेत में काम करते केहरू ने जैले को दो-तीन गालियाँ निकालकर उलटा फावड़ा उसके सिर पर दे मारा। केहरू के साथ ही मेंड़ का झगड़ा था।

जैला वहीं का वहीं गिर पड़ा।

बिक्कर सिंह मेंड़ पर सूखी नाली में टाँगें लटकाकर बैठ गया और फिर लहलहाती गेहूँ को सम्बोधित होकर कहने लगा, "तब जब जैला मरा था, तू इसी तरह लहलहा रही थी।" उसकी रुलायी फूट गयी।

डबडबायी आँखों को अंगोछे से पोंछते हुए उसका मन किया कि वह जैले को ज़ोर से आवाज़ लगाये और जैला कहीं से दौड़कर आ जाये।

बिक्कर सिंह ने अपना फ़र्ज़ समझते हुए जैले का अन्तिम संस्कार किया। मातमपुर्सी और भोग पर भी अपने पल्ले से ख़र्च किया।

गाँव के लोगों ने बीच में पड़कर दुश्मनी रखने वाले बिरादरी के लोगों के साथ राज़ीनामा करवा दिया। बचनो बेचारी चुप ही रही। थोड़े-से पैसे लेकर शान्त हो गयी।

शिंदा तब दसवीं में पढ़ता था। जैले की मौत के बाद बिक्कर सिंह ने उसके पुत्र शिंदे को बहुत कहा कि वो पढ़ाई छोड़कर उसके साथ हिस्से पर खेती करने

लगे। घरवाली बात है। उसकी माँ भी तो उनके घर में ही गोबर-कूड़ा करती थी। पर शिंदा पढ़ाई छोड़ना नहीं चाहता था। वह अपने बापू और दादा की तरह शीरी नहीं बनना चाहता था। वह कुछ और करना चाहता था। उसकी यह ज़िद देखकर बिक्कर सिंह ने कई बार बचनो से कहा था कि लड़के को समझाए। उसे कौन-सा डी.सी. लगना है, आख़िर जट्टों के घरों में ही काम करना है। एक बार बिक्कर सिंह ने बचनो के सामने ही शिंदे के दो-चार थप्पड़ भी जड़ दिये और गन्दी गालियों से हवा भी गन्दी कर दी।

बचनो इस रोज़-रोज़ के क्लेश से तंग आ गयी और फिर एक दिन उसने बिक्कर सिंह के आगे हाथ जोड़कर कहा, "सरदार जी! रब के वास्ते मेरे बेटे को पढ़ाई छोड़ने को मजबूर न करो।"

बचनो ने बिक्कर सिंह के पैर पकड़ लिए और बोली, "सरदार जी! क्या पता मेरा बेटा, डी.सी. ही बन जाये। भगवान के लिए यह पाप न क़माओ। इसके बाप को तो ठण्ड में तुम्हारे खेत में पानी लगाते वक़्त तुम्हारे शरीकों ने मार दिया, पर इसको बख़्श दो। मुझसे करवा लो, जो कुछ करवाना है।"

बिक्कर सिंह ने बचनो पर गालियों की बारिश कर दी। बोला, "देखो तो कैसे मस्ताये फिरती है। खाती-पीती अफरा गयी है। ज़ात की छिपकली शहतीरों से लिपटती फिरती है।"

शिंदे का मन तो हुआ था कि बिक्कर सिंह को पकड़ ले, माँ के अपमान का बदला ले ले, पर बचनो की आँखों ने उसको ऐसा करने से रोक दिया। वह माँ की आँखों की भाषा समझ गया था।

बचनो की चुप कह रही थी, "बेटा, इस जालिम के आगे कुछ न बोल। मैं तेरी पढ़ाई नहीं टूटने दूँगी। थोड़ा सब्र और कर मेरे पुत्त!"

शिंदे ने दसवीं की परीक्षा दी। पढ़ाई में वह होशियार था। बेशक उसको जट्टों के लड़कों से दूर हटकर बैठना पड़ता था, पर वह इस बात की कोई परवाह न करते हुए अपनी पढ़ाई में जुटा रहता।

उस दिन के बाद जब बिक्कर सिंह ने बचनो को गालियाँ दी थीं और शिंदे के थप्पड़ मारे थे, बचनो ने दृढ़-निश्चय कर लिया कि वह अपने पुत्र को लेकर लुधियाना चली जायेगी। वहाँ उसकी बहन भी तो मेहनत-मजूरी करके अपना पेट पाल रही है। वह भी लोगों के बर्तन माँजकर अपने होनहार बेटे की पढ़ाई जारी रखेगी। उसके अन्दर बिक्कर सिंह के कहे बोल चुभ रहे थे, 'इसने कौन-सा डी.सी. लगना है...आख़िर, शीरी ही बनेगा किसी जट्ट के साथ।'

बचनो और शिंदे ने गाँव छोड़ दिया और लुधियाना अपने रिश्तेदारों के पास चले गये। गाँव में किसी को इसकी भनक भी न पड़ी।

अगले दिन गाँव में शोर मच गया कि शिंदा और उसकी माँ पता नहीं किधर चले गये हैं। कोई कहता, शिंदा अपनी ननिहाल चला गया है माँ के साथ। कोई कहता, अपने आप लौट आयेंगे धक्के खाकर। कोई कुछ कहता, कोई कुछ...। जितने मुँह उतनी ही बातें।

लुधियाना शहर आकर बचनो अपने पुत्र शिंदो को लेकर अपनी विधवा बहन के साथ उसके छोटे-से घर में रहने लगी।

बचनो की बहन शामो का एक ही बेटा था और वह किसी फैक्टरी में काम करता था। उसकी घरवाली की शामो के साथ नहीं बनती थी, इसलिए वह पत्नी के साथ शहर के दूसरे हिस्से में अलग रहता था।

बचनो की बहन शामो ने दौड़-भाग करके बचनो को दो-चार कोठियों में बर्तन माँजने और साफ़-सफ़ाई का काम दिलवा दिया और आहिस्ता-आहिस्ता उसने फोरमैन की मिन्नत-ख़ुशामद करके अपने साथ ही धागों वाली फैक्टरी में उसको लगवा लिया। ख़ाली समय में शिंदा भी कोई न कोई काम-धन्धा कर लेता और अपनी फीस लायक पैसे कमा लेता। यूँ तीनों जन एक-दूसरे का सहारा बनकर रहने लगे।

शिंदे ने खालसा कॉलेज में दाख़िला ले लिया। दो साल यहाँ पढ़ाई करके फिर उसने खेतीबाड़ी यूनिवर्सिटी में प्रवेश पा लिया। सरकारी मदद के साथ और अपनी और अपनी माँ की लगन के कारण उसने खेतीबाड़ी में एम.एससी. की डिग्री ले ली। शिंदे ने अपने बाप की तरह क़दकाठी पायी थी। उसके चेहरे पर उसकी की गयी मेहनत का नूर था। नयन-नक्श हालाँकि बहुत तीखे नहीं थे और रंग भी पक्का था, पर वह बहुत सुन्दर और दिलकश लगता था।

एम.एससी. पूरी होते ही उसको नौकरियों के आफ़र मिलने शुरू हो गये। उसको यूनिवर्सिटी में ही अच्छी नौकरी मिल गयी। कहते हैं न कि जब ईश्वर देता है तो छप्पर फाड़कर देता है। उसके प्रोफ़ेसर ने कैनेडा में बसते अपने एक दोस्त की इकलौती बेटी का रिश्ता शिंदे से करवा दिया। प्रोफ़ेसर की तेज़ नज़र ने शिंदे की आँखों में मेहनत के उगते बीज देख लिए थे। शिंदे की मंगेतर उसकी जात-बिरादरी में से ही थी। शिंदे की माँ इस बात से अत्यधिक ख़ुश थी कि किसी अहंकारी जट्ट के साथ रिश्ता नहीं जुड़ा।

वह अपनी बहन को बातों-बातों में कह देती, "शुक्र है, लड़की अपनी ज़ात की है। नहीं तो मुझे उसमें से बड़ी ज़ात की बू ही आती रहती।"

शिंदा, पढ़ी-लिखी और ऊँची-लम्बी सिमर की फ़ोटो दिन में कितनी-कितनी बार देखता रहता। अन्दर ही अन्दर ख़ुश होता और फिर जान-बूझकर माँ को ख़ुश करने के लिए कहता, "माँ, तुझे लड़की सचमुच ही पसन्द है कि ऊपरी मन से मेरा दिल रखने के लिए कहती है।"

बचनो लाड़ में उसकी गाल पर हलकी-सी चपत मारती और फिर मन ही मन वाहेगुरु का शुक्राना करती। परन्तु फिर भी जब कभी गाँव से जुड़ा अतीत उसको याद आता, जब वह सिर पर गोबर-मूत्र से भरा टोकरा सिर पर उठाती थी और उसमें से चूता गोबर-मूत्र उसकी फटी कुरती पर गिरता था। उसकी आँखें सजल हो उठतीं।

पर अब उसको यह सब कुछ नहीं करना पड़ेगा। कभी-कभी उसको ख़याल आता कि वह गाँव जाकर बिक्कर सिंह को बताये कि क़िस्मत के रंग तुम्हारे साथ ही नहीं खेलते, इसकी सतरंगी पींगें हमारे नसीब में भी आती हैं। उसको गाँव छोड़कर शहर आने के निर्णय पर भी गर्व होने लगता और वह अपने आपको गाँव के सारे जट्टों से ज़्यादा सयानी और बड़ी समझने लगती। वह अपने मुँह में आयी गाली 'साला, अहंकारी जट्ट... माँ का खसम...' को बड़ी कठिनाई से रोक पाती।

महीने भर बाद सिमर और उसका डैड बन्ता सिंह कैनेडा से आ गये। बचनो को चिन्ता सताने लगी कि उन्हें कहाँ बिठाएँगे। किराये का घर था। रसोयी, ग़ुसलखाने के अलावा दो छोटे-छोटे कमरे थे। एक कमरा जो कुछ अधिक ही छोटा था, शिंदे के पढ़ने और सोने का कमरा था और दूसरे कमरे में शिंदे की माँ बचनो और मौसी सोया करती थीं।

ख़ैर...। सिमर के डैड ने इस बात का ज़रा भी बुरा न मनाया। उसने ख़ुद बेहद ग़रीबी भोगी थी। जट्टों की ख़ूब गालियाँ खायी थीं। बात-बात पर माँ-बहन एक करायी थी। दुख था कि तो सिर्फ़ इस बात का कि सिमर की माँ यह ख़ुशी देखने से पहले ही एक कार हादसे में भगवान को प्यारी हो गयी थी। उसने बड़े चावों-लाड़ों से बेटी को पाला था और मन में इस बात का दृढ़-संकल्प कर लिया था कि वह सिमर का हाथ किसी होनहार लड़के के ही हाथ में देगा। पर इसके साथ-साथ वह अपनी बेटी की पसन्द का भी ख़याल रखेगा। अब उसको इस बात की ख़ुशी थी कि शिन्दर सिंह और सिमर दोनों एक-दूसरे को पसन्द करते हैं और दोनों एक-दूसरे के लिए बने प्रतीत होते हैं।

बन्ता सिंह को इस बात की भी तसल्ली थी कि शिंदा यानी शिन्दर सिंह उसकी अपनी मेहनत से बनाये ब्लू-बेरी और रस-बेरी के फार्म को भलीभाँति सँभाल लेगा।

सादी-सी रस्म के साथ शिंदे और सिमर का विवाह हो गया। बचनो का दिल तो किया कि गाँव जाकर शादी की मिठाई दे आये, पर अनेक प्रकार की सोच ने उसको ऐसा करने से रोक दिया।

विवाह करवाकर सिमर वापस कैनेडा आ गयी। शिंदे के लिए एप्लायी कर दिया। कुछ ही महीनों में वह सिमर के पास पहुँच गया। शिंदे की इच्छा थी कि वह अभी और पढ़े। पर इतने बड़े कारोबार की ज़िम्मेदारी भी तो अब उसके सिर पर थी।

शिंदे ने कृषि शिक्षा में पी.एचडी. की डिग्री करने की इच्छा प्रकट की तो सिमर और उसके ससुर बन्ता सिंह ने बड़ी ख़ुशी के साथ उसकी हाँ में हाँ मिला दी।

पढ़ाई के साथ-साथ शिंदे ने फार्म की देखभाल का जिम्मा उठा लिया। वह नयी-नयी योजनाएँ बनाता रहता और घण्टों तक अपने ससुर बन्ता सिंह के साथ नयी-नयी क़िस्मों और अधिक से अधिक झाड़ लेने की योजनाएँ साझी करता रहता। शिंदे की मेहनत और दूरअन्देशी के कारण इस साल ब्लू-बेरी की फ़सल का झाड़ भी बहुत बढ़िया हुआ। शिंदे ने मेंड़ों पर से घास स्वयं ही निकाला था।

सिमर को एक अच्छी फर्म में नौकरी मिल गयी और इस प्रकार तीनों जन ख़ुशी-ख़ुशी रहने लगे।

पर ख़ुशी अधिक समय न रही। बन्ता सिंह को दिल का दौरा क्या पड़ा कि वह अस्पताल पहुँचते ही दम तोड़ गया। शिंदे पर फार्म की सारी ज़िम्मेदारी आ पड़ी। दूसरी बार पिता का साया उसके सिर पर से उठ गया। बन्ता सिंह का चले जाना सिमर और शिंदे के लिए असह्य दर्द की तरह था।

एक दिन सिमर कहने लगी, "शिन्दर, तुम्हारा ज़्यादातर समय फार्म में ही बीत जाता है, पढ़ाई के लिए बहुत कम समय मिलता है। क्यों न हम फार्म बेच दें और उससे मिला पैसा किसी दूसरी जगह इन्वेस्ट कर दें।"

शिंदे को यह बात अच्छी न लगी। वह अपने ससुर बन्ता सिंह की कही बात हमेशा याद रखता था।

"बेटा, यह फार्म मैंने बड़ी मेहनत से बनाया है। गाँव में मैं जब गाँव के धनाढ्य जट्ट का शीरी हुआ करता था तो मन में हसरत हुआ करती थी कि कभी कहीं मेरा भी फार्म होगा। यह फार्म मेरा सपना है। मुझे आज भी गाँव के सरदार की गालियाँ याद हैं। एक दिन सरदार ने मुझे छड़ी से बहुत पीटा था, उसकी पिटाई ने मेरा शरीर ही छीला था, पर मुझे छुड़ाते वक़्त मेरी माँ को चुटिया से पकड़कर आँगन में यूँ घसीटा था कि मेरी रूह काँप उठी थी। मेरी रूह छिल गयी थी।"

सो, शिंदे ने सिमर की इस तजवीज़ को बड़े ही प्यार से ठुकरा दिया। उसने भी अपनी माँ और बापू को गालियाँ खाते सुना था। उसने भी तो अपनी आँखों में फार्म का मालिक होने का सपना लिया था। इसीलिए उसने खेतीबाड़ी में एम.एससी. की थी और अब पी.एचडी. कर रहा था।

अक्सर ही शिंदे को अपनी माँ और मासी का ख़याल आ जाता। आज माँ ने क्या बनाया होगा? मासी की दवाई ख़त्म हो गयी होगी... किराया भी देने वाला होगा। ठण्ड शुरू हो गयी है... माँ की रज़ाई भी फट गयी थी। माँ और मासी दोनों ही लापरवाह हैं, अपने बारे में कम सोचती हैं।

कई बार फार्म पर घूमते हुए उसकी आँखें भर आतीं। वह जल्द से जल्द अपनी माँ और मासी को अपने पास बुला लेना चाहता था। रुपया-पैसा हालाँकि वह भेजता ही रहता था, पर फिर भी झेले हुए ज़ख़्मों के दर्द की यादें पीछा नहीं छोड़ रही थीं। जब भी ऐसी कोई याद आती, उसको लगता मानो आक के फूल पर जीभ रख दी हो।

सिमर बहुत ही समझदार और भावुक क़िस्म की लड़की थी। उसके पिता ने अपने जीवन की पूरी कहानी अपनी बेटी के साथ साझी की हुई थी। इसलिए वह मेहनत करने वाले लोगों की भावनाओं की क़द्र करती थी। हालाँकि उसने ख़ुद कभी बुरे दिन नहीं देखे थे, पर उसको अपने पिता की कहानी याद थी।

सिमर पर इन बातों का बहुत प्रभाव था। वह जानती थी कि बेशक कैनेडा में वह दूसरे लोगों की तरह उच्च है, पर भारत में वह नीच जाति की समझी जाती है। पिता की बतायी बातों ने उसको बहुत भावुक बना दिया था और वह हर उस इन्सान की मदद करना चाहती थी जिसके ऊपर उच्च जाति, ख़ासतौर पर जट्ट तबके ने अत्याचार किया था। हालाँकि उच्च जातियाँ तो और बहुत सी हैं, पर उनका वास्ता जट्टों के साथ ही पड़ा था।

वह शिंदे की भावनाओं को समझती थी। इसीलिए उसने एक दिन शिंदे को सलाह दी कि हम माँ को एप्लायी करके इधर बुला लें। शिंदे का मन तो करता कि कैसे न कैसे उसकी मासी भी आ जाये, पर आये तो कैसे आये। बुरे दिनों में मासी ने ही तो सहारा दिया था। उसका रोम-रोम मासी का ऋणी था।

बचनो के लिए एप्लायी कर दिया गया और शीघ्र ही वह अपनी बहू और बेटे के पास आ गयी। पूरा-पूरा दिन जाड़ों में नंगे पाँव ठिठुरती बचनो अब महल जैसे घर में फायर-प्लेस के सामने बैठी थी। ठण्डे मुल्क में भी गरमाहट से भरी बैठी थी।

शिंदा अपनी पढ़ाई के साथ-साथ फार्म की देखभाल भी करता। वह ख़ुद ट्रैक्टर चलाता, ब्लू बेरी के खेत में से ख़ुद घास निकालता और पौधों को छाँगता। हालाँकि उसके पास कई-कई मज़दूर होते थे, पर उसको अपने हाथों काम करना अच्छा लगता था। वह कभी भी किसी मज़दूर के साथ रूखा और ग़लत न बोलता। सबको 'जी-जी' करता रहता। बड़ों का सत्कार करता और छोटों के साथ प्रेमपूर्वक व्यवहार करता। काम करने वाले भी उसको पूरा मान-सम्मान और प्यार देते।

एक दिन ब्लू-बेरी पूरे ज़ोर-शोर से तोड़ी जा रही थी। किसी के चीख़ने-चिल्लाने की आवाज़ आयी, "अरे दौड़कर आओ... देखो, बिक्कर सिंह को पता नहीं क्या हो गया।"

आस-पास ब्लू-बेरी तोड़ रहे लोग भागकर गये। बिक्कर सिंह ब्लू-बेरी की दोनों मेंड़ों के बीच गिरा पड़ा था।

शिंदा भी दौड़कर गया। उसने देखा तो हैरान रह गया, "यह तो सरदार बिक्कर सिंह है। ये मेरे फार्म में ब्लू-बेरी तोड़ रहा है।"

उसने देखा, नब्ज़ ठीकठाक चल रही थी। उसने उसके मुँह पर पानी के छींटे मारे। कुछ होश-सा आया।

इसी बीच एम्बूलेंस आ गयी। कुछ ही मिनट में बिक्कर सिंह अस्पताल में था।

शिंदा जिसको अब सभी शिन्दर सिंह ही कहा करते थे, एम्बूलेंस के पीछे ही अस्पताल चला गया। डॉक्टर बिक्कर सिंह का चेकअप कर रहे थे। इसलिए शिंदा बाहर सोफ़े पर बैठकर इन्तज़ार करने लगा।

पन्द्रह-बीस मिनट बाद डॉक्टर बाहर निकला और कहने लगा, "इन्हें कुछ दिन यहीं हॉस्पिटल में रखेंगे। पूरी जाँच करनी पड़ेगी कि इस तरह बेहोश होने का कारण क्या था।"

सो, बिक्कर सिंह को इमरजेंसी में से निकालकर चौथी मंज़िल पर कमरे में भेज दिया गया। नर्स ने आकर शिंदे को बताया कि अब तुम उनके कमरे में जा सकते हो।

जैसे ही शिंदा कमरे में दाख़िल हुआ, बिक्कर सिंह की हालत दुबारा दौरा पड़ने वाली हो गयी। वह हैरान-परेशान था। उसकी आवाज़ नहीं निकल रही थी।

'बिल्कुल शिंदे जैसा लगता है। पर यह यहाँ कैसे?... शायद कोई और हो। नहीं-नहीं, यह शिंदा ही है, तभी तो यहाँ मेरे पास आया है।'

कुछ ही पलों में वह कहीं का कहीं पहुँच गया।

शिंदे ने बिक्कर सिंह के बेड के पास रखी कुरसी बेड के क़रीब खींच ली और बिक्कर सिंह का हाथ पकड़कर बैठ गया। ज्यों ही शिंदे ने बिक्कर सिंह का हाथ

पकड़ा, बिक्कर सिंह को यक़ीन हो गया कि यह शिंदा ही है। बिक्कर सिंह की आँखें भर आयीं। वह लड़खड़ाती आवाज़ में कहने लगा, "बेटा... तू शिं...दा?"

शिंदा बिक्कर सिंह के और क़रीब हो गया, बोला, "हाँ सरदार जी, मैं शिंदा ही हूँ।"

बिक्कर सिंह ने शिंदे को बाँहों में भरना चाहा, पर बेड से वह उठ न सका। शिंदा स्वयं झुककर लेटे हुए बिक्कर सिंह के गले लगा। दोनों की आँखें नम थीं।

शिंदे ने बिक्कर सिंह को अपने कैनेडा आने की सारी कहानी बता दी। ज्यों-ज्यों शिंदा अपनी कहानी बता रहा था, बिक्कर सिंह के चेहरे पर पश्चात्ताप और शर्मिन्दगी का आलम बढ़ रहा था।

बिक्कर सिंह ने भी अपनी बात बता दी, "वह इधर आना नहीं चाहता था, पर जिंदर ने ज़िद की कि कैनेडा जाकर बूढ़े लोग ख़ूब पैसा बना लेते हैं। बोला, बापू तू भी जा। एक तो अच्छे मुल्क की मौजें कर और साथ ही पैसे कमा, लोगों के बूढ़े-बुजुर्गों की तरह। तेरा कौन-सा वहाँ ज़्यादा ख़र्च होगा। इस बहाने हमारी मदद हो जायेगी।"

शिंदा लगातार उसका हाथ सहला रहा था। बिक्कर सिंह निरन्तर पसीज रहा था। आख़िर उसने सारा हौसला इकट्ठा करके कह ही दिया, "शिंदे बेटे, अब मैं सरदार जी नहीं, तेरा चाचा हूँ।"

इतना कहते ही बिक्कर सिंह की रुलायी फूट गयी, पर अस्पताल के वातावरण को ध्यान में रखते हुए उसने अपने आप को ज़ब्त कर लिया।

।शिंदे ने बड़े प्यार के साथ बिक्कर सिंह के माथे पर हाथ फेरा और बोला, "चाचा! मन ख़राब नहीं करना। मैं अब तुझे मिल गया हूँ, हौसला रख। तू जल्दी ठीक हो जायेगा। मैं कल बेबे को साथ लेकर आऊँगा। बहुत ख़ुश होगी तुझसे मिलकर।"

हरपाल भी आ गयी। किसी मज़दूर ने फ़ार्म से ही हरपाल को फ़ोन कर दिया था। हरपाल और शिंदे ने झटपट एक-दूसरे को पहचान लिया। हरपाल का अपने पति रविन्दर के साथ तलाक़ हो चुका था। उसके पति रविन्दर की शराब पीने की आदत थी। वह पीकर, बहाने बनाकर हरपाल को मारा-पीटा करता। आख़िर हरपाल शराबी रविन्दर से पीछा छुड़ाकर अपने बच्चों और पिता के साथ किसी की बेसमेंट में रहने लगी।

हरपाल और शिंदा एक मुद्दत से बिछड़े बहन-भाई की तरह मिले। तब जब शिंदे को बिक्कर सिंह से गालियाँ मिलती थीं, हरपाल को शिंदे के साथ हमदर्दी हुआ

करती थी। वह जब भी बिक्कर सिंह को घर ले जाने के लिए रोटी देती तो दाल में बहुत सारा घी डाल देती थी और सबसे छुपाकर शिंदे के लिए काढ़नी वाला दूध भी दे दिया करती थी। उसको शिंदा अपना भाई जैसा लगता था, पर उसने अपनी इस हमदर्दी की भनक किसी को न लगने दी।

हरपाल ने शिंदे से लिपटी अपनी बाँहें ढीली करते हुए कहा, "शिंदे वीर! तूने मुझे ख़ूब पहचाना।"

शिंदे ने बड़े प्यार के साथ उसको गले लगा लिया और कहने लगा, "बहन, मैं कैसे भूल सकता था तुझे? तेरा ख़ामोश प्यार हमेशा ही मेरे साथ रहा है। तू...तू... अब ज़रा भी चिन्ता न कर। मैं तेरा भाई तेरे साथ हूँ।"

कुछ देर और बैठकर और अगले दिन बेबे और सिमर को साथ लेकर आने का वायदा करके शिंदा अपने घर आ गया।

बिक्कर सिंह को नर्स नींद की गोली दे गयी। नहीं तो शायद बिक्कर सिंह को नींद न आती। उसको यह धुकधुक लगी थी कि बचनो उसका पता लेने आयेगी कि नहीं। यदि आयी तो किस मुँह से वह उसके सामने होगा। सोचता-सोचता वह सो गया।

शिंदे ने घर पहुँचकर सारी कहानी अपनी माँ बचनो और पत्नी सिमर को बता दी। बचनो तो सुनते ही बिक्कर सिंह से मिलने के लिए उतावली हो उठी। उसको अपने पुत्र पर गर्व भी था कि अब दिखायेगी बिक्कर सिंह को कि यूँ क़िस्मत पलटा मारती है और अब मेरा बेटा किसी डी.सी. से कम नहीं।

अगले दिन तीन जन बिक्कर सिंह को मिलने अस्पताल गये। बिक्कर सिंह बचनो को देखकर पहले तो कुछ लज्जित-सा हो गया, पर यह देखकर कि बचनो के चेहरे पर तो किसी भी तरह का कोई शिकवा-गिला नहीं है, वह कुछ हौसले में आ गया। बचनो ने अपने रोष पर नियन्त्रण पा लिया था या यूँ कह लो कि शिंदे को बिल्कुल शान्त देखकर बिक्कर सिंह के प्रति उसने अपने अन्दर के विरोधी स्वर पर क़ाबू पा लिया था।

बचनो ने 'सतिश्री अकाल' सरदार जी कहा।

बिक्कर सिंह का मन भर आया। बचनो ने बहुत सुन्दर सूफ़ियाना-सा सूट पहन रखा था। इस समय वह कोई बड़ी सरदारनी लग रही थी।

बिक्कर सिंह ने भरे कण्ठ से 'सतिश्री अकाल' का जवाब दिया और कहा, "क्या हाल है बचन कौर?"

बचनो अब बचनो से बचन कौर बन गयी थी।

'बचन कौर' सुनकर बचनो का मन भर आया। उसने भरे गले के साथ कहा, "मैं तो ठीक हूँ, पर यह तुम्हें क्या हो गया? शिंदा तो कुछ ज़्यादा ही फ़िक्र करता रहा सारी रात।"

बिक्कर सिंह बोल उठा, "देख, जैला मुझसे बहुत बड़ा था, तू मेरा नाम ही ले दिया कर।"

सभी थोड़ा-सा हँस दिये।

सिमर ने बिक्कर सिंह के पैर छुए। बिक्कर सिंह ने सौ-सौ आशीषें दीं।

तीन-चार दिन के बाद बिक्कर सिंह को अस्पताल से छुट्टी मिल गयी। डॉक्टरों ने पूरी जाँच करके कह दिया कि यह बिल्कुल तन्दुरुस्त है। गरमी के कारण मामूली-सा चक्कर आने के कारण बेहोश हो गया था। ख़ून की कुछ कमी है, उसके लिए दवा लिख दी है।

शिंदा, बिक्कर सिंह को ख़ुद अस्पताल से लेने गया। जिस बेसमेंट में बिक्कर सिंह और हरपाल कौर रह रहे थे, वह बहुत पुरानी और अँधेरी-सी थी।

हरपाल ने बड़े चाव के साथ अपने बच्चों को बताया कि तुम्हारे मामा जी हैं। शिंदे ने भी बच्चों को ख़ूब प्यार दिया।

शिंदे का मन तो हुआ कि वह कह दे, 'चाचा उठ! मेरे साथ चल। इतने बड़े घर में हम तीन जन ही तो हैं। तुम्हारे लिए बहुत जगह है।'

पर किसी सोच ने उसको चुप रहने के लिए विवश कर दिया। उसने अपनी माँ और सिमर के साथ सलाह नहीं की थी। इसलिए वह बिना कुछ कहे वापस लौट आया।

तीसरे दिन शिंदा फिर बिक्कर सिंह और हरपाल से मिलने चला गया। बिक्कर सिंह कहने लगा, "बेटा, मेरा ख़ाली बैठे गुज़ारा नहीं। लड़की की कमाई से कुछ नहीं बनता। और फिर इसे भी तो मुश्किल से बारह-तेरह डाले (डॉलर) ही मिलते हैं। तू बता, मैं अब काम करने कब आऊँ और अगर तू मुझे फार्म पर बेरी तोड़ने के बाद भी कोई दूसरा काम दे दे तो मेरी जान को राहत मिले।"

शिंदे ने गहरी साँस ली और कहा, "चाचा, अब तुझे फार्म की देखभाल करनी है। मेरी तो क्लासें शुरू हो जायेंगी। तुझे ही सारे फार्म की देखभाल करनी होगी। सभी पर निगाह रखनी पड़ेगी। तू सुपरवाइज़र है चाचा! यूँ ही दुखी न हुआ कर। कह दे अपने यारों को कि मैं बन्ता फार्म का सुपरवाइजर हूँ।"

बिक्कर सिंह, हरपाल और दोनों बच्चे फार्म में सुपरवाइज़र के लिए बने छोटे-से मगर ख़ूबसूरत घर में रहने लगे।

मैं अच्छी माँ हूँ

आज वह बहुत ख़ुश थी। इतना ख़ुश मैंने उसको कभी नहीं देखा था। कल जब उसका फ़ोन आया था तो मुझे महसूस हुआ कि आज उसकी आवाज़ में एक भिन्न प्रकार की ही खनक थी। मैंने इससे पहले कभी भी उसकी इतनी खनकती आवाज़ नहीं सुनी थी।

वह कह रही थी, "गीत बहन जी, कल आपके पास वक़्त है मेरे साथ कहीं जाने का?"

मैं हैरान-सी हुई कि यह आज इतनी ख़ुश क्यों है? इसका फ़ोन भी बहुत दिनों बाद आया है। कहाँ जाना चाहती है? मैंने अपने आप से ही सवाल करने शुरू कर दिये। एकाएक ख़याल आया कि मैं कह दूँ कि मुझे कहीं जाना है। मगर फिर सोचा, पता नहीं उसने कहाँ जाना है। मैं कहीं इनकार कर कोई ग़लती न कर बैठूँ। हो सकता है, कोई आवश्यक काम हो। बग़ैर सोचे-समझे न नहीं करनी चाहिए।

मैंने कहा, "हाँ, बता देविन्दर, कहाँ जाना है।"

वह बोली, "कल अमन को डिगरी मिलनी है। आपको याद होगा जब अमन पहले दिन यूनिवर्सिटी गयी थी तो आप मेरे साथ गये थे।"

मैंने याद-सा करते हुए कहा, "हाँ-हाँ, मुझे याद है।"

इस पर वह हँसकर बोली, "तभी तो आज अमन कहती है कि आंटी को फ़ोन करो मम्मी। अगर वह वहाँ होंगे तो मुझे बहुत अच्छा लगेगा।"

आज सवेरे ही देविन्दर ने अपनी कार मेरे घर के आगे ला खड़ी की। देविन्दर ने बहुत ही सुन्दर ड्रैस पहन रखी थी। उसके चेहरे की रौनक से यूँ लगता था, मानो आज उसको नया जीवन मिला हो। जैसे किसी सूखे रुण्ड-मुण्ड पौधे पर अचानक गुलाबी रंग के फूल खिल उठे हों। किसी नये जन्म जैसी रौनक थी उसके चेहरे पर। आज उसका नया जन्म ही तो था। उसकी जीवनभर की कमाई को फल लगा था।

वह ठीक सवेरे आठ बजे मेरे घर आ गयी थी और हमने ठीक समय अमन की ख़ुशी में शामिल होने के लिए यूनिवर्सिटी के विशाल ऑडिटोरियम में आगे की सीटें हथिया ली थीं। मैंने देविन्दर की आँखों की तरफ़ देखा तो उसकी आँखों में ख़ुशी के जलकण चमक रहे थे। मुझे उसकी आँखों में उसके जीवन की कहानी की सारी की सारी रील चलती दिखायी दे रही थी।

देविन्दर मुझे सबसे पहले एक पार्टी में मिली थी। वह मेरे वाले टेबल पर ही घण्टाभर बैठी रही थी और इस मुलाक़ात के दौरान ही हमारी प्रारम्भिक जान-पहचान हुई थी। वह ख़ूबसूरत तो बहुत थी पर चेहरे की उदासी बहुत कुछ बयान कर रही थी। उसकी तरफ़ देखकर हर कोई समझ सकता था कि इस औरत पर किसी बात का बोझ है। दूसरी बात यह कि वह आम लोगों की अपेक्षा कुछ अधिक ही अपनी बेटी को लेकर चिन्तित थी। किसी भीड़ में एक मिनट के लिए भी वह अपनी बेटी को अपने से दूर नहीं करती थी।

मैंने दोनों के चेहरों को बड़े ध्यानपूर्वक देखा। दोनों की शक्ल बिल्कुल भी नहीं मिलती थी। अपनी आदत के अनुसार मेरे मुँह से निकल ही गया, "तुम्हारी बेटी बहुत सुन्दर है। बड़ी होकर और अधिक सुन्दर, ऊँची-लम्बी जवान निकलेगी।"

"हाँ जी, यह बिल्कुल अपने डैडी पर है।" जैसे ही उसने कहा, वह और ज़्यादा उदास हो गयी और बच्ची के सिर पर उसने बहुत ही प्यारा-सा चुम्बन दिया।

मेरा मन तो था कि मैं उसकी उदासी का कारण पूछूँ, पर साहस नहीं हुआ। उसने भी बताने की कोशिश नहीं की। बस मेरे कामकाज के बारे में और अपने काम के बारे में बात करती रही। उसकी बातचीत से मुझे यह भी पता लग गया कि वह किसी अच्छे काम की तलाश में है जहाँ उसे कुछ अधिक पैसे मिल सकें और समय से अपनी बेटी को स्कूल छोड़ सके और छुट्टी पर घर ला सके।

इसके कोई दो सप्ताह बाद देविन्दर का फ़ोन आया। वह कह रही थी, "बहन जी, आपका बहुत-बहुत धन्यवाद। मुझे सिटी हॉल के कैफेटेरिया में काम मिल गया है। मैंने आपका नाम रेफ़्रेंस के लिए भर दिया था और उनका फ़ोन आ गया है। मुझे सोमवार से उस काम को शुरू करना है।"

फिर वह मुझे शॉपिंग मॉल में मिली। देविन्दर ने मुझे 'सतिश्री अकाल' कहा और फिर अपनी बेटी से कहने लगी, "अमन बेटी, आंटी जी को नमस्ते कहो।"

"नमस्ते आंटी जी।"

मैंने बच्ची को प्यार दिया और देविन्दर के मुँह की तरफ़ देखने लगी। उसके मुँह से कुछ शब्दों की जैसे मुझे प्रतीक्षा थी।

देविन्दर ने मिन्नत भरे लहजे में कहा, "बहन जी, मैं आपसे एक बात करना चाहती हूँ। आपके पास अगर टाइम है कि हम यहीं फूड कोर्ट में कुछ देर बैठ सकते हैं।"

मैंने पलभर की ख़ामोशी के बाद कहा, "मेरा घर यहाँ नज़दीक ही है। मेरे घर में इस समय कोई नहीं। सभी वैनकूवर गये हुए हैं। रिश्तेदारी में शादी थी। मुझे कुछ काम था, इसलिए नहीं जा सकी। क्यों न हम घर ही चले चलें। अगर बात करनी है तो हम आराम से बैठकर कर लेंगे।"

उसके कहने के लहजे से मैं समझ गयी कि इसे कोई ख़ास ही बात करनी है। इसलिए मैंने घर बैठकर ही बात करनी बेहतर समझी।

वह तुरन्त मान गयी। मैंने शॉपिंग सेंटर वाला अपना काम बीच में ही छोड़ दिया और आगे-पीछे कारें लगाकर पन्द्रह-बीस मिनट में हम घर पहुँच गये।

मैं चाय बनाने के लिए उठी तो देविन्दर मेरे पीछे-पीछे ही रसोई में आ गयी। वह चाय बनाने में मेरी मदद करने लगी। चाय बनाते-बनाते ही उसने मेरे साथ खुलकर बातें करनी प्रारम्भ कर दीं।

"बहन जी, मेरा मन भरा पड़ा है। मेरा कुछ ज़्यादा ही मन करता था, आपके साथ बात करने को। पता नहीं क्यों आप मुझे अपने-अपने से लगते हो।"

चाय बन गयी और हम दोनों लिविंग रूम में सोफ़े पर बैठ गयीं। अमन टी.वी. देखने लगी। अमन चाय नहीं पीती थी इसलिए उसको ऐपल जूस दे दिया। उसने फैमिली रूम में जाकर टी.वी. ऑन कर लिया।

"हाँ देविन्दर।" मैंने कहा।

वह थोड़ा सरककर मेरे और क़रीब हो गयी।

देविन्दर ने एक लम्बा साँस लिया और कहने लगी, "मेरे तो माँ-बाप ही बैरी बन गये। पहले वहाँ मुझे नशेड़ी के साथ ब्याह दिया और फिर यहाँ...।" कहते-कहते उसकी आँखें नम हो आयीं।

मैं सोचने लगी कि मैं इसमें क्या कर सकती हूँ।

उसकी मोटी-मोटी आँखें पानी में तैर रही थीं। मैंने हाथ बढ़ाकर डिब्बे में से नैपकिन निकाला और देविन्दर को पकड़ाते हुए कहा, "मन ख़राब न कर। पहले चाय पी ले, ठण्डी हो जायेगी।"

मैंने चायवाला कप उसको पकड़ाया और बिस्कुटों वाली प्लेट उसके आगे कर दी।

अमन कार्टून देखने में व्यस्त हो गयी थी।

मैंने चुप को तोड़ते हुए कहना शुरू किया, "वहाँ तेरा विवाह जबरन किया गया था?"

उसने आँखें पोंछीं और एक बार फिर लम्बा साँस लिया।

देविन्दर ने बोलना शुरू किया, "मैंने बी.ए. पूरी करके बी.एड. कर ली। घरवालों ने लड़का देख लिया बरनाला में। हद दरजे का शराबी। बस, घरवालों ने जायदाद ही देखी। किसी ने बताया भी था कि लड़का शराबी-कबाबी है, पर मेरा बापू यही कहता रहा कि बड़े घरों के लड़के पिया ही करते हैं। ख़ुद हट जायेगा जब परिवार की ज़िम्मेदारी गले पड़ेगी।"

देविन्दर ने चाय का घूँट भरा और फिर फूट पड़ी, "विवाह हो गया। बड़े घरों का मुँह भरना कौन-सा आसान है। माँ-बाप ने आप सहेजी विपदा से निबटने के लिए उनकी हर माँग पूरी की। स्विक हांडा कार को पाकर भी वे नाक-मुँह सिकोड़ते थे। कहते–यह भी कोई कार है। और अन्य लेन-देन का तो कोई हिसाब ही नहीं। कहने का मतलब, अपना घर ख़ाली कर उन अहंकारी जट्टों का घर भर दिया। दिया, न दिया, एक बराबर कर दिया।"

मैं निरन्तर हुंकारा भरे जा रही थी।

"फिर तू यहाँ कैनेडा में कैसे आ गयी?" मैंने पूछा।

मैंने जैसे देविन्दर की दुखती रग पर हाथ धर दिया हो। उसने अमन की तरफ़ देखा। अमन एकाग्रचित्त होकर कार्टून देख रही थी।

देविन्दर कहने लगी, "शराबी तो वह दिन-रात रहता था। एक दिन मैं घर का सारा काम निबटाकर पढ़ने बैठ गयी। पढ़ना क्या था, मैं मायके घर में पड़ा जसवन्त सिंह कंवल का उपन्यास अपने संग ले गयी थी। वह आया और मुझ पर टूट पड़ा, "सारा दिन यह कंजरखाना ही करती रहती है। और काम ख़त्म हो गये। हमारे घर में नहीं चलता ये सब। बड़ी आयी मास्टरनी।"

मेरे मुँह से निकल गया, "लो, इसमें क्या बात है। कुछ करने को था नहीं, तो मैं पढ़ने लगी। मैं तेरी तरह रोज़-रोज़ शराब तो नहीं पीती।"

बस फिर क्या था। उसने मुझे चारपाई से घसीटकर नीचे गिरा लिया और जूतियों समेत टाँगें मार-मारकर मेरा बुरा हाल कर दिया। मैं चीख़ने-चिल्लाने लगी। मेरी सास दौड़ी-दौड़ी आयी। उसने पकड़ने की ख़ूब कोशिश की, पर कहाँ। उसके अन्दर तो जैसे साँड़ जितना ज़ोर था। उसने मेरे पेट में ऐसी लात मारी कि मैं दुहरी हो गयी। कहाँ-कहाँ नहीं उसने लातें चलायीं। मुझे बालों से पकड़कर दीवार में दे मारा। मेरी

सास भागकर पड़ोसियों की मदद के लिए गयी। उनका लड़का घर में था, उसने आकर उसको बाँहों में दबोचा तो मेरा पीछा छूटा।

देविन्दर कहती गयी, "मुझे छोड़कर वह और पीने लगा और बेहोश होकर चारपाई पर गिर गया।"

देविन्दर का रोना बढ़ गया। मैंने उसका हाथ पकड़ लिया और दिलासा देने के लिए सहलाना शुरू कर दिया।

"जब मेरे बापू को पता चला तो वह सीधे मेरे सामने आ खड़ा हुआ। सभी के साथ बातचीत करके और यह कहकर कि वह कुछ दिन के लिए बेटी को लेकर जा रहा है, मुझे अपने संग ले गया। मेरी सास भी चाहती थी कि कुछ दिन मैं मायके में आराम कर लूँ। मामला कुछ शान्त पड़ जायेगा।

"मुझे गयी को मुश्किल से दस दिन ही हुए थे कि शराब के साथ कोई दूसरा नशा करने के कारण उसकी मौत हो गयी। बस, फिर क्या था। ख़बर सुनकर मैं, बापू जी और माँ, तीनों जन बरनाले की ओर चल दिये। मैं भोग के बाद अपने मायके आ गयी। सब रो-पीटकर बैठ गये। उसके बाद मैं कभी भी अपनी ससुराल नहीं गयी, क्योंकि मेरी ससुराल वाले अपने बेटे की मौत के लिए मुझे ही दोषी समझने लगे थे। कहते– अगर मैं नाशपिटी किताब हाथों में न लेती तो यह क्लेश न होता। बहू की गन्दी ज़बान के कारण ही उसको ग़ुस्सा आया और उस दिन से ही लड़का ज़्यादा पीने लगा। मानो पहले तो वह बहुत शरीफ़ था और कभी उसने पी नहीं थी। सारा दोष मेरे सिर पर मढ़ दिया गया। फिर मुझे वहाँ जाकर क्या करना था? और फिर, मेरे ससुर ने मेरे बापू जी को सन्देशा भेज दिया कि अपनी बेटी को अपने पास ही रखो। इसके कारण ही हमारे बेटे की जान गयी है। अगर यह ससुराल में ज़्यादा न बोलती तो हमारा बेटा ज़्यादा न पीने लगता।

"इन्हें यह भी डर सताने लगा कि कहीं मैं सम्पत्ति का हक़ न माँग लूँ, इसलिए उन्होंने मेरे से किनारा ही कर लिया।"

मेरा भी मन भर आया कि औरत को ही क्यों दोषी माना जाता है। उसकी हालत पर मुझे तरस आ रहा था। इतनी सुन्दर-सुशील, पढ़ी-लिखी लड़की की इतनी ख़राब क़िस्मत।

जैसे-जैसे देविन्दर अपनी कहानी बता रही थी, उसकी आवाज़ बैठती जा रही थी। मैंने प्यार से देविन्दर को अपने संग लगा लिया। देविन्दर ने दो-तीन उसाँसें भरकर बोलना शुरू किया, "मुश्किल से क़रीब डेढ़ साल हुआ था उसकी मौत को, किसी ने बापू को बताया कि कैनेडा का कोई मिलिट्री का रिटायर्ड कैप्टन

विवाह करवाने भारत आया हुआ है। वह पहले भारतीय फ़ौज में था। कश्मीर में आतंकवादियों के साथ हुई मुठभेड़ में टाँग में गोली लगने के कारण उसको फ़ौज की नौकरी छोड़नी पड़ी और वह कैनेडा चला गया। अब उसका तलाक़ हो चुका है और वह दूसरा विवाह करवाना चाहता है। मेरे बापू को तो मानो चाव ही चढ़ गया कि यदि हमारी बेटी का काम बन गया तो हम सब कैनेडा चले जायेंगे। लड़की वहाँ पहुँचकर हम सबके लिए एप्लायी कर देगी और हम सब एक ही फ्लाइट में कैनेडा पहुँच जायेंगे। मुझे न तो किसी ने कैप्टन की उम्र बतायी और न ही कुछ और बताया। मेरा बापू, मेरी माँ और मेरा भाई बार-बार यही कहते रहे कि वह बहुत जवान है, ऊँचा-लम्बा और सुन्दर है। उसको तलाक़शुदा लड़की के साथ शादी करवाने में कोई एतराज़ नहीं। बापू ने गुरद्वारे जाकर देग की मन्नत भी माँग ली कि यह कैप्टन वाला काम बन जाये तो पूरे सौ रुपये की देग करवाएँगे।

"बापू देखने गया, लड़का पसन्द कर आया। और फिर कैप्टन साहब एक दिन हमारे घर मुझे देखने आये। मुझे पसन्द कर गये। मैंने बहुत दुहाई दी कि अभी मेरा विवाह न करो। अभी तो मैं पहले दुख से ही बाहर नहीं निकली। इसके बदले में मुझे तरह-तरह की बातें अपने माँ-बाप से सुननी पड़ीं। मुझे यहाँ तक कह दिया गया कि इतने खाते-पीते घर का लड़का तुझसे सँभाला नहीं गया और अब इसको भी हाथ से निकाल देना चाहती है। यूँ ही न अहंकार में नाक-मुँह सिकोड़। तुझे तो अपनी जान की पड़ी है। अपने माँ-बाप और भाई की ज़िन्दगी से तुझे क्या। तू हमारे सिर पर बैठी रह और हमारा लहू पीती रह सारी उम्र।

"और मैंने रोती-कुरलाती ने 'हाँ' कर दी।"

"फिर क्या था। मेरा सादा-सा विवाह हो गया। लब्बोलुआब यह कि मैं कैप्टन जसवन्त सिंह के साथ विवाह करवाकर कैलगरी आ गयी। कैप्टन साहब और मेरी उम्र में बड़ा अन्तर था। पर मुझे कभी महसूस ही नहीं हुआ। मैं उन्हें प्यार करने लगी और उन्होंने भी मुझे कभी बुरा-भला नहीं कहा था। वह यदि शराब पीते तो भी बड़े सलीके के साथ पीते। वह सिक्युरिटी का काम करते थे। सवेरे से शाम तक, सोमवार से शुक्रवार तक। अगर शराब पीते तो वीकएंड पर पीते, थोड़ी-बहुत। वह भी बड़े सलीके से।"

मैं बहुत ध्यानपूर्वक उसकी बात सुन रही थी। मेरे दिमाग़ में ख़याल आया कि कैप्टन साहब कैनेडा कैसे आये। मैं ने देविन्दर से पूछ ही लिया, "देविन्दर, कैप्टन फ़ौज के बाद कैनेडा कैसे आया?"

देविन्दर के चेहरे पर एक मुस्कराहट-सी तैरी और वह बोली, "बहन जी, कैप्टन साहब देखने में बहुत सुन्दर थे और काठी से मज़बूत भी। सीधे कमीशन में लैफ्टिनेंट भरती हुए थे। ज़मीन-जायदाद भी चोखी थी। कैप्टन साहब का किसी लड़की के साथ प्रेम था। वह अपने विवाह के बारे में सोच ही रहे थे कि कुछ और ही घटित हो गया।"

उसने एक ही साँस में कैप्टन का ख़ूब गुणगान किया और फिर वह कुछ उदास हो गयी।

चाय तो रखे-रखे पानी ही हो चुकी थी। न उसने पी और न मैंने। उसने उठकर ठण्डी चाय वाले कप रसोई में धोने के लिए रख दिये और अमन की ओर देखा। वह कार्टून देखने में मस्त थी। जूस का गिलास अभी उसी तरह उसके पास रखा था। उसने एक घूँट भी नहीं पिया था। देविन्दर ने अमन को जूस पीने के लिए कहा और अपनी कहानी को आगे बढ़ाया।

"उनका बड़ा भाई विवाह करवाकर कैनेडा चला गया था। लड़की यहाँ कैनेडा से गयी थी। लड़की का नाम गुरप्रीत था और कैप्टन के बड़े भाई का नाम हरप्रीत था। दुर्भाग्य से क़रीब चार साल बाद ही कार एक्सीडेंट में हरप्रीत की मौत हो गयी। उस समय उनका पुत्र रमन कुछ महीनों का ही था। अब सुख से डॉक्टर है। पिछले साल ही डॉक्टरी की पढ़ाई समाप्त की है। वहाँ टोरंटो में ही एक अस्पताल में काम करता है।"

'सुख से' शब्द सुनकर मैं हैरान-सी हुई, पर अपने हाव-भाव मैंने छिपा लिए।

देविन्दर ने उठकर पानी का गिलास भरा, एक घूँट भरा और फिर मेरे पास आकर बैठ गयी। उसने अमन की ओर भी एक नज़र देखा। अमन अभी भी कार्टून देखने में मस्त थी।

देविन्दर ने बात आगे शुरू की, "और फिर बहन जी, जैसा कि अपने यहाँ रिवाज़ है, घर के दूसरे लड़के के साथ बिठा देते हैं। ऐसे ही बेचारे कैप्टन के साथ हुआ। घर की इज़्ज़त की ख़ातिर, अपने भाई की पत्नी की ख़ातिर, अपने माँ-बाप के कहने पर उन्होंने अपने प्यार की क़ुरबानी दे दी और यूँ कैप्टन साहिब भी टोरंटो आ गये।"

मैं सोच रही थी कि देविन्दर ने एक बार भी कैप्टन के लिए बुरा शब्द नहीं बोला। उसके मुँह से उसके लिए अच्छा ही अच्छा निकलता रहा।

मैंने अपने रीति-रिवाज़ों पर कुछ अफ़सोस प्रकट किया। मुझे ऐसी एक-दो कहानियों का भी पता था जहाँ मर्द हमारे इस रिवाज का शिकार हुए हैं। न बेचारे

उधर के रहे, न पूरी तरह इधर के। न प्यार के साथ वफ़ा हुई और न मजबूरी के साथ दिल मिला। मैंने हिचकते हुए पूछ ही लिया कि क्या तुझे विवाह से पहले इन सारी बातों की जानकारी थी? उसका जवाब था, "कहाँ?... मुझे तो विवाह के बाद कैप्टन साहब से पता लगा इस बारे में।"

देविन्दर अब बहुत धीमे-धीमे बोल रही थी। वह नहीं चाहती थी कि अमन यह सुने।

ज्यों-ज्यों वह मुझे कहानी सुना रही थी, त्यों-त्यों मेरी दिलचस्पी बढ़ रही थी। मैं सवाल करने से झिझक भी रही थी कि कहीं यह न सोचे कि मैं इतनी दिलचस्पी क्यों ले रही हूँ। मुझे यूँ भी प्रतीत हो रहा था कि उसको मेरे रेफ्रेंस से नया काम मिलने के कारण यह मुझे बिल्कुल अपना समझती है। मैं यह भी जानती थी कि इसका यहाँ और कोई नहीं है और अन्य लोगों के साथ भी ज़्यादा व्यवहार नहीं है।

मैंने घड़ी की तरफ़ देखा। टाइम काफ़ी हो चुका था। लंच का ख़याल आते ही मैंने कहा, "देविन्दर! रोटी बनाऊँ? दाल-सब्ज़ी पड़ी है फ्रिज में। आटा भी गूँधा रखा है। भूख लगी होगी तुझे और बच्ची को भी।"

यह सुनते ही उसने अमन से पूछा कि क्या उसे भूख लगी है?

अमन ने 'हाँ' कह दिया और देविन्दर फटाफट फ्रिज में से आटा निकालकर रोटी बनाने लगी। मुझे उसके हावभाव ख़ूब समझ में आ रहे थे कि अमन की भूख वह बर्दाश्त नहीं कर सकती। एक प्रकार से वह अपने आप को दोषी महसूस कर रही थी कि उसने अमन से रोटी के बारे में पहले क्यों नहीं पूछा। देविन्दर ने फुर्ती के साथ फुलके उतारे और सब्ज़ियाँ गरम कर लीं।

रोटी खाने के बाद उसने बड़ी फुर्ती से जूठे बर्तन उठाकर मशीन में डाले और स्टोव और काउंटर साफ़ कर दिये। मेरे मुँह से निकल गया, "देविन्दर, तू तो बहुत तेज़ी के साथ काम करती है।"

"हाँ बहन जी। मैं पहले दिन से ही ऐसी हूँ। काम पर भी मैंने न कभी आलस किया, न कोई आनाकानी। कैप्टन साहिब भी मेरी इस फुर्ती को मानते थे। कभी-कभी कह भी देते थे कि तू तो फ़ौजियों की तरह काम करती है।"

मैंने सोचा था कि देविन्दर अब अपनी कहानी सुनाना बन्द कर देगी, पर नहीं वह फिर बैठ गयी। उसको आराम से बैठा देखकर मैंने ही सवाल कर दिया, "कैप्टन के साथ क्या हुआ?"

मुझे इस बात का पता था कि इसका पति अब इस दुनिया में नहीं है।

जब मैंने देविन्दर से यह प्रश्न किया तो उसका अन्तर्मन हिल गया। उसकी आँखें फिर डबडबा आयीं और वह मेरे गले लगकर सिसकियाँ भर भर रोने लगी। अमन सोफ़े पर ही सो गयी थी। मैंने अमन की ओर संकेत करते हुए कहा, "देख, अपने आप को सँभाल। अमन तेरी आवाज़ सुनकर उठ जायेगी। वह क्या सोचेगी, मम्मी को रोते देख।" मैंने उसका सिर थोड़ा अपने से हटाया। प्यार से उसके बाल सँवारे और आँखें पोंछने के लिए नैपकिन दिया।

देविन्दर ने हालाँकि अभी-अभी पानी पिया था, पर फिर भी उसने पानी का एक बड़ा-सा घूँट भरा और कहने लगी, "मुझे यहाँ आये हुए दो-तीन महीने ही हुए थे कि मेरे माँ-बाप के ख़त और फ़ोन आने शुरू हो गये कि हमें बुलाने के लिए एप्लायी कर दे। यह न हो कि लड़के की अर्थात मेरे भाई की उम्र ही निकल जाये। एक दिन मैंने कैप्टन साहब को कह ही दिया कि मेरे घरवालों के लिए अब हमें एप्लायी कर देना चाहिए। परन्तु कैप्टन साहब नहीं माने। उन्होंने साफ़ इनकार कर दिया और कहने लगे, "देविन्दर, मैंने विवाह से पहले तेरे पिता को साफ़-साफ़ कह दिया था कि किसी को भी उधर बुलाने के लिए एप्लायी नहीं करूँगा। मैं और हर प्रकार की मदद करने के लिए तैयार हूँ, पर यह जो तरीक़ा पंजाबियों ने अपना लिया है कि अपनी बेटियों को मेरे जैसे बड़ी उम्र के लोगों के पल्ले बाँधकर, उनकी क़ुर्बानी देकर ख़ुद ज़िन्दगी की ख़ुशियों का आनन्द लेने का, मैं इसका विरोध करता हूँ। मुझे जीवन में साथ चाहिए था, इसलिए दूसरा विवाह करवाया। मैं जितने भी लोगों से मिला हूँ, यह पहले ही स्पष्ट कर दिया था कि मैं इधर किसी को नहीं बुलाऊँगा। ज़्यादातर को यह बात मंजूर नहीं थी। मगर तुम्हारे पिता ने मेरी शर्त मंजूर कर ली थी। पता नहीं क्यों अब वह भूल गये हैं।"

"मैंने अपने माँ-बाप को जवाब दे दिया कि कैप्टन साहब नहीं मान रहे।" देविन्दर कुछ रुककर बोली।

"मेरा उत्तर मिलने की देर थी कि मेरे माँ-बाप ने मुझे बुरा-भला कहना प्रारम्भ कर दिया। यहाँ तक कह दिया कि तुझसे न वो खाते-पीते घर का लड़का सँभाला गया और न ही तू कैप्टन साहब को क़ाबू में कर सकी। तू कुछ भी करने लायक नहीं। मेरे भाई ने तो मुझे यह सलाह भी दे दी कि मैं कैप्टन साहब को तलाक़ देकर उनके लिए एप्लायी कर दूँ।

"मुझे अपने भाई की इस सलाह पर बहुत दुख हुआ। इससे मुझे पता लग गया कि मेरे माँ-बाप और भाई को मेरे साथ बिल्कुल भी प्यार नहीं है, वे सिर्फ़ मुझे सीढ़ी बनाकर चाँद पर जाना चाहते हैं।"

मेरा भी मन भर आया था कि माता-पिता भी कितने स्वार्थी होते हैं आजकल के समय में। देविन्दर तो अपने दुख-दर्द में पिस ही रही थी।

देविन्दर ने अपनी बात जारी रखी, "इसके बाद मेरे और कैप्टन साहिब के बीच बहुत सारी असुखद बातें होने लगीं। बात-बात पर हमारी तकरार हो जाती। वह अन्दर ही अन्दर दुखी होने लगे। मैं अपनी जगह दुखी थी। मुझे हालाँकि पता था कि मेरे माँ-बाप और भाई स्वार्थी हैं, पर थे तो वे मेरा ख़ून ही। मैं किसी भी क़ीमत पर उन्हें इधर बुलाने के लिए एप्लायी करना चाहती थी। मैंने अपने भाई के कहने में आ कर कैप्टन साहब को तलाक़ की अरज़ी भी दे दी। उसके बाद वह चुप ही हो गये। हँसना तो मानो वह भूल ही गये। वह प्यार के साथ अमन की ओर देखते और देखते ही रहते। एक दिन वह अमन को बाँहों में लेकर लाड़ कर रहे थे। मैंने उन्हें कहते सुना, "मेरा अमन बेटा, बहुत बड़ा इंजीनियर बनेगा।"

"अमन के जन्म लेने पर भी मेरे माँ-बाप को कोई ख़ुशी नहीं हुई। जब मैंने बधाई देने के लिए फ़ोन किया तो माँ ने यहाँ तक कह दिया, अब तो तेरा कोरा ही जवाब है। तू अब बेटी के साथ काम नहीं कर सकती, हमारे लिए एप्लायी भी नहीं होगा अब। अगर हमारी बेटी को हमारी चिन्ता नहीं तो हमें ऐसी बेटी से क्या करवाना है।"

मेरा मन भी भर आया। क्या कोई इतना भी स्वार्थी हो सकता है और वह भी माँ-बाप? अपनी ख़ुशी के लिए बेटी की ज़िन्दगी का सौदा करने वाले।

"ओह ! लड़कियाँ बेचारी करें भी तो क्या करें। दो पाटों में पिस जाती हैं।" मैंने कहा।

"एक दिन हमारे घर में बहुत क्लेश हुआ। उन्होंने मुझे बहुत समझाया कि गुरप्रीत की माँ की दख़लअन्दाज़ी ने ही मुझे गुरप्रीत से अलहदा किया। मैं नहीं चाहता कि मैं अब और किसी की दख़लअन्दाज़ी बर्दाश्त करूँ।"

"वह कैसे?" मैंने कहा।

देविन्दर ने फिर मेरे चेहरे पर आँखें गड़ा लीं और कहने लगी कि यह बात मुझे कैप्टन साहब ने स्वयं बतायी थी कि एक दिन कैप्टन साहब के दोस्त का फ़ोन आया कि जसपाल बहुत बीमार है। उसके नाक में कैंसर था और अब फैलता हुआ गले से आगे श्वांस नली तक फैल चुका है। वह न खा सकती है और न ही बात कर सकती है। मैं उससे अस्पताल में मिलने गया था। उसने लिखकर मुझसे कहा कि जसवन्त से कहो, आख़िरी बार शक्ल ही दिखा जाये।

मैं समझ गयी कि जसपाल वह लड़की थी जिसके साथ कैप्टन जसवन्त प्रेम करता था।

"प्रभु भी किस तरह के अनिष्ट कार्य करता है।" मैं मुँह में ही बुदबुदायी।

"कैप्टन साहब ने यह बात गुरप्रीत को बता दी और गुरप्रीत ने अपनी माँ को। यह सुनकर माँ का पारा सातवें आसमान पर चढ़ गया। कहने लगी कि मेरी बेटी के साथ धोखा किया है इसने। इसके दिल में अभी भी वह बसती है। इसीलिए यह चुप, खोया-खोया सा रहता है। तभी तो दुबारा मेरी बेटी की कोख हरी नहीं हुई। इसका मेरी बेटी की तरफ़ ध्यान ही नहीं। स्कीमें बनाता रहता है अपनी हीर से मिलने की। अगर उसको ही दिल में रखना था तो मेरी बेटी की ज़िन्दगी क्यों बर्बाद करनी थी। हम ख़ुद अपनी बेटी का कोई और इन्तज़ाम कर देते। यहाँ तक कि एक दिन दोनों माँ-बेटी ने मिलकर कैप्टन साहब को धक्के मारे और गालियाँ बकीं। कैप्टन साहब के मुँह से निकल गया कि क्यों क्लेश करती हो, वो बेचारी तो मौत के किनारे बैठी है और मैं कौन-सा कहीं जा रहा हूँ। 'बेचारी' शब्द सुनकर तो उसकी सास और ज़्यादा चढ़ गयी, "देखा! मैं यूँ ही नहीं कहती। वो तो बेचारी है और मेरी बेटी क्या हुई?"

"इसका अर्थ गुरप्रीत ने अपनी माँ को उनके घर में दख़लअन्दाज़ी करने की पूरी छूट दे रखी थी।" मैंने कहा।

"मुझे उन्होंने बताया कि जब मैंने गुरप्रीत को जसपाल की बीमारी के बारे में बताया तो उसका मन दुखी हुआ था और उसको हमदर्दी थी। उसकी आँखों में आँसू थे, पर जब उसने अपनी माँ को इस बारे में बताया तो बात कुछ और ही हो गयी। इसके बाद वे अलग-अलग हो गये और सालभर बाद कैनेडा के क़ानून के अनुसार तलाक़ हो गया। गुरप्रीत ने कभी भी अपने बेटे को कैप्टन साहब से मिलने नहीं दिया। उसकी माँ कहती थी–हम इस लँगड़े का साया भी लड़के पर नहीं पड़ने देंगे और फिर, वह लड़के का क्या लगता है। जिसका लगता था, वह चला गया। यह तो मन में बसाये फिरता है अपनी जसपाल कौर को।"

"लँगड़ा? वह क्यों?"

"टाँग में गोली लगने के कारण वह थोड़ा-सा लँगड़ाकर चलते थे।"

"बेचारे का तुम दोनों ने बुरा हाल कर दिया।" मैंने कैप्टन जसवन्त के साथ सहानुभूति जताते हुए धीमे स्वर में कहा।

"और क्या। मैं भी नहीं समझी। माँ-बाप के पीछे लगकर बसा-बसाया घर ख़राब कर लिया।"

"देविन्दर तेरी बातों से लगता है, तू अपने पति को बहुत प्यार करती थी। तू हर बात पर उसको 'कैप्टन साहब...कैप्टन साहब' कहती है।"

देविन्दर की आँखें पुन: छलछला आयीं। उसने अपने अन्दर एक लम्बा साँस लिया और बोली, "बहन जी, उसने कभी भी मुझे बुरा-भला नहीं कहा था। मैं ही तंग करती रही थी उनको।"

"हूँ...।"

"जब मुझे होश आया, तब उन्हें पंजाब जाना पड़ गया। उनकी माँ पुत्र से मिले बग़ैर ही परलोक सिधार गयी थी।"

"क़िस्मत बेचारे की!" मैंने जैसे अपने आप से कहा।

देविन्दर की रुलायी फूट पड़ी, "वह पंजाब से वापस नहीं आये। वह फ़ोन करके अमन का हाल पूछ लिया करते थे। बहुत प्यार करते थे अपनी बेटी को। कहा करते थे, यह तो मेरा इंजीनियर पुत्तर है। वहीं उन्हें दिल का दौरा पड़ गया, वह हम दोनों को छोड़कर चले गये। मैंने उसी वक़्त टिकट बुक करवायी और अमन को लेकर समय से पहुँच गयी। ले, और बताऊँ... भोग के बाद मेरी माँ ने कुछ और ही सिफ़ारिश कर दी। बोली, तू अपनी मासी का लड़का उधर बुला ले। अब कौन-सा कोई रोकटोक है।"

देविन्दर ने अपना सिर मेरी गोद में गिरा लिया और रोने लगी। रो-रोकर उसने अपने मन का सारा गुबार निकाल लिया।

शाम के पाँच बज गये थे। देविन्दर को याद आया कि उसने तो कल सवेरे ही काम पर जाना है। अमन भी एक-दो घण्टे सो कर जाग चुकी थी। दोनों माँ-बेटी अपने घर चली गयीं और मैं बहुत देर तक देविन्दर के बारे में सोचती रही।

उसके बाद मेरा उसके साथ मेलजोल बढ़ गया। कभी कोई बात होती तो वह मुझे बता देती। अमन की पढ़ाई के बारे में वह अक्सर मेरे साथ बात करती रहती। अमन और अमन की पढ़ाई के अलावा उसके पास कोई दूसरी बात न होती। वह अमन को सँभाल-सँभाल कर रखती। उसको स्वयं स्कूल छोड़ने जाती और स्वयं ही लेकर आती। उसकी सारी दुनिया अमन और केवल अमन ही थी। उसको साँस भी मानो अमन के ज़रिये ही आता-जाता था।

समय बीतता गया। समय के साथ-साथ अमन भी बड़ी हो रही थी और देविन्दर की अमन के प्रति ज़िम्मेदारी भी बढ़ रही थी। अमन की फ़ीस के लिए उसको काम भी अधिक करना पड़ता था। घर भी अच्छा ले लिया था।

मैं अक्सर ही उससे कहा करती थी, "अपनी जान को यूँ ही न मारा कर।"

इस पर वह भरी आवाज़ में कहती, "मुझे जान क्या करनी है। यह अमन के लिए ही है। मेरे से तो उसकी सुख-सुविधाएँ पूरी होती रहें बस, यही बहुत है मेरे लिए।"

जब अमन यूनिवर्सिटी में दाख़िल हुई तो वह मुझे संग ले गयी थी और आज फिर मैं देविन्दर के साथ थी, जब अमन को डिग्री प्रदान की जानी थी।

अमन का नाम पुकारा गया। देविन्दर की आँखें डबडबा आयीं। अमन ने सिर्फ़ सिविल इंजीनियरिंग की डिग्री ही नहीं, बल्कि गोल्ड मैडल भी प्राप्त किया था। सारा ऑडीटोरियम तालियों की गड़गड़ाहट से गूँज उठा। टीचर और विद्यार्थी खड़े होकर तालियाँ बजाने लगे। अमन ने स्टेज पर अपनी माँ को बुलाया। देविन्दर उठकर स्टेज पर चली गयी। उससे अपनी ख़ुशी सँभाले नहीं संभल रही थी। वह कभी हँस पड़ती और कभी रोने लगती। अमन के गले में गोल्ड मैडल पहनाया गया और अमन ने अपने गले से उतारकर उसे अपनी माँ के गले में डाल दिया। पूरा हॉल एक बार फिर तालियों से गूँज उठा। बहुत ही सुन्दर नज़ारा था। मैं भी ख़ुशी में रो रही थी।

देविन्दर अपनी सीट पर वापस आ गयी और मुझे कसकर बाँहों में भर लिया। अमन अपनी विद्यार्थिन साथियों के साथ अपनी सीट पर जा बैठी।

मैं बहुत भावुक हो चुकी थी। इतनी भावुक कि मैं बोल भी नहीं पा रही थी।

समारोह की समाप्ति पर मैं और देविन्दर बाहर आ गयीं और अमन के आने का इन्तज़ार करने लगीं।

"पता नहीं क्यों अमन लेट है। सारे बच्चे तो बाहर आ चुके हैं।" देविन्दर ने चिन्तित-सा होकर कहा।

तभी, अमन आती हुई दिखायी दी। वह टोरंटों से आये अपने भाई के साथ आ रही थी।

लड़के ने देविन्दर के पैर छुए। देविन्दर ने भी उसको जी भरकर प्यार दिया। उन्होंने बताया कि कैलगिरी से उसके किसी दोस्त ने अमन की इस प्राप्ति के बारे में बताया था और उसने अमन की इस ख़ुशी में शामिल होने का मन बना लिया। देविन्दर ज़िन्दगी के सारे गिले-शिकवे भूल चुकी थी। आज वह पहले वाली देविन्दर नहीं रही थी। वह कुछ और ही प्रतीत होती थी। गुलाब के फूल जैसी मुस्कान उसके चेहरे की रौनक बढ़ा रही थी। वह कभी अमन की तरफ़ देखती और कभी अपने पुत्र रमन की ओर। सबकी आँखों में ख़ुशी के अश्रु थे। कभी कोई हँस पड़ता, कभी कोई

रो पड़ता। कभी कोई किसी को आलिंगन में भर लेता और कभी कोई। मैं भावुक-सी इस ख़ूबसूरत नज़ारे का बड़ी अच्छी तरह लुत्फ़ उठा रही थी।

बाहर खुले मैदान में आकर ऊपर की ओर हाथ करके दोनों बच्चों को अपनी बाँहों में भरते हुए देविन्दर ने कहा, "कैप्टन साहिब, मैं बेशक अच्छी बेटी, एक अच्छी पत्नी नहीं बन सकी, पर मैं एक अच्छी माँ ज़रूर हूँ। देखो, आज तुम्हारी बेटी गले में गोल्ड मैडल पहने हाथ में सिविल इंजीनियरिंग की डिग्री लिए अपने भाई के पास खड़ी है। मैं एक अच्छी माँ ज़रूर हूँ। मुझे यक़ीन है, तुमने मुझे माफ़ कर दिया है। आज तुम भी अवश्य ख़ुश होगे।"

बेघर लोग

सर्दियों के दिन थे। गाँव में लोग रात को खाने-पीने से निबटकर जल्दी ही सो जाते हैं। रात के दस बजे तक तो कोई आधी नींद भी पूरी कर लेते हैं। ढोल-ढमाके पर लचर-से गानों की आवाज़ आ रही थी। मैं सोने का यत्न करती थी, पर यह शोर इतना कानफोड़ू था कि नींद भी तड़प रही थी। मेरे पास वाले बिस्तर पर मेरी माँ भी करवटें बदल रही थी। मैं समझ रही थी कि माँ की हालत भी मेरे जैसी है। पता नहीं, कब यह शोर-शराबा ख़त्म हुआ और कब मुझे नींद आयी।

सवेरे जागने पर पता चला कि गाँव में किसी लड़की का विवाह था। कल शाम को लड़के वाले लड़की वालों के घर आये थे। शगुन की रस्म पूरी करने। विवाह की रस्म अभी परसों पूरी होनी थी।

शगुन की रस्म हो गयी थी। इस ख़ुशी में रात देर तक डी.जे. चलता रहा था। आज तीसरे दिन लड़की के आनन्द-कारज यानी फेरे होने थे। आनन्द-कारज के बाद गाँव से कुछ दूर मैरिज पैलेस में फिर ऐसा वैसा ही शोर-शराबा होना था। खाने-पीने का प्रबन्ध भी मैरिज पैलेस में ही किया गया था। आनन्द कारज की रस्म गाँव के गुरु घर में ही होनी थी।

बीबी यानी मेरी माँ को रात में अच्छी तरह नींद न आने के कारण सवेरे काफ़ी देर से उसकी आँख खुली। नींद तो हालाँकि मुझे भी ठीक-से नहीं आयी थी, पर मैं जैसे-तैसे जाग गयी थी। बीबी ने चाय पीने से पहले ही बात शुरू कर दी। बीबी गहरा साँस भरकर कहने लगी, "तेरा बापू ज़िन्दा था तो मुझे गाँव में किसी ग़मी-ख़ुशी में जाने की ज़रा भी फ़िक्र नहीं थी। मेरी बात मानकर तू मैरिज पैलेस जाकर लड़की को शगुन डाल आना। तुझे जाना ही पड़ेगा। और कौन जायेगा। मेरे से तो चला नहीं जाता। नहीं तो मैं तुझे कहती ही नहीं।"

"बीबी, मुझे तो मुश्किल-सा लगता है। मेरी तो अभी जहाज़ की थकान ही नहीं उतरी।" मैंने मुश्किल से कहा।

“न तो फिर कौन जायेगा?...अगर तू यहाँ न होती तो मैं किसी के हाथ शगुन भेज देती।”

“बीबी, तू फ़िक्र न कर। मैं हो आऊँगी।” मैंने माँ की चिन्ता दूर करने के लिए कहा।

क़रीब ग्यारह बजे मैं विवाह पर जाने के लिए तैयार हुई। मैरिज पैलेस में होने वाली शादियों के बारे में काफ़ी कुछ सुन रखा था। हालाँकि थकान और पिछली रात डी.जे. की आवाज़ ने शरीर तोड़ रखा था, पर मन में माँ का हुक्म था और थोड़ा-बहुत विवाह देखने का चाव भी।

मुझे लड़की के परिवार की आर्थिक स्थिति का भी ज्ञान था, थोड़ी-बहुत बात मुझे कार में आते-आते ड्राइवर ने बता दी थी कि इन्होंने गाँव के पास वाला खेत बेच दिया है। इस उम्मीद में कि लड़की के पीछे-पीछे हमारा सारा परिवार भी बाहर चला जायेगा। मुझे बात कुछ-कुछ समझ में आ गयी। अब मैं जानना चाहती थी कि लड़का किस देश से आया है। ड्राइवर गाँव का ही लड़का था, इसलिए उसको सारी बात का पता था। मेरे पूछने पर उसने बताया कि लड़का किसी अरब देश से आया है। कुछ ही दिनों की छुट्टी पर। कहते हैं, इसीलिए जल्दी-जल्दी विवाह रख लिया और ज़मीन भी सस्ते में बेचने पड़ी।

यह सब सुनकर मैं लड़की और उसके परिवार के भविष्य को लेकर चिन्तातुर हो गयी। अनेक तरह की सोच ने मुझे घेर लिया। अरब देश में पता नहीं कैसे रहता होगा। लड़की संग जा सकेगी या नहीं। बाक़ी परिवार तो क्या जा पायेगा। क्या मालूम, इस परिवार का कोई लड़का वर्क-परमिट पर कुछ समय के लिए चला जाये। दो किल्ले ज़मीन बेच दी है। विवाह पर इतना ख़र्चा करने, डी.जे. लगाने, दहेज में कार देने की और मैरिज पैलेस में इतना बड़ा आडम्बर रचाने की क्या ज़रूरत थी। लड़की कब जायेगी इस लड़के के साथ। यह कौन-सा कैनेडा, अमेरिका या ऑस्ट्रेलिया में है जहाँ पहुँचकर लड़की अपने माँ-बाप और बहन-भाइयों को उधर बुलाने के लिए एप्लायी कर देगी। सोचते-सोचते मैरिज पैलेस आ गया।

वहाँ पहुँचकर वो सब कुछ सिद्ध हो गया जो मैंने सुन रखा था। खाने-पीने का कोई हिसाब नहीं था। बैरे इस तरह लोगों के पीछे-पीछे जूस, कोकाकोला और अनेक प्रकार के ड्रिंक लिए घूमते थे, मानो लड़की को ब्याहने के लिए कोई राजा-महाराजा आया हो। शाही शानोशौकत थी चारों तरफ़। पचास-साठ हज़ार का लहँगा भी लड़की ने पहन रखा था। लड़के की शेरवानी भी पटियाले के महाराजा का भ्रम देती थी। यह सब नज़ारा मुझे किसी दूसरे ही जहान का लगता था। यह शादी उन

शादियों से बिल्कुल अलग थी जो हम बचपन में इसी गाँव में देखते थे। उन शादियों में मुझे कभी किसी क़िस्म की चिन्ता नहीं लगी थी, पर अब तो मैं सोच-सोचकर पागल हो रही थी।

कुछ देर बाद गाने-बजाने का कार्यक्रम शुरू हो गया। स्टेज पर अधनंगी लड़कियाँ लचर और भौंडे गानों पर जहाँ अपने शरीर की नुमाइश कर रही थीं, वहीं पंजाबी संस्कृति को भी दाँत चिढ़ा रही थीं। स्टेज के नीचे पहली क़तार में बैठे बापू और बाबा मुर्गियों की टाँगे चबाते, व्हिस्की के घूँट भरते वहशी नज़रों के साथ अपनी बेटियों, पोतियों, दोहतियों की उम्र की लड़कियों की देहों को चीर रहे थे। मैं यद्यपि लम्बे समय से पश्चिमी सभ्यता में रह रही थी, पर मेरी नज़रें ऊपर नहीं उठ रही थीं। मेरा दिल रो रहा था। मेरा मन विलाप कर रहा था, किशोर उम्र की लड़कियों का जिस्मानी शोषण देखकर। मन करता था, मैं इस देसी घटिया मुजरे को चीखकर बन्द करवा दूँ, पर सब कुछ मेरी पहुँच से बाहर था।

मैंने शगुन वाला लिफ़ाफ़ा लड़की के पिता को दिया और मनभर का बोझ अपने दिल-दिमाग़ पर लेकर घर लौट आयी। माँ ने मेरी उदासी देख ली थी। माँ को भी मेरी वाली ही चिन्ता थी कि दो किल्ले ज़मीन बेच दी है इस विवाह की ख़ातिर। अब तो दौड़े फिरते हैं, बाद में खायेंगे कहाँ से। जो मैं सोच रही थी, वही मेरी माँ सोच रही थी। हमने इस सोच की पीड़ा भी साझी की। मैंने रोटी भी घर आकर ही खायी।

दो साल बाद मैं फिर भारत आयी। माँ ने बड़े ही दुख के साथ बताया कि लड़के ने लड़की को अभी बुलाया नहीं, वह यहीं निठल्ली घूम रही है। निठल्ली से मतलब बिना किसी रोज़गार के। लड़की ने बी.ए. की हुई थी, पर इस देश में किसी बी.ए.-एम.ए. की क्या क़ीमत है।

मैंने माँ से पूछा कि क्या उनके दामाद ने उनके बेटे को बुला लिया है किसी अरब देश में?

"नहीं। मैंने तो लोगों से सुना है कि वहाँ कोई पक्का भी नहीं होता।" माँ ने बड़ी मुश्किल से अपने अन्दर की बात बाहर निकाली।

"मुझे ज़्यादा तो नहीं पता, पर इस तरह ही सुना है मैंने।" मैंने अपनी माँ के चेहरे की तरफ़ देखते हुए कहा। मुझे पता था माँ की आदत का, वह किसी का दुख अपना दुख समझ बैठती है।

माँ का मन भरा पड़ा था। मैंने उसकी आँखें नम देखकर कहा, "बीबी, हम क्या कर सकते हैं, इस तरह के और बहुत सारे परिवार हैं जिन्होंने महँगे विवाह करके अपना सब कुछ लुटा लिया है। पता नहीं क्या हो गया है हमारे लोगों को।

खोखली शेख़ियाँ मारते लोगों को रब क्यों अक्ल नहीं देता। तुम यूँ ही फ़ालतू में न सोचो उनके बारे में।"

अभी कुछ ही दिन बीते थे कि विवाह वाली लड़की की माँ और पिता, दोनों सवेरे-सवेरे हमारे घर आ गये। मेरा माथा ठनका। सुख हो। माँ भी सहम गयी।

मैंने काम वाली लड़की को चाय बनाने के लिए कहा।

"नहीं नहीं, चाय तो रहने दो, हम बस पीकर ही आये हैं। ज़्यादा चाय भी कलेजा जला देती है। एक ज़रूरी काम से आये थे। सोचा हो आते हैं और शिन्दर से भी मिल आते हैं।"

"अच्छा किया चाचा जी," मैंने धीमी आवाज़ में कहा।

आसपास के घरों में वह मेरे चाचा ही लगते थे। चाय बन गयी थी और काजल कपों में डालकर ले आयी। उन्होंने बमुश्किल चाय अपने अन्दर उड़ेली। मैं उनके चेहरे के हावभाव देख रही थी। पता नहीं, क्या काम है जो उनकी ज़बान से बाहर नहीं आ रहा था।

चाय वाला ख़ाली कप नीचे रखते हुए चाचा ने मेरी माँ की ओर मुँह करके बात शुरू की। उसकी आवाज़ में बेइन्तहा दर्द था जिसे मैंने महसूस किया।

"भाबी, तुझे तो पता है, बेटी का विवाह हमने दो किल्ले ज़मीन बेचकर किया है। तब पैसों की ज़रूरत थी। कोई ग्राहक नहीं मिल रहा था। जो ग्राहक मिला, वह कहता था कि अगर ज़मीन बेचनी ही है तो सड़क पर लगने वाले किल्ले दे दो। एक किल्ले में तो हमारा घर था जो अभी हाल ही में अलग होते समय बनवाया था, गुज़ारे योग्य। तब उसके साथ बात तय की थी कि अगली फ़सल के समय क़ब्ज़ा देंगे। सोचा तो था कि पाँच-छह महीनों में लड़की और साथ ही बड़े लड़के का काम बन जायेगा। बाहरी मुल्क से पैसा आने लग जायेगा। सड़क से थोड़ा हटकर दो कमरे छत लेंगे।"

चाची की आँखों में पानी छलक आया।

"बहन जी, हम तो बिल्कुल ही लुट गये। विवाह क्या किया, सिर पर से छत भी गँवा ली। घर से बेघर हो गये।" चाची ने चुन्नी के पल्लू से आँखें पोंछते हुए कहा।

"ना, फिर भी क्या बात हो गयी?" मेरी माँ ने चाची का हाथ दबाते हुए कहा।

चाचा का कण्ठ भर आया था।

"होना क्या था, दामाद वापस आ गया है। हमने तो सोचा था कि वहाँ पक्का होगा। वह तो ससुरा परमिट पर गया था। वहाँ किसी के साथ लड़ाई-झगड़ा हो

गया। ठेकेदार ने परमिट और आगे नहीं बढ़ाया। अब लौट आया है गाँव। निठल्ला घूमता है।" चाचा सारी बात एक ही साँस में कह गया। उसके इन शब्दों में अत्यन्त पीड़ा भरी थी।

"अब तो बहन जी, हम तेरे पास आये हैं कि अगर हम तुम्हारे बाहर वाले घर में रहने लगें तो...। हम बहुत ही आस लेकर आये हैं।" चाची ने बड़ा ही ज़ोर लगाकर अपने अन्दर से शब्द बाहर निकाले। बाहर वाला घर हमारा पशुओं वाला घर था। अब हम उसे आलतू-फालतू कामों के लिए इस्तेमाल करते हैं। पशु तो कई सालों से कोई रखा ही नहीं था।

मेरी भी आँखें सजल हो उठीं। जिस बात की मुझे चिन्ता थी, वही हुई।

माँ मेरी तरफ़ देखने लगी। शायद मेरी 'हाँ' या 'न' की प्रतीक्षा कर रही थी। मैं समझ गयी थी कि माँ मेरी राय जानना चाहती है।

"देख लो, घर तो ख़ाली पड़ा है। कौन-सा कोई पशु है अब हमारे पास।" मैंने अपनी तरफ़ से 'हाँ' सी कर दी।

"चल कोई बात नहीं, जागरा। अब ग़म न लगा शरीर को। जो कुछ होना था, हो गया। तुम भाई यहाँ रहे जाओ जब तक तुम अपना घर नहीं बना लेते।"

माँ की कही बात सुनकर मानो चाचा-चाची की जान में जान आ गयी हो। मैंने उनके चेहरों की तरफ़ देखा। उनकी आँखों में ख़ुशी के जलकण चमक रहे थे।

खेत के कोने में

मैं और रानी हमउम्र थीं। घर हमारे दूर-दूर थे। हमारा घर गाँव के इस तरफ़ और उसका घर गाँव के ऐन दूसरी तरफ़। पर हम इकट्ठी ही स्कूल जाती थीं। मैं अपने घर से निकलती, टेढ़ी-मेढ़ी गलियों से होती हुई उसके घर पहुँचती, उसको संग लेकर स्कूल जाती। स्कूल से छुट्टी होने पर एक साथ ही घर लौटतीं। कक्षा में भी हम टाट पर साथ-साथ ही बैठती थीं। आधी छुट्टी के समय अपने-अपने घर से कपड़े में लपेटकर लायी रोटी भी हम मिलकर खाया करती थीं।

कहने का अर्थ हमारा ज़्यादातर समय एक-दूसरे के साथ ही बीतता।

मैंने गाँव के स्कूल से चार कक्षाएँ पढ़कर मोगे के सरकारी स्कूल में प्रवेश ले लिया। परन्तु रानी आगे न पढ़ सकी। इसके पीछे का कारण घर की कोई तंगी थी। घर की ज़मीन-जायदाद बहुत थी। रानी का बाप कम से कम पचास किल्लों का मालिक था। आगे न पढ़ पाने के कारण घर की खेतीबाड़ी का काम था। यह भी कह सकते हैं कि परिवार में लड़कियों की पढ़ाई की ओर किसी का ध्यान ही नहीं था। उनके लिए घर की लड़की का होना घर का कामधन्धा करने वाले एक साधन का होना था।

कहने का तात्पर्य यह कि गाँव की चार कक्षाओं तक ही हमारा स्कूल का साथ रहा। वह अपनी माँ को बेबे कहा करती थी। मैं उसकी बेबे को ताई कहती थी।

ताई अक्सर ही यह कहा करती, "लड़की को ज़्यादा पढ़ा-लिखाकर क्या लेना है। इसका बापू तो कहता है कि पूरा ख़र्च करना है बेटी के विवाह पर। जब देन-लेन पूरा करना हो तो अच्छी जायदाद वाला लड़का मिल ही जाता है। बड़े घर बहुत हैं। कोई बड़ा घर देखकर ब्याह देंगे। और फिर, पढ़कर इसको कौन-सा मास्टरनी बनना है। वीरो भी तो चार जमात पढ़ाने के बाद हटा ली थी। वीरो रानी की बड़ी बहन थी। लड़का कैनेडा वाला मिल गया। यूँ कह लो, वीरो के बापू ने बेटी से कुछ भी छुपाकर नहीं रखा और इससे कौन-सा छिपाकर रखना उसने।"

ताई ऐसी बातें बड़े गर्व के साथ करती थी। ताई की बातों से यूँ लगता जैसे ताई के हुक्म के अनुसार ही सूरज, चाँद और सितारे निकलते हों।

रानी का बड़ा भाई बिन्दर अमीर घर का लाड़ला पुत्र था। ऊँचा-लम्बा सुन्दर-आकर्षक लड़का। साथ के गाँव से दसवीं कक्षा पास करके मोगा के कॉलेज में ग्यारहवीं कक्षा में दाख़िला ले लिया। फेल हो गया। फिर कभी इस कॉलेज में तो कभी उस कॉलेज में। पंजाब के चार-पाँच कॉलेज बदले, मगर ग्यारहवीं क्लास पास न हो सकी। परन्तु इस बात की किसी को कोई परवाह नहीं थी, "ज़मीन बहुतेरी है, किसी अच्छे घर की लड़की तो मिल ही जायेगी। और नहीं तो, बड़ी बहन अमरीका बुला लेगी।" ताई को अक्सर ही गली-मुहल्ले में बैठकर अड़ोसिनों-पड़ोसिनों के साथ बात करते मैं सुन चुकी थी।

मैं तब दसवीं कक्षा में थी। गर्मियों की छुट्टियाँ थीं। छुट्टियों में मैं गाँव आ जाया करती थी। दूसरे दिन मैं रानी से मिलने उसके घर गयी। रानी मुझे घर में दिखायी न दी। मैं ताई की चारपाई की बाही पर बैठ गयी। ताई ने मुझे ठीक से होकर बैठने के लिए कहा। मैं थोड़ा-सा खिसककर ताई के साथ होकर बैठ गयी। ताई ने मेरा हालचाल पूछा, मेरी पढ़ाई के बारे में भी।

मैंने कहा, "ताई जी, मैं तो पूरी मेहनत करती हूँ। सारा दिन मेरा पढ़ाई में ही बीतता है। बापू जी कहते हैं कि तू अपनी पढ़ाई की तरफ़ ध्यान दिया कर। घर के काम करने तो ख़ुद ही आ जाते हैं।"

ताई को मेरी बात ज़रा-भी अच्छी न लगी। ताई ने बड़े ही ख़राब अन्दाज में अपने होंठों को मरोड़ा और कहने लगी, "लो, कर लो बात। रोटी-पानी, कातना-काढ़ना, दरियाँ बुनना भी तो आना चाहिए। रानी ने इस बार बहुत सुन्दर डिब्बीदार नाड़े बुने हैं।"

"हूँ...।" मैंने सिर्फ़ हुंकारा ही भरा।

ताई ठीक होकर बैठ गयी और खेत-मज़दूर की बहू को जो कुछ पीस रही थी, कड़कदार आवाज़ में बोली, "अरी, सारा दिन यहीं बिता दिया। देख तो, परछायी कहाँ आयी गयी। रात में भैंस ने नांद गिरा दी। उसे भी ईंटें लगाकर सँवारना है और तू है कि पूरा दिन यहीं बैठी ने बिता दिया।"

"ताई, रानी कहाँ है?"

ताई ने दरवाज़े की तरफ़ देखते हुए कहा, "बस आती ही होगी। पहले तो कभी

इतनी देर नहीं लगायी। कौन-सा दूर है... ये बड़े कुएँ वाले खेत आज दिहाड़ी पर लगायें हैं।"

मैं ताई की बातों का हुंकारा भरती रही और ताई सीरी-साझेदारों से लेकर ताज़ी ब्याई भैंसों तक की बातें करती रही। किसके नीचे दूध अच्छा-ख़ासा है और किसका दूध गाढ़ा है और कितना मक्खन निकलता है, आदि।

"ले बता, मैं तो बताना ही भूल गयी। अपना बिन्दर अब जगरावां में लग गया है। मोगे में तो पढ़ाई अच्छी नहीं थी। थोड़े ही लड़के पास हुए हैं। रब सुख रखे, ख़ूब पढ़ता है। रात को बारह-बारह बजे तक। अक्खरों में निगाह लगानी कौन-सा आसान है।" ताई ने ख़ुशी भरे लहजे में कहा।

मुझे ताई की बात पर हँसी तो आयी, पर मैं चुप ही रही।

तभी, रानी खेत से रोटी देकर आ गयी। सीरी और दिहाड़िये काफ़ी थे। रोटियों से भरा टोकरा और लस्सी से भरी मटकी उठाकर ले जाना कौन-सा आसान है। थकी हुई थी बेचारी। रानी ने ख़ाली मटकी सिर से उतारी और रोटी वाला कपड़ा कल के लिए सँभाल कर रख दिया। रानी सुबह की ही गयी हुई थी। भूखी थी बेचारी। मुझसे सरसरी-सा मिलकर वह रोटी के लिए चौके की तरफ़ चली गयी। रानी ने रोटी हाथ पर रखी और उस पर थोड़ा-सा मक्खन रखकर खाने लगी। ताई ने देख लिया। ताई के बदन में तो मानो आग लग गयी हो, "अरी, तूने मक्खन का पेड़ा रख लिया रोटी पर। तुझे पता नहीं, लड़के को घी भेजना है। वहाँ होस्टर में बेटा सूखी रोटियाँ खाता है।"

ताई होस्टल को होस्टर ही कहती थी। रानी एक तो गरमी में भूखी-प्यासी खेत से लौटी थी और ऊपर से ज़रा से मक्खन के पीछे बेबे की तीखी बातें। रानी ने रोटी उसी तरह छाबे में फेंक दी और बग़ैर खाये ही मेरे पास आ बैठी। ताई ने रानी की तरफ़ घूरकर देखा और मेरी तरफ़ मुँह कर कहने लगी, "ले, मैंने क्या कहा इसको? यही न कि लड़के के लिए घी जोड़ना है। आजकल तो कोई वक़्त ही नहीं रहा धी-पुत्त को कुछ कहने का। कूजे में अच्छी-ख़ासी दाल पड़ी है, उसके साथ रोटी नहीं खा सकती?"

ताई चाहती थी कि मैं उसकी कही बात रानी को समझाऊँ जैसे यह बहुत ही बड़ी और सही बात हो।

मैं चुप थी। मेरा मन तो किया था कि ताई से कह दूँ–जिसके लिए घी इकट्ठा करती है, उसको तो तीन साल हो गये ग्यारहवीं पार नहीं कर सका। परन्तु मैं भी

कुछ डर-सी गयी थी। चुप ही रही। कुछ पल और बिताकर मैं अपने घर आ गयी। रानी उसी तरह भूखे पेट बैठक में जाकर लेट गयी।

समय बीतता गया। मैं स्कूल से कॉलेज चली गयी। रानी का अच्छे-ख़ासे बड़े घर में विवाह हो गया। सुना है, अच्छी नस्ल की घोड़ी और लड़की को सोने के कड़े दिये थे उसके माँ-बाप ने। और भी बहुत कुछ छोटा-मोटा सामान दिया था। भर दिया था लड़केवालों का घर। देना ही था। लड़के को तीस किल्ले ज़मीन आती थी।

इसके बाद मेरा और रानी का मिलना-जुलना बन्द हो गया। मैं जब भी छुट्टियों में घर आती, वह अपनी ससुराल गयी होती। दिल तो करता कि उसकी ससुराल जाकर उससे मिल आऊँ, पर मेरे घर वाले मुझे भी अकेली कहीं न जाने देते। उन दिनों में लड़कियों को अकेली कौन बेगाने गाँव जाने देता था।

समय अपनी गति से चलता रहा। मैं स्कूल से कॉलेज चली गयी और फिर समय के साथ मेरा भी विवाह हो गया और मैं कैनेडा आ गयी।

चार-पाँच साल बाद जब मैं भारत गयी तो घरवालों से पता चला कि रानी का बड़ा भाई बिन्दर बिना ग्यारहवीं किये अमरीका चला गया और पिछले साल पंजाब जाकर सुन्दर-सलोनी लड़की के साथ विवाह करवाकर उसको अमरीका ले गया। जितना रानी को दहेज में दिया था, उससे कहीं अधिक बिन्दर को उसके ससुराल वालों ने दिया। देना ही था, लड़का अमरीका से आया था और इसके साथ-साथ, था भी पचास किल्ले ज़मीन का अकेला वारिस।

अब घर में ताया और ताई ही रह गये थे। ताया भी बूढ़ा हो गया था और ताई से भी काम नहीं होता था। खेतीबाड़ी छोड़ दी थी। ज़मीन ठेके पर चढ़ा दी। कुछ सालों बाद ताया भगवान को प्यारा हो गया। बिन्दर और उसकी पत्नी इंडिया आये। ज़मीन का हिसाब-किताब कर गये। कुछ ज़मीन बेचकर रुपया-पैसा अपने संग ले गये और बाक़ी की ज़मीन ठेके पर उठा दी।

ताई उदास रहने लगी। दिनों में कुबड़ी हो गयी। उदासी और अकेलापन इन्सान को ले बैठता है। ताई सारा-सारा दिन दरवाज़े में चारपाई बिछाकर बैठी रहती। आते-जाते लोगों को देखती रहती। कभी-कभी कोई लड़की-बूढ़ी उसको अकेली बैठा देखकर उसके पास खड़ी हो जाती। हालचाल पूछकर चलती बनती। ताई का मन करता कि कोई उसके पास बैठे और वह उसको अपने दिल की बातें सुनाये।

घर के कामकाज के लिए गाँव से झीवरों की बहू रख ली। वह ताई की रोटी पका देती। कपड़े-लत्ते धो जाती और अन्य छोटी-मोटी सफ़ाई कर जाती। उसके घर में होते-होते ही ताई नहा-धो लेती। ताई को डर लगा रहता था कि कहीं वह

गुसलखाने में फिसल न जाये। यदि कोई चोट वग़ैरह लग गयी तो इस उम्र में मुश्किल हो जायेगी। रात में पड़ोसियों की लड़की ताई के पास आकर सो जाती थी।

दस-पन्द्रह दिन बाद रानी और उसका घरवाला भी चक्कर लगा जाते। और भी रिश्तेदार थे, कभी-कभार वे भी आ जाते।

मैं कैनेडा से अपने गाँव गयी हुई थी। मेरी माँ ने मुझे बताया कि निहाल कौर अब ज़्यादा ठीक नहीं रहती। उदास है। लोग ताने मारते हैं।

"वो क्यों?" मैंने पूछा।

माँ ने गहरा नि:श्वास भरा और कहने लगी, "क्या बताऊँ, एक दिन आता-जाता सरपंच उसके पास आकर खड़ा हो गया। कहने लगा–भाबी, बाई (भाई) के मरने के बाद मुश्किल हो गया। बिन्दर का क्या हाल है? कुछ पता है, वह कब आयेगा? मैं तो कहता हूँ कि जो कुएँ वाली ज़मीन बची हुई है, उसके गाहक हैं। अब तो अच्छा-ख़ासा भाव मिल जायेगा।"

"फिर?" मैंने कहा।

"फिर क्या? ऊपर से मैं पहुँच गयी उसके पास। कुछ ज़्यादा ही दिन हो गये थे मुझे उसकी तरफ़ गये को। निहाल कौर तो मुझे देखकर ज़ोर-ज़ोर से रोने लगी। बोली, 'सरपंच मुझसे कह गया, कुएँ वाली ज़मीन बेचने को। कैसे बेच दे। गाँव में से अपना हिस्सा ही गँवा लें।' सुनकर मेरी माँ की आँखें भी भर आयीं।

इसके बाद मेरी माँ का ताई के घर आना-जाना काफ़ी बढ़ गया। दूसरे-तीसरे दिन दोपहर के समय वह ताई के पास जा बैठती और दिन ढले-से लौट आती। इतने भर से ताई का दिन बीत जाता। मेरी माँ की शुरुआत से ही ताई के साथ अच्छी बनती थी। मैंने सुना था कि दोनों थोड़े दिनों के अन्तर के साथ इस गाँव में ब्याहकर आयी थीं। उन दोनों के दिलों में एक-दूसरे के लिए अथाह प्यार और सत्कार था।

मैं जितने दिन गाँव में रही, ताई के पास चक्कर लगाती रही।

संयोग से एक दिन रानी और रानी का पति बलवीर ताई से मिलने आये तो ताई ने किसी के हाथ सन्देशा भेजकर मुझे बुला लिया ताकि मैं रानी से मिल लूँ। मुझे तो सुनकर जैसे चाव चढ़ आया। कितने बरस हो गये थे रानी को देखे। रानी के आने की बात सुनकर मैं बिना जूती पहने रानी के घर की तरफ़ दौड़ पड़ी।

मुझे देखकर रानी भी दौड़कर आयी और मेरे गले लग गयी। एक पल के लिए तो मैंने अपने आप को रानी के साथ स्कूल जाते, क्लास में टाट पर बैठते महसूस किया, पर पलछिन में ही मेरा यह भ्रम दूर हो गया। रानी मुझसे मिलकर ख़ुश तो हुई, पर उसके अन्दर की उदासी को मैंने उसकी आँखों में देख लिया था। अपने घर

में वह हर तरह से ख़ुश थी, परन्तु अपनी बेबे की चिन्ता उसको खाये जाती थी और उसने इसका मेरे साथ ज़िक्र भी किया। उसकी भरी हुई आँखें छलकने को उतारू थीं, मगर उसने अपनी माँ से अपने आँसू छिपा लिए थे।

रानी कह रही थी, "बेबे हर वक़्त मेरी आँखों के आगे रहती है। रोटी खाने लगती हूँ तो सोचती हूँ, पता नहीं बेबे ने रोटी खायी कि नहीं। क्या बताऊँ, मेरा सारा ध्यान बेबे की तरफ़ ही लगा रहता है। कई बार रात को उठकर चलने लगती हूँ। यूँ लगता है, जैसे बेबे मुझको पुकार रही हो–रानी, मुझे पानी का घूँट देना।"

रानी से मिलकर जितनी ख़ुशी हुई, उससे कहीं अधिक मैं उदास हो गयी। मैंने रानी को सुझाव भी दिया कि वह बिन्दर को कहे, बेबे को अपने पास अमरीका ले जाये।

रानी की ससुराल में खेतीबाड़ी का काम बहुत होने के कारण वह घर से निकल नहीं पाती थी। खेत-मज़दूरों और साझीदारों की रोटियाँ। भैंसों का दो वक़्त का दूध निकालना, पशुओं की देखरेख आदि में रानी का सारा समय बीत जाता। रानी को तो पता भी न चलता कि कब दिन चढ़ता है और कब छिप जाता है। ऊपर से अपनी सास की देखभाल, दवा-दारू देने से फ़ुर्सत कहाँ मिलती थी उसे।

उस दिन रानी का मन तो करता था कि आज की रात वह यहीं माँ के पास ही रह जाये और सुबह-सवेरे ही ससुराल चली जाये। पर क्या करती, एक भैंस उसके हाथ पड़ी हुई थी। उसका जाना ज़रूरी था।

सो, शाम की चाय पीकर वे अपने गाँव जाने के लिए तैयार हो गये।

ताई ने धीमी आवाज़ में कहा, "कब आओगे अब?"

इससे पहले कि रानी कुछ कहती, रानी का पति बलवीर सिंह बोल उठा, "बेबे जी, फ़िक्र न करो। हम अगले इतवार फिर आयेंगे। जब भी कोई ज़रूरत पड़े, सन्देशा भेज देना। हमारा ध्यान तुम्हारी तरफ़ ही होता है।"

ताई ने दोनों को प्यार दिया। बलवीर का सिर सहलाते हुए कहा, "जीते रहो बेटा। तुम्हारे सहारे ही मेरे दिन बीत रहे हैं, नहीं तो तुम जानते ही हो...।"

ताई का कण्ठ भर आया।

रानी ने मुझे कसकर गले लगाया और मेरा हाथ पकड़कर कहने लगी, "बहन, चाची से कहकर जाना कि मेरी बेबे का ख़याल रखे।"

मोटर साइकिल के पीछे बैठी रानी तब तक अपनी बेबे को देखती रही, जब तक वह आँखों से ओझल न हो गयी।

ज्यों-ज्यों ताई की सेहत बिगड़ती गयी, रानी की चिन्ता बढ़ती गयी।

रानी ने बिन्दर को कई फ़ोन किये कि वह बेबे को अपने पास बुला ले। बिन्दर के पास क्या कुछ नहीं था। वह बेबे को अपने पास अमरीका नहीं बुला सकता था? बापू की ज़मीन बेचकर अमरीका में चलाये करोड़ों के कारोबार ने उसको माँ जैसे पवित्र और बड़े रिश्ते से दूर कर दिया था। रानी ने बहुत मिन्नतें-ख़ुशामदें कीं बिन्दर को कि वह बेबे को अपने पास बुला ले, पर बिन्दर टस से मस नहीं हुआ।

आख़िर रानी अपनी माँ को अपनी ससुराल घर ले गयी। भला हो रानी के पति का जिसने कभी माथे पर शिकन नहीं डाली।

सारा गाँव बलवीर सिंह की तारीफ़ें करता न थकता। रानी भी ख़ुश थी कि उसकी माँ का उसकी सास के साथ बातचीत करके अच्छा समय गुज़र जाता है। परन्तु निहाल कौर फिर भी उदास रहती थी। बेटी के घर रहना उसको पसन्द नहीं था। और फिर वह बेटी को देती क्या थी। ज़मीन का ठेका तो बिन्दर का साला रबी-खरीफ़ की फ़सल ले जाता था। कहता था–मैं उनके खाते में जमा करवा देता हूँ। इस बात का भी ताई को दुख ही रहा कि बेटी के घर बैठकर वह खाती-पीती है और उसकी दवा-दारू का बोझ भी बेटी-दामाद के सिर पर आ पड़ा है। पर वह करती तो क्या करती। बेबस-सी दिनभर सोचती रहती और दिनोंदिन और ज़्यादा कमज़ोर होती रही।

जाड़े के दिन थे। ताई को ठण्ड लग गयी। डॉक्टर बोला, इसे नमूनिया हो गया है। रानी ने अपने पति बलवीर के साथ सलाह की और अपने भाई बिन्दर और बड़ी बहन को फ़ोन करके बता दिया कि बेबे बहुत बीमार है। हालत ज़्यादा ठीक नहीं।

सुनते ही वीरो ने भारत आने की तैयारी कर ली और सप्ताह भर में बेबे के पास पहुँच गयी।

दोनों बहनों ने मिलकर बिन्दर को फ़ोन किया।

बिन्दर ने फिर वही जवाब दिया, "मुझसे नहीं आया जा सकेगा। अब वीरो आ गयी है तुम्हारे पास। दोनों बहनें मिलकर बेबे को सँभालो।" रानी ने अपनी भाभी के साथ बात की कि वह भाई को भेज दे, बेबे बहुत याद करती है।

प्रत्युत्तर में वह बोली, "बहन, तेरे भाई ने तुझे बता तो दिया कि हमसे न आया जा सकेगा। यहाँ के कामधन्धों में से निकलना बहुत कठिन है। और फिर, बहन वीरो है न तेरे पास अब। मैं आकर भी क्या करूँगी। तू ऐसा कर, बेबे का अपनी ससुराल में ही अन्तिम संस्कार कर देना।"

कुछ दिन बाद ताई परलोक सिधार गयी। रानी ने भरे मन से भाई को सूचना दी। बिन्दर फिर भी न आया। जवाब मिला, "जो होना था, वह तो हो गया। मैं आकर भी क्या करूँगा। तू ऐसा कर, बेबे का अपनी ससुराल में ही अन्तिम संस्कार कर दे।"

यह सुनकर रानी सुन्न हो गयी। अपने पति बलवीर से कैसे कहे? पर बलवीर सिंह ने रानी और बिन्दर की बातचीत सुन ली थी। हालाँकि उसने पूरी बात नहीं सुनी थी, पर इतनी बात उसके पल्ले पड़ गयी थी कि बिन्दर बेबे के मृत शरीर को यहीं समेटना चाहता है।

ताई के गाँव से रिश्तेदारी में से बूढ़ी औरतें और पुरुष आये। उनका कहना था कि निहाल कौर का अन्तिम संस्कार वे अपने गाँव में ही करेंगे। पर रानी और बलवीर सिंह ने वीरो के साथ सलाह-मशवरा करके निहाल कौर का अन्तिम संस्कार अपने खेत के एक कोने में ही कर दिया।

ताई की मौत से छह महीने बाद मैं कैनेडा से पंजाब गयी। सोते समय माँ ने ताई की बात शुरू की और फूट-फूटकर रोने लगी। कहने लगी, "पता नहीं निहाल कौर के साथ क्या होता होगा। कहते हैं, गाँव के मुर्दे भी बेगाने गाँव के मुर्दों को साथ नहीं मिलाते। पता नहीं निहाल कौर कैसे रहती होगी बेगाने गाँव के मुर्दों के साथ।"

मेरा दिल उछलकर बाहर आने को हुआ और मैं अगली सवेर ही अपनी माँ को संग लेकर रानी की ससुराल चली गयी। रानी का घर खेतों के बीच में ही था। माँ कई बार ताई को मिलने गयी थी रानी की ससुराल, इसलिए रानी का घर खोजने में कोई कठिनाई न हुई।

रानी बहुत उदास थी। मेरे पास बैठी वह अपने दर्द को अपने अन्दर ही समेटे जाती थी। मुझे उसकी आँखों के अन्दर की उदासी सब कुछ समझा रही थी कि एक लड़की के लिए कितना कठिन होता है कि भाई के होते हुए अपनी माँ का अन्तिम संस्कार उसे अपनी ससुराल के खेत के एक कोने में करना पड़े।

चाय-पानी पीकर मैं और रानी खेत की तरफ़ हो चलीं और वहाँ जाकर हमारे पैर रुक गये जहाँ ताई के मृत शरीर को अग्नि दी गयी थी। हम दोनों ख़ामोश थीं। न रानी कुछ बोल रही थी और न ही मेरे अन्दर कुछ बोलने की हिम्मत थी।

मुझे महसूस हुआ मानो ताई कह रही हो, "री लड़कियो, अपनी बेटियों को मक्खन के साथ रोटी खाने से न रोका करो।"

गुनाह

माँ की बीमारी का सुनकर मुझे नवम्बर के महीने में भारत जाना पड़ा। माँ को हम बीबी कहा करते थे।

दिन ढले-से बीबी की तबीयत कुछ ख़राब हो गयी। सोचा, मंडी जाकर दवाई ले ही आते हैं। निहाल सिंह को हम मण्डी में कह दिया करते हैं। कार पर बमुश्किल पन्द्रह-बीस मिनट लगते हैं। मैंने मक्खन को कार निकालने के लिए कहा। मक्खन उन दिनों हमारी कार चलाया करता था। कई लोग उसको ड्राइवर कहते, पर हमने कभी उसको ड्राइवर नहीं समझा था। समझते भी क्यों? गाँव में अपने ही घरों से था। आजकल ज़मींदारों के घरों में ग़रीबी आयी हुई है। बेचारों को कुछ अच्छे घरों में ऐसे छोटे-मोटे काम करने पड़ते हैं या कह लो, ज़मींदारों के घरों में सीरी के तौर पर काम करना पड़ता है।

"चल, जल्दी कर मक्खन, अँधेरा होने वाला है। बीबी के लिए दवाई लानी पड़ेगी, नहीं तो बीबी सारी रात सोने नहीं देगी।"

डॉक्टर से पहले ही पूछ लिया था। उसने आकर दवाई ले जाने के लिए कह दिया था। इसलिए मैं और मक्खन दिन ढलते ही मण्डी जाने के लिए तैयार हो गये। डर-सा लगता था, पर बीच में ही भाई दर्शन बोल उठा, "अपने गाँवों में कोई डर वाली बात नहीं है। अगर जाना है तो अभी चल दो।"

"चलो, मैं भी चलता हूँ तुम्हारे साथ। आना-जाना ही तो है।" कहकर वह भी कार में बैठ गया। भाई दर्शन के साथ हमारे घर की दीवार साझी थी।

कुछ ही मिनट में हमारी कार शहर वाली सड़क पर दौड़ रही थी। सूरज क़रीब-क़रीब छिपने वाला था। कुछ ही मिनट में अँधेरा हो जाने वाला था। धान काटा जा चुका था। अब किसान धान के ख़ाली हुए खेतों में पराली जला रहे थे। गाँव की इस लिंक सड़क पर कार में बैठ खेतों में काम करते जट्टों के ललकारे साफ़ सुनाई देते थे।

"बहन, अपने गाँवों में डर तो कोई नहीं, पर ये नशे-पत्ते वाले लूटपाट करते हैं। परसों बद्धनी वाली सड़क पर अपने गाँव से पापड़ बेचकर जाते एक बन्दे से पैसे और मोबाइल छीन लिया।" भाई दर्शन ने चुप तोड़ते हुए कहा।

"कौन थे?" मैंने सहमी-सी आवाज़ में पूछा।

"कहते हैं, बग़ल वाले गाँव से ही थे।" भाई गहरा नि:श्वास भरकर बोला।

उसने बात ख़त्म ही की थी कि मेरी चीख़-सी निकल गयी, "रे रोकना! रोकना!! लड़की इतने अँधेरे में पैदल ही चली जाती है।"

मैंने देख लिया था कि लड़की ने एक भारी-सा बैग उठा रखा था। यह वही लड़की थी जिसको मैंने दिन में किसी कम्पनी का माल बेचते हुए देखा था। वह हमारे घर भी आयी थी, एलोवेरा जूस और अन्य छोटा-मोटा सामान बेचने। 19-20 साल की सुन्दर-सलोनी युवती। साधारण-सा सलवार-क़मीज़ और पैरों में फीतों वाले बूट। इस समय उसका सड़क पर यूँ अकेले जाना बहुत अजीब-सा ही नहीं, बल्कि ख़तरनाक भी लगता था। 'कुछ भी हो सकता है इस लड़की के साथ' यह सोचकर मेरा सिर चकराने लगा। जब वह हमारे घर सामान बेचने आयी थी तो मेरे पूछने पर उसने बताया था कि उसका घर मण्डी में है। 'इतनी दूर रात को सूने राह पर जवान लड़की का जाना ठीक नहीं।' मैं गहरी सोच में डूब गयी। तरह-तरह के ख़याल मेरे ज़हन में घूम रहे थे कि हमारी कार रुक गयी। रुकते-रुकते भी हमारी कार दो फर्लांग आगे बढ़ गयी थी। मक्खन ने खिड़की खोली और बाहर निकलकर ऊँची आवाज़ में कहा, "आ जा बेटी।" पर लड़की की चाल में ज़रा भी फ़र्क़ न पड़ा। मैं समझ गयी कि लड़की डर गयी है, सोच रही है कि कार में बैठे या नहीं। न मालूम कौन हैं? मैंने दूसरी तरफ़ का दरवाज़ा खोला और बाहर निकलकर खड़ी हो गयी। लड़की ने जैसे ही मुझे देखा, वह दौड़कर हमारे पास आ गयी। मुझे देखकर उसको यक़ीन हो गया था कि ये लोग उसकी मदद करने के लिए खड़े हैं। और फिर, दोपहर के समय वह मुझे मिली भी तो थी। लड़की चुपचाप मेरे साथ कार में पिछली सीट पर बैठ गयी।

कुछ ठण्ड भी थी। उसने पीठ पर उठाया बैग उतारकर कार की सीट पर रखा, चुन्नी से अपना मुँह पोंछा। एक लम्बा साँस लिया। अपने इर्दगिर्द लपेटा सूती शाल उतारकर कार की सीट पर रख लिया। अब वह डर से मुक्त थी। उसको विश्वास था कि वह सही-सलामत घर पहुँच जायेगी।

भाई दर्शन से रहा न गया। वह बड़ी तल्ख़ आवाज़ में कहने लगा, "यह कोई वक़्त है राह में पैदल चलने का? तू थोड़ा पहले चल पड़ती। समय ख़राब है, सूरज छिपे तो बन्दा भी नहीं चलता और तू पगली इस वक़्त चल दी।"

लड़की भरी आवाज़ में बोली, "आज मेरी बस निकल गयी थी। पैदल न चलती तो और क्या करती?"

मैंने कहा, "लड़की, तू फ़ोन कर देती, कोई तुझे लेने आ जाता।"

"आंटी, हमें फ़ोन नहीं रखने देते कम्पनी वाले।" लड़की ने अपनी सफ़ाई पेश करते हुए कहा।

"अच्छा..., यह तो अच्छी बात नहीं। और हाँ, अब तुझे पहले अपने दफ़्तर जाना होगा यह बताने के लिए कि तू पहुँच गयी है?" मैंने पूछा।

हम मण्डी पहुँचने ही वाले थे।

लड़की कहने लगी, "इस वक़्त वहाँ कोई नहीं होगा। आप मुझे मेरे घर छोड़ दो।"

"ठीक है।" कहकर मैं फिर सोचने लगी। क्या होता लड़की के साथ अगर हम इसको न मिलते।

इन्हीं सोच-विचारों में हम लड़की के घर के पास पहुँच गये। लड़की ने अपने घर की तरफ़ इशारा करके कार रोकने के लिए कहा। हमने अभी कार खड़ी ही की थी कि लड़की का पिता बाहर आ गया। यूँ लगता था जैसे वह घर के बाहर दरवाज़े के पास ही खड़ा होकर अपनी बेटी की प्रतीक्षा कर रहा था। वह हमारे साथ अपनी बेटी को देखकर ख़ुश हो गया। वह बार-बार हमारा धन्यवाद कर रहा था और हमें अन्दर ले जाकर चाय-पानी की सेवा करना चाहता था। पर हमने डॉक्टर से दवाई लेनी थी, इसलिए बाहर खड़े होकर ही दो-चार बातें कर लीं। लड़की के पिता ने भरे मन से बताया कि वे बड़ी मुश्किल से बेटी को बारहवीं तक पढ़ा सके हैं। माँ इसकी बीमार रहती है। काला पीलिया हुआ है। एक लड़का है, न हुओं जैसा। नशा-पत्ता करने लगा है। मैं दिहाड़ी करता हूँ। अब भारी काम नहीं होता। किसका मन करता है जवान बेटी को बेगाने गाँव में दवाइयाँ बेचने के लिए भेजने को? इसको तीन हज़ार देते हैं महीने का। गुज़ारा हो जाता है।

"हाँ भाई जी, यह बात तो ठीक है, पर इसको चाहिए कि अपने पास फ़ोन रख ले। कहीं ज़रूरत पड़ जाती है।" मैंने कहा, "चल कल को मैं तुझे फ़ोन लेकर दे जाऊँगी और अगर कोई ऐसी बात हो जाये, तेरी बस छूट जाये तो तू बिना किसी भय-झिझक के हमारे घर चली आया कर।" मैंने लड़की के चेहरे पर आँखें टिकाकर कहा।

"ठीक है आंटी जी, पर हमारी मैडम फ़ोन रखने नहीं देती। मेरे पास फ़ोन था, उसने लेकर अपने पास रख लिया।" लड़की ने बेबसी प्रकट करते हुए कहा।

"हैं...अ!" मैंने हैरानी प्रकट करते हुए कहा।

"तो तेरी मैडम को अब कैसे पता लगेगा कि तू अपने घर पहुँच गयी है या नहीं। वह भी फ़िक्र करती होगी।"

"नहीं आंटी जी, मैडम को किस बात की फ़िक्र। हम ख़ुद ही दूसरे-तीसरे दिन उसके पास जाकर माल ले आते हैं। महीने बाद हिसाब करके तनख्वाह ले आते हैं।"

मैं लड़की के साथ बहुत सारी बातें करना चाहती थी, पर भाई दर्शन जल्दी मचा रहा था। उसकी बात भी ठीक थी, डॉक्टर हमारा इन्तज़ार कर रहा था।

"दे बेटी, मैडम का फ़ोन नम्बर बीबी को," लड़की के बाप ने अपनी बेटी से कहा। मैंने जल्दी से फ़ोन नम्बर ले लिया और डॉक्टर की ओर जाने के लिए कार में बैठ गयी।

डॉक्टर से दवाई ली और हम वापस अपने गाँव की ओर चल दिये। कार में बैठते ही मैंने उस नम्बर पर फ़ोन किया जो उस लड़की से लिया था। कई बार कोशिश की, पर कोई जवाब नहीं दे रहा था। घर पहुँचकर माँ को दवाई दी और सारी बातचीत सुनायी। रात में मुझे अच्छी तरह नींद न आयी। रातभर वह लड़की मेरी आँखों के सामने घूमती रही। अँधेरी सड़क पर पैदल चली जा रही सुन्दर जवान लड़की। पराली को लगी आग मानो जलती चिताएँ हों। कुछ भी हो सकता था। कोई लड़की को सूने खेत में खींचकर घसीटते हुए ले जा सकता था। लड़की का माल और दिनभर कमाये रुपये-पैसे छीनकर ले जा सकता था। बलात्कार भी तो हो सकता था। बलात्कार के बारे में सोचकर मुझे उस रात कई बार पसीना आया था। बचाव हो गया, शुक्र है परमात्मा का।

अगली सवेरे उठते ही मैंने एक के बाद एक कई फ़ोन किये। किसी ने नहीं उठाया। दिन भर कोशिश करने के बाद शाम को चार बजे के आसपास किसी ने हैलो कहा। मैंने अपने बारे में बताया और रात वाली सारी कहानी सुनायी। उसने मेरी बात सुनी और अनसुनी-सी कर दी। पर मैंने कहना जारी रखा कि आजकल समय ख़राब है। आये दिन बलात्कार होते हैं। बाहर काम करती लड़कियों की सेफ्टी का कुछ ख़याल रखना चाहिए। अच्छा हो यदि रात-बिरात काम करने वालों को घर छोड़ने का प्रबन्ध हो जाये। ख़ास करके लड़कियों को।

उस पर तो मेरी किसी बात का कोई असर ही नहीं हो रहा था। वह तो मेरी हर बात का जवाब यूँ दे रही थी जैसे यह कोई बात ही न हो। कहने लगी, "देखो, काम की तनख़्वाह देते हैं। हम इनके पीछे-पीछे तो नहीं घूम सकते। हमारी ज़िम्मेदारी तो

तनख़्वाह देने की है। यदि किसी को काम नहीं करना तो न करे।"

मुझे कोई बात सूझ ही नहीं रही थी। आख़िर मैंने बेशर्म-सी होकर फ़ोन की बात शुरू कर ली। इस पर वह बोली, "लो, कर लो बात। हम फ़ोन इसलिए नहीं रखने देते कि जवान लड़के-लड़कियाँ आपस में ही बातें करते रहते हैं। ज़माना बहुत ख़राब है आजकल।"

"वह तो ठीक है," मैंने कहा।

"पर मैं सोचती हूँ कि कल अगर उसके पास फ़ोन होता तो वह आपको फ़ोन करके बता सकती थी कि वह लेट हो गयी है। अब उसके पास घर लौटने के लिए कोई साधन नहीं था। कोई प्रबन्ध किया जा सकता था, यहाँ से दसेक मिनट का तो रास्ता है कार से। और फिर, लड़कियाँ तो सबकी साझी होती हैं।" मैंने सलाह देने के लहजे में कहा।

बात सुनकर उसके तो जैसे बदन में आग ही लग गयी। पूरे ग़ुस्से में आकर कहने लगी, "यह लड़की आपकी क्या लगती है?"

मैंने बहुत ही धैर्य से कहा, "मेरा तो इसके साथ इन्सानियत वाला ही रिश्ता है। बहन जी, मैंने तो आपके नोटिस में लाने के लिए ही बात की है। सलाह-मशविरे के तौर पर। मैं कोई आपके या आपकी कम्पनी के काम में विघ्न नहीं डालना चाहती। यदि आपको अच्छा नहीं लगा तो मैं माफ़ी माँगती हूँ।" मैंने ढीला पड़ते हुए कहा।

मेरी बात सुनकर वह कुछ पलों के लिए ख़ामोश हो गयी। मैंने सोचा कि शायद मेरी बात वह समझ गयी है या समझने का यत्न कर रही है।

बस फिर क्या था। फ़ोन में से आती चीख़ती आवाज़ मेरा दिल भी चीर गयी। वह कह रही थी, "यदि आपको इस लड़की के साथ ज़्यादा ही हमदर्दी है तो अपने साथ कैनेडा क्यों नहीं ले जाते, वहाँ जाकर फ़ोन भी ले देना और नयी मरसिडी भी।" इतना कहकर उसने फ़ोन काट दिया।

तीन दिन बाद हम फिर मण्डी में दवाई लेने गये। सोचा उस लड़की की कार में रह गयी शाल उसको वापस दे आऊँ। हमें देखकर लड़की की आँखें भर आयीं।

मैंने पूछा, "आज काम पर नहीं गयी?"

आँसुओं को चुन्नी के छोर से पोंछती हुई कहने लगी, "आंटी जी, कल मुझे नौकरी से जवाब मिल गया। पता नहीं किस बात पर।"

मेरे पैर मन मन भारी हो गये। पता नहीं मैं कैसे और कब लड़की की शाल पकड़ाकर कार में बैठ गयी। तरह-तरह की सोच मेरे इर्दगिर्द घूमने लगी। लड़की की नौकरी चली गयी। मुझे लगा मानो मैं कोई गुनाह कर बैठी होऊँ।

देवता

मैं सिटी हॉल में ट्रांसपोर्ट प्लैनिंग में काम करती थी। एक दिन कॉफ़ी ब्रेक पर मैं कैफेटेरिया में कॉफ़ी का कप लेने गयी। मैंने देखा, कैश मशीन पर एक क़रीब 50 साल की पंजाबी औरत बड़े प्यार से ग्राहक निपटा रही थी। सबको गुड मॉर्निंग कहकर पैसे पकड़ने और बड़े आदर के साथ सामान काग़ज़ के लिफ़ाफ़े में डालकर ग्राहक को पकड़ाते समय 'हैव ए नाइस डे' कहना सिद्ध करता था कि वह अपने काम में निपुणता रखती है। पचास की आयु में भी वह बहुत सुन्दर लग रही थी। जवानी में तो काफ़ी सुन्दर रही होगी। मैंने मन ही मन सोचा।

मेरी बारी आने पर उसने मुझे 'सतिश्री अकाल' कहा और जवाब में मैंने भी 'सतिश्री अकाल' कहते हुए पूछ लिया कि क्या वह आज पहले दिन काम पर आयी है।

वह जल्दी में पैसे पकड़ाते हुए बोली, "नहीं, कुछ दिन हो गये यहाँ आये।"

ग्राहकों की लम्बी क़तार देखकर मैंने अधिक बात करना ठीक न समझा। पर उसकी कमीज़ पर टँगी नेम प्लेट से उसका नाम पढ़ लिया–प्रीत बरार।

उसके बाद उसका मिलना आम हो गया। वह दूर से देखकर मुझे 'हैलो' कहती और मैं भी उसके साथ निकटता दिखाने लगी। मेरे और उसके काम के घण्टे नहीं मिलते थे और यही कारण था कि यह 'हैलो' का यह सिलसिला कई महीने चलता रहा।

समय बीतता गया। दिन-महीने और फिर साल। एक दिन वह मुझे सवेरे-सवेरे ट्रेन में मिल गयी। जैसे ही मैंने ट्रेन के अन्दर पैर रखा, उसको एक सीट पर बैठे देख मैं हैरान हो गयी। संयोग से उसके साथ वाली सीट ख़ाली थी। उसको देख मुझे चाव चढ़ गया।

मैं उसके साथ वाली ख़ाली सीट पर बैठ गयी। उसने अपने पर्स में से छोटी-सी नोट बुक निकाली और मेरा फ़ोन नम्बर माँगने लगी।

मैंने अपने दफ़्तर का अपनी पर्सनल लाइन का फ़ोन नम्बर दे दिया, पर उसने घर का फ़ोन भी माँग लिया। मैंने बिना किसी झिझक के उसको दोनों फ़ोन नम्बर लिखवा दिये।

अपनी नोट बुक वापस पर्स में डालते हुए उसने मेरे से सवाल किया कि क्या गिल गोत आपके ससुराल का गोत है? मुझे इस सवाल पर कोई हैरानी न हुई। पंजाबी औरतों में यह आम-सी बात है। किसी से मिलते समय वह पहले मायके, ससुराल के गाँव और गोत्र के बारे में अवश्य बात करती हैं।

"हाँ, गिल मेरे ससुराल का गोत है और मेरे मायके का धालीवाल।" मैंने कहा।

मेरे मुँह से धालीवाल सुनकर उसकी आँखें चमक उठीं।

"लो, फिर तो हम बहनें हुईं। मैं भी धालीवालों की बेटी हूँ।" कहकर उसने मेरा हाथ अपने हाथ में कस लिया। मुझे भी वह बहुत प्यारी लगी। कुछ अपनी-अपनी सी।

बात को आगे बढ़ाते हुए उसने बताया कि उसने अब नया घर ले लिया है और अब वह काम पर ट्रेन से ही आया करेगी।

वह मुझे कुछ उदास-सी लगी। पहली बार ट्रेन में इतना नज़दीक होकर मिली थी। उदासी का कारण पूछना उचित न समझा। मैं इतना ही कह सकी, "घर-परिवार सब ठीक है?"

उसने मामूली-सी 'हाँ' में सिर हिलाया।

मैं समझ गयी कि सब ठीक नहीं है।

परन्तु मैंने चुप रहना ही ठीक समझा। ट्रेन की तेज़ रफ़्तार ने छह-सात मिनट में ही सिटी हॉल के स्टेशन पर ला दिया। हम दोनों तेज़ क़दमों से सिटी हॉल पहुँच गयीं। वह कैफेटेरिया में चली गयी और मैं अपने दफ़्तर में।

अब वह मुझे कभी-कभी ट्रेन में मिल जाती थी। वह अक्सर ही उदास रहती थी। कभी फालतू बात नहीं करती थी। बात करती भी कैसे? समय ही नहीं मिलता था कभी। ट्रेन में मिलते, पर बात एक-दूसरे से हैलो कहने तक ही सीमित रहती। आमतौर पर वह ट्रेन पूरी भरी होती थी। बहुत लोग डण्डों को पकड़े खड़े होते। ट्रेन से उतरकर सड़क क्रॉस कर लेट हो जाने के डर से लगभग दौड़ लगानी पड़ती। उसको मुझसे ज़्यादा जल्दी होती थी। मैं तो दस-बारह मिनट पहले ही जाती थी और मेरे दफ़्तर में चार-पाँच मिनट लेट होना कोई ख़ास बात नहीं होती थी।

समय बीतता गया। दिन-महीने और फिर पूरा साल बीत गया।

एक दिन मेरे डैस्क वाले फ़ोन की घण्टी बजी। फ़ोन प्रीत का था। फ़ोन की कालर-आयी डी से 'कैफेटेरिया' पढ़ लिया था। प्रीत ही होगी, और कौन फ़ोन करेगा वहाँ से। मैंने अपने आप से कहा।

मैंने धीमे से 'हैलो' कहा ताकि पंजाबी में किया वार्तालाप दफ़्तर में काम करने वाले दूसरे लोगों को प्रभावित न करे।

"बहन! मन उदास था। ब्रेक पर थी, सोचा आपके साथ बात कर लूँ।"

मैं समझ गयी कि बात मिनट या दो मिनट की नहीं होगी। इसलिए दफ़्तर के समय ठीक नहीं होगा। मैंने प्यार और अपनत्व जताते हुए कहा, "प्रीत, इस समय दफ़्तर में बहुत काम है। हम बाद में बात करेंगे। अगर ठीक समझे तो मैं शाम को घर जाकर तुम्हें फ़ोन कर लूँगी।"

"आपका लंच टाइम कब होता है?" उसने पूछा।

मैं समझ गयी कि वह मुझे लंच टाइम में मिलना चाहती है।

"मैं बारह और एक के बीच कभी भी ब्रेक ले सकती हूँ। एक घण्टा ख़ाली होती हूँ। तुम्हारे हिसाब से मैं नीचे कैफेटेरिया के सामने आ जाऊँगी।" मैंने कहा।

तय किये समय के अनुसार मैं कैफेटेरिया के बाहर निकलने वाले दरवाज़े के पास चली गयी। वह बहुत उदास थी। आँखों की लाली बता रही थी कि वह अभी-अभी रोकर हटी है। मुझे देखकर उसकी आँखें दुबारा भर आयीं। हम बिना एक-दूसरे के साथ बात किये सिटी हॉल के साथ सटे पार्क में आकर बैठ गयीं।

"आज बड़ा सुहावना दिन है। धूप भी बहुत प्यारी है," मैंने चुप को तोड़ने के लिए कहा।

उसने मेरी बात का कोई हुंकारा नहीं भरा। मुझे लगा जैसे उसने मेरी बात सुनी ही नहीं। मैंने जानते हुए भी कि उसका ध्यान आज के मौसम में बिल्कुल ही नहीं है, मौसम की बात छेड़ी थी। मैं तो कोशिश कर रही थी कि किसी न किसी तरह वह अपने दिल का गुबार निकाले जिसकी वजह से उसने मिलने की बात कही थी।

मैंने क़रीब दो मिनट चुप रहने के बाद कहा, "प्रीत, तेरी आँखें लाल क्यों हैं और तू उदास भी लगती है।"

उसकी आँखें फिर डबडबा आयीं। अपने पर्स में से पेपर नैपकिन निकालकर वह आँखें पोंछने लगी।

मैं धीरे-धीरे उसकी बाँह सहला रही थी और वह रो रही थी।

क़रीब दो मिनट रोकर उसने कुछ कहने का हौसला किया। पर वह इतना ही कह सकी, "बहन, हाथों की दीं, दाँतों से खोलनी पड़ती हैं।"

उसकी बात सुनकर मैंने कहा, "हाँ प्रीत, यह तो है।"

"बहन, मेरी तो लम्बी कहानी है। मन ज़्यादा ही भरा पड़ा था। आज ख़याल आया कि बहन के साथ दुख साझा करती हूँ। इस शहर में तुम ही मुझे अपने लगते हो।" कहते हुए उसने मेरा हाथ पकड़ लिया।

मुझे लगा मानो वह मुझसे लिपटकर गले लगना चाहती थी, पर आसपास लोगों को देखकर झिझक गयी।

मैंने घड़ी देखी। टाइम तो भागा ही जाता था।

मैंने अपने बैग में से सैंडविच निकाले। एक उसको पकड़ा दिया और दूसरा मैं ख़ुद खाने लगी। ये सैंडविच मैंने कॉफ़ी ब्रेक के समय ख़रीदकर बैग में डाल लिए थे। भूखे पेट काम कौन सा होता है।

उसने आधा सैंडविच खाया और बाक़ी का लपेटकर अपने पर्स में यह कहते हुए रख लिया कि ठहरकर खाऊँगी।

"बहन, तुम कहाँ रहती हो?"

"मानट्रे पार्क," मैंने बताया।

"फिर तो नज़दीक ही है। मैं वाइटहार्न में रहती हूँ," वह बोली।

उसने घड़ी देखी। उसके लंच का समय ख़त्म हो चुका था और वह तेज़ी से उठ खड़ी हुई।

मैंने कैफेटेरिया तक उसका साथ दिया और कुछ देर के लिए मेन लॉबी में एक तरफ़ कोई ख़ाली-सी कुरसी देखकर बैठ गयी क्योंकि मेरे पास अभी क़रीब आधा घण्टा शेष बचा था। मैं लगातार उसके बारे में सोच रही थी कि वह आज उदास क्यों है। भाँति-भाँति के ख़याल मेरे इर्दगिर्द घूम रहे थे।

मैंने तो यह भी नहीं पूछा कि उसके घर में कौन-कौन है। उसका पति क्या काम करता है। उसके बच्चे कितने हैं, वग़ैरह-वग़ैरह।

उसके साथ किये वायदे के अनुसार मैंने घर आकर रोटी-पानी से फुर्सत पाकर उसको फ़ोन किया, पर उसने जवाब नहीं दिया। सोने से पहले दो-एक बार मैंने कोशिश की उसके साथ बात करने की, पर उसने फ़ोन नहीं उठाया।

सोचा, किसी काम में मशरूफ होगी। कल को ट्रेन में मिल जायेगी।

अगले दिन वह ट्रेन में भी नहीं मिली। मैंने कैफेटेरिया में भी निगाह दौड़ायी। वह वहाँ भी नहीं थी। वह काम पर नहीं आयी थी।

लंच टाइम में फ़ोन किया। केवल फ़ोन की घण्टी की आवाज़ आयी। मन तो करता था कि उसके घर जाकर मालूम करूँ, पर मेरे पास उसका पता नहीं था।

बेचारी कितने प्यार के साथ 'बहन' कहती है और साथ ही, है भी धालीवालों की बेटी। मेरी बहन ही तो है वह।

अगला दिन शनिवार था। काम से छुट्टी थी। छुट्टी वाले दिन मैं अक्सर कुछ देर से बिस्तर पर से उठती हूँ। पर मुझे फ़ोन की घण्टी ने जगा दिया। फ़ोन प्रीत का था। मैंने फुर्ती के साथ फ़ोन उठाया।

"बहन, मैं तुझसे मिलना चाहती हूँ।"

उसके शब्दों में अत्यन्त अपनत्व था।

"हाँ...हाँ प्रीत... मुझे तेरी चिन्ता हो रही थी। अच्छा किया, तूने फ़ोन कर लिया।" मैंने अपनी चिन्ता प्रकट करते हुए कहा।

"बहन, तू मेरे घर आ सकती है?"

मैंने एक मिनट के लिए सोचा, फिर कहा, "हाँ, आ सकती हूँ, पर ज़रा ठहर कर। मैं तो अभी बिस्तर में ही पड़ी हूँ। मेरे हसबैंड वैनकूवर गये हुए हैं। घर का कुछ काम कर लूँ। फिर मैं ख़ाली ही हूँ।

"बहन...मन बहुत ख़राब है।"

"किस बात से?" मैंने कहा।

वह फिर रोने लगी।

"प्रीत, फ़िक्र न कर। मैं क़रीब बारह बजे आ जाऊँगी। अपना एड्रेस लिखवा।"

जैसे ही मैंने पता लिखा, एक सोच ने मुझे घेर लिया। मैं भी कितनी पागल हूँ। मैंने यह तो पूछा ही नहीं कि उसके घर में इस समय और कौन होगा। यदि कहीं कोई पारिवारिक लड़ाई-झगड़ा हुआ तो कहीं मेरे जाने से और न बढ़ जाये।

उसके घर के बारे में जानकारी लेने के लिए मैंने दुबारा फ़ोन किया। उसने बताया कि वह घर में इस समय अकेली है।

घर का काम फुर्ती से निपटाकर मैं क़रीब बारह बजे उसके घर पहुँच गयी। लिविंग रूम की शीशे की खिड़की में खड़ी वह मेरी ही प्रतीक्षा कर रही थी। घंटी बजाने का अवसर ही नहीं मिला कि उसने दरवाज़ा खोल दिया।

शायद वह अभी नहायी भी नहीं थी। घर में पहनने वाला कॉटन का मामूली-सा पंजाबी सूट पहन रखा था और वह भी सलवटों से भरा पड़ा था। बालों में कंघी भी नहीं की हुई लग रही थी। चेहरे पर उदासी के बादल इतने सघन थे कि इनमें से उसका असल चेहरा दिखायी नहीं देता था। आँखें सूजी हुईं और लाल थीं।

मैंने सरसरी-सी निगाहें घर में दौड़ायीं। छोटा-सा गुज़ारे योग्य दो बेडरूम का घर था और छोटी-सी किचन थी। बेसमेंट ख़ाली लगती थी। एक बेडरूम में कुछ

सामान बिखरा हुआ पड़ा था। किचन में ताज़ी बनायी चाय वाला पतीला स्टोव पर ही पड़ा था। मैं बिना किसी तकल्लुफ के सोफ़े पर बैठ गयी। वह बिल्कुल मेरे पास लगकर बैठ गयी मानो बैठने के लिए भी सहारा तलाशती हो। उसके चेहरे और आँखों से जान लिया था कि यह किसी बड़ी मुसीबत में है। दो मिनट वह चाय लाने के लिए उठी। मैं भी किचन में उसके पीछे-पीछे चली गयी और कुरसी पर बैठ गयी।

"प्रीत, तू यहाँ अकेली ही रहती है?" मैंने पूछा।

वह रोने लगी।

मैंने कुछ सख़्ती के साथ कहा, "मुझे बुलाया है, अब बात तो बता। तुझे क्या मदद चाहिए।"

"मेरी बेटी आज मुझे छोड़कर चली गयी है। मेरा तो मर जाने को जी करता है। क्या बताऊँ, ग़लतियाँ तो सारी मेरी ही हैं। उसको कैसे दोषी कहूँ। वह तो अपनी जगह सच्ची है।" उसने बड़ा ही ज़ोर लगाकर अपने मुँह से ये शब्द निकाले।

"फिर...।" मैंने कहा।

"बहन क्या बताऊँ, जब अक्ल मारी जाती है, तब पता नहीं लगता," उसने चुन्नी के छोर से आँखें पोंछते हुए कहा।

"वह तो है," मैंने उसके चेहरे की ओर देखते हुए कहा।

मेरे पहुँचने से पहले ही बनाकर रखी चाय उसने दो कपों में उड़ेली और टेबल पर ला रखी। उसके हाथ क्या, सारा शरीर ही काँप रहा था।

"हाँ बता, क्या बात है?" मैंने बात चलाने के लिए कहा।

"बहन, क्या बताऊँ। कहानी अजीब-सी है। 1985 में मेरा विवाह हो गया। लड़का इधर से ही गया था विवाह करवाने। सब कुछ सहमति से हुआ। पुराने बाघा की तरफ़ से थे वे लोग। घरबार अच्छा था, पर लड़के की एक टांग में नुक्श था। थोड़ा-सा लँगड़ाकर चलता था। मेरे पिता के पास कुल तीन एकड़ ज़मीन थी। हम चार बहन-भाई थे। भाई तीन बहनों से छोटा था। मैं सबसे बड़ी थी। बी.ए. कर ली थी। बापू ने माँ के साथ सलाह-मशविरा किया कि यदि प्रीत मान जाये तो अपना सारा परिवार तर सकता है। सबसे बड़ी बात यह भी थी कि उनकी दहेज वग़ैरह की कोई माँग नहीं थी।"

"अच्छा..." मैंने हुंकारा भरा।

"मैं मान गयी। विवाह हो गया। यहीं वैनकुवर से मेरी बुआ भी विवाह पर गयी हुई थी। क़रीब बीस दिन बाद जगदीप वापस विनीपैग आ गया। सब कुछ सामान्य चलता रहा। मेरे ससुराल वाले घर में मेरा मान-सम्मान होने लगा। जगदीप के वापस

आने के बाद मेरी बुआ ने मुझे पट्टी पढ़ानी शुरू कर दी। उसने कहा, लड़का लँगड़ा कर चलता है। तेरे साथ ज़रा भी नहीं जँचता। कैनेडा बुलाकर इन्होंने तीनों लड़कियों के रिश्ते अपनी रिश्तेदारियों में करने हैं। काके पर भी कब्ज़ा कर लेना है।"

"काका... वह कौन?" मैंने पूछा।

"मेरा भाई। सारी बहनों से छोटा।" उसने गहरा निःश्वास भरते हुए कहा।

मैंने उठकर टोंटी में से पानी का गिलास भरा और उसको पकड़ा दिया। उसने पानी का घूँट भरा। प्रीत के हाथ काँप रहे थे। उसकी कहानी में मेरी भी दिलचस्पी बढ़ रही थी।

मैंने प्रीत के हाथ से गिलास पकड़ा और टेबल पर रखते हुए पूछा, "फिर क्या हुआ प्रीत?"

मेरी बुआ ने मुझे सलाह दी कि तू चुपचाप कैनेडा आ जा। वैनकूवर की सीट बुक करवाना। किसी को भी अपनी स्कीम की भनक नहीं पड़ने देना।

जगदीप ने पहुँचते ही मेरे लिए एप्लायी कर दिया। क़रीब पाँच महीनों बाद मेरा वीज़ा आ गया।

मेरी सीट बुक हो गयी। जगदीप ने दिल खोलकर शॉपिंग करने के लिए मुझे पैसे भेजे। मैंने अपनी सास और ननदों के लिए सूट ख़रीदे। जैसे मेरी सास कह गयी थी, मैं उसी तरह करती चली गयी। किसी को ज़रा भी शक नहीं हुआ।

वैनकूवर से आगे मेरी सीट विनीपैग की बुक हुई थी, पर मैं विनीपैग गयी ही नहीं। मेरी बुआ मुझे वैनकूवर एयरपोर्ट से अपने घर ले गयी। उन दिनों में इमीग्रेशन की मोहर एयरपोर्ट पर ही लग जाती थी और मेरे पासपोर्ट पर भी पक्की मोहर लग गयी।

मैं हैरान रह गयी कि इसने इतना बड़ा धोखा किया।

मैंने कह ही दिया, "यह तो तूने बहुत बुरा किया।"

"बस, बुआ के कहने में आकर करती गयी। बुआ ने कहा था कि जगदीप के साथ जब तलाक़ हो जायेगा तो तेरा किसी अच्छे सुन्दर-सुशील लड़के के साथ विवाह करेंगे। तेरे में क्या नुक्श है भला? बी.ए. कर रखी है। सुन्दर-सुशील है। लँगड़े से क्या लेना है। मेरी बुद्धि मारी गयी। उसका सास-ससुर और मेरा फूफा भी इस सारी साज़िश में शामिल था। मेरी बुआ ड्रामा करे मेरे माँ-बाप के आगे कि लड़की जगदीप के साथ रहना नहीं चाहती। यह कहती है, कुछ खाकर मर जाऊँगी, अगर किसी ने मुझे जगदीप के पास जाने को कहा। मेरा बापू बेचारा मरने वाला हो गया। उसने इंडिया में बसते जगदीप के चाचा के पैरों पर अपनी पगड़ी रखी कि इसमें

उसका कोई कसूर नहीं है। जगदीप और उसके माँ-बाप ने मुझे मेरे हाल पर छोड़ दिया। मैं बुआ लायक रह गयी।

जगदीप से मेरा तलाक़ हो गया। बुआ, मुझे अपने संग इंडिया ले गयी और मेरा विवाह अपने देवर के साथ कर दिया। हम गाँव गयीं ही नहीं। चंडीगढ़ में ही रहीं। वहीं कोर्ट मैरिज की। किसी को भी हमारी भनक न पड़ी। गुरनेक ने अपने प्यार को धोखा देकर, क़समें-वायदे तोड़कर मेरे साथ विवाह करवा लिया। यहाँ आकर वह कभी-कभी कह देता था, "न तूने अच्छा किया, न मैंने अच्छा किया। दोनों ही गुनहगार हैं।"

मैंने और गुरनेक ने मिलकर पैसा कमाया और फिर मैंने अपने घरवालों को इधर बुलाने के लिए एप्लायी कर दिया। उनके इधर आने के क़रीब दस दिन बाद एक दिन काम से लौटते समय गुरनेक का एक्सीडेंट हो गया। चला गया वह इस जहान से।" उसकी रुलायी फूट पड़ी।

"ओह... बहुत बुरा हुआ।" मैंने उसका हाथ दबाते हुए कहा।

"हाँ बहन... यह तो होना ही था। मेरे गुनाहों की सज़ा मुझको मिलनी ही थी। अमन का जन्म गुरनेक की मौत के बाद हुआ।" आँखें पोंछते हुए उसने कहा।

"अमन...?" मैंने उत्सुकता के साथ पूछा।

सब कुछ संक्षेप में बता रही थी वह। यूँ लगता था जैसे एक-एक शब्द उसको डस रहा हो और वह अपने ही शब्दों से बच रही हो।

प्रीत ने बड़ा-सा गहरा साँस भरा और फूट-फूटकर रोने लगी और मुझे कसकर अपनी बाँहों में लपेट लिया। उसके मुँह से बमुश्किल निकला, "अमन मेरी बेटी।"

"अमन कहाँ है?" मैंने कहा।

उसके रोने की आवाज़ और ऊँची हो गयी। कुछ सँभलकर कहने लगी, "आज वह मुझे अकेली छोड़कर अपने ब्वॉय-फ्रेंड के साथ चली गयी है। उसको कैलगरी यूनिवर्सिटी में दाख़िला मिल गया है और उसकी ख़ातिर ही मैं वैनकूवर छोड़कर कैलगरी आयी थी।"

"चल कोई बात नहीं। इसमें रोने वाली कौन-सी बात है। यहाँ बच्चे ऐसा ही करते हैं। तुझसे मिलने आ जाया करेगी।" मैंने दिलासा देते हुए कहा।

प्रीत ने सिर ऊपर उठाया। मेरी तरफ़ देखा। कुछ मिनट चुप रही। बोलने का यत्न करती थी, पर रुक जाती थी। आख़िर हौसला करके कह ही दिया, "जो लड़का अमन का ब्वॉय-फ्रेंड है, वह जगदीप का बेटा है।"

"तुझे कैसे पता?" मैंने हैरानी के साथ कहा।

प्रीत ने दुबारा पानी का घूँट भरा और बोली, "पहले दिन अमन जब उसको घर लेकर आयी थी तो मैंने बातों-बातों में पता कर लिया था। उसने मुझे अपने सारे परिवार की तस्वीरें भी दिखायी थीं। वह यहाँ अमन के साथ ही यूनिवर्सिटी में पढ़ता है। उसने अपना सामान यूनिवर्सिटी के हॉस्टल में मूव करना था, इसलिए सारा सामान उठाकर हमारे घर ले आया और मुझे उसने एलबम दिखायी थी अपने सारे परिवार की।

"ओह... तो फिर...।" मैंने कहा।

"मैंने कोशिश तो बहुत की कि अमन राज से दूर चली जाये, पर ज्यों-ज्यों मैं कोशिश करती, वह उतना ही उसके क़रीब होती जाती। अमन को पता था, मेरी सारी कहानी का। मुझे सुना भी दिया था कि माँ जो तूने किया है, अपनी ज़िन्दगी में, मैं ऐसा कभी नहीं करूँगी। और आज सवेरे अमन अपना सामान उठाकर राज के साथ यहाँ चली गयी। आगे पता नहीं क्या होगा।"

प्रीत की बात सुन मैं ख़ुद बेहोश होने वाली हो गयी थी।

दरवाज़े की घण्टी बजी। उसने शीशे वाली खिड़की का थोड़ा-सा परदा उठाकर देखा और दरवाज़ा खोल दिया। राज, अमन और एक अन्य औरत जो उनके साथ थी, अन्दर आ गये। औरत अच्छे सलीके वाली काफ़ी ख़ूबसूरत थी। प्रीत ने उसको पहचान लिया था। राज ने तस्वीरें जो दिखायी थीं अपने परिवार की।

प्रीत उस औरत को देखकर घबरा गयी। परन्तु उस औरत ने प्रीत को बाँहों में भरा और फिर चुपचाप बिनी किसी तकल्लुफ़ के सोफ़े पर बैठ गयी।

मैं चुपचाप बैठी हैरान हो रही थी।

उस औरत ने मेरे बारे में जानना चाहा। प्रीत ने मुझे अपनी बड़ी बहन की तरह कहकर मेरी जान-पहचान करवायी।

अमन और राज किचन की कुर्सियाँ खींचकर सामने बैठ गये। राज ने बोलना शुरू किया।

"ये मेरी मम्मी हैं। मुझे आपके घर की कहानी पता थी कि कैसे एक औरत ने मेरे डैडी को धोखा दिया। सारे परिवार पर क्या बीती थी उस रात जिस दिन वह वैनकूवर एयरपोर्ट से मेरे डैडी के पास आने की बजाय कहीं और चली गयी थी। मैं रिश्तेदारों को यही बातें करते सुन-सुनकर बड़ा हुआ हूँ। मुझे अमन मिल गयी। मैंने दोस्ती का हाथ बढ़ाया, पर इसने हाथ बढ़ाने से पहले ही मुझे बता दिया कि मेरी माँ ने किसी के साथ बहुत बड़ा धोखा किया है। सारी कहानी सुनने के बाद यक़ीन हो गया कि अमन उसी औरत की बेटी है जिसने मेरे डैडी को इतनी तकलीफ़ दी थी।

बाक़ी रही बात मेरे और अमन की। हम अच्छे दोस्त हैं।

मैंने और अमन ने ड्रामा किया था घर से जाने का।

हम कहीं भी नहीं गये थे। मैंने मम्मी को कल यहीं कैलगरी बुला लिया था।"

प्रीत चुपचाप बैठी आँसू बहाये जा रही थी। उसके आँसू बता रहे थे कि वह कितना पछता रही है।

प्रीत उठी और उसने राज को बाँहों में भर लिया और कहने लगी, "बेटा...यदि यहाँ तक आ गया है तो मुझे उस भले पुरुष के पैरों में सिर रखकर गुनाह बख़्शाने का मौक़ा दिला दे।"

इससे पहले कि राज कुछ बोलता, उसकी माँ ने आगे बढ़कर प्रीत को गले से लगा लिया और बोली, "मेरी बहन! मैंने उस भले बन्दे को हीनभावना से लड़ते देखा है। वह आज भी समाज से कन्नी कतराता है। मैं दिलाऊँगी तुझे माफ़ी। मैं करूँगी उसको दुनिया के सामने सिर उठाकर जीने योग्य। तू उससे माफ़ी माँगकर अपने गुनाह से सुर्खरू हो जाना और वह तुझे माफ़ करके हीनभावना से बाहर आ जायेगा। वह बहुत बढ़िया इन्सान है।"

मैं उन लोगों को बातें करते छोड़ अपने घर लौट आयी। सोचा कि मेरी उपस्थिति में खुलकर बात नहीं कर सकेंगे। शायद प्रीत भी यही चाहती थी। इसीलिए उसने मुझे ठहरने के लिए नहीं कहा।

अगले दिन प्रीत का फ़ोन आया।

"बहन... राज और राज की मम्मी यहीं हैं। अमन भी घर में है। मैंने कल रात राज के डैडी यानी जगदीप से फ़ोन पर माफ़ी माँग ली थी। उसने मुझे माफ़ कर दिया है।"

"मेरे सिर पर से भी बोझ उतर गया है। भला हो राज और उसकी माँ का जिन्होंने मुझे मेरे गुनाह के बोझ से मुक्त करवा दिया। इस धरती पर ऐसे देवता जैसे लोग भी रहते हैं...। मैंने तो कसर नहीं छोड़ी जगदीप के साथ बुरा करने की, पर परमात्मा ने उसको एक नेक, सलीकेदार और सुन्दर दिल वाली औरत का साथ बख़्श दिया।"

"अच्छा बहन, मैंने सोचा, तू चिन्ता कर रही होगी। तुझे बता दूँ।" कहकर उसने फ़ोन रख दिया।

मैंने खड़े होकर उनके सम्मान में ताली बजाई और मन ही मन कहा - सचमुच ही जगदीप, उसकी पत्नी और उनका बेटा राज देवता हैं।

नयी जूती

मैं जैसे ही 'लोकगीत प्रकाशन' की किताबों की दुकान के अन्दर गयी, देखा कि दो लड़कियाँ किताबें ख़रीद रही थीं। उन लड़कियों और दुकानदार की बातचीत से पता लगा कि वे जिस कॉलेज में पंजाबी पढ़ाती थीं, उस कॉलेज की लाइब्रेरी के लिए किताबों की ख़रीददारी कर रही थीं। वे दोनों लड़कियाँ कम्प्यूटर काउंटर पर खड़ी थीं और लगातार एक से बढ़कर एक किताब निकलवा रही थीं। मैं उनके चयन पर हैरान भी हो रही थी और मन ही मन प्रसन्नता भी महसूस कर रही थी। लड़कियाँ बहुत साधारण-सी लगती थीं। साफ़-सुथरे सादे पंजाबी पहनावे से वे साधारण घरों की ही प्रतीत होती थीं, पर उनका किताबों का चयन इस बात की गवाही भर रहा था कि वे अमीर विचारों वाली लड़कियाँ हैं।

मैं दुकान में दीवार के साथ रखे एक बेंच पर जा बैठी। दुकानदार ने मेरी तरफ़ देखा। उसके बोले बग़ैर ही मैं समझ गयी कि वह मुझसे पूछा रहा है कि मुझे क्या चाहिए। मुझे कोई जल्दी नहीं थी। सो, मैंने दुकानदार को इशारे से ही कह दिया कि पहले इन लड़कियों को भुगता लो। वैसे वे लड़कियाँ मुझे बहुत अच्छी लग रही थीं। मोह-सा आ रहा था उन पर। सोचा कि जब ये फुर्सत पा लेंगी तो बात करूँगी। यह बात मुझे विरसे में अपने बापू जी से मिली थी कि राह जाते लोगों के साथ भी मैं खुलकर बात कर लेती हूँ और वे लड़कियाँ तो मुझे बहुत ही अच्छी लग रही थीं। वे अपने काम में व्यस्त हुई पड़ी थीं और मैं किसी भी हालत में उनकी किताबों में लगे ध्यान को भंग नहीं करना चाहती थी।

बात यूँ हुई कि कई दिनों से कार कुछ परेशान कर रही थी। जब भी कार स्टार्ट करते तो वह बूस्टर के बिना स्टार्ट न होती। सोचा कि जिस दिन भी लुधियाने गये, बैटरी डलवा लेंगे। सो, ड्राइवर को कहा कि तुम बैटरी डलवाओ और मैं तब तक इस दुकान में बैठती हूँ। मेरे मन में भी कुछ नयी किताबें देखने और ख़रीदने की इच्छा थी।

दुकानदार लगातार किताबें निकाल-निकालकर दिखा रहा था। अचानक ही उसने मेरी किताब 'चाँद सितारे मेरे भी हैं' काउंटर पर रख दी।

उनमें से एक लड़की ने वह किताब जल्दी से उठा ली और किताब में छपी मेरी तस्वीर दूसरी लड़की को दिखाते हुए कहने लगी, "यह तो बुआ जी की किताब है।"

"कौन-सी बुआ जी?" दूसरी लड़की ने उत्सुकता में पूछा।

मेरे कानों में भी यह आवाज़ पड़ गयी या यूँ कह लो कि मैंने भी कान उठा लिए। वैसे भी यह स्वाभाविक ही होता है कि लेखक की कविता, कहानी या किताब की बात कोई चाहे कितनी धीमी आवाज़ में क्यों न करे, लेखक के कानों में पड़ ही जाती है।

नाम लो बस, वह कान खड़े कर लेगा।

'चाँद सितारे मेरे भी हैं' कुछ दिन पहले ही छपी थी। मुझे इस बात पर तो कोई आश्चर्य नहीं था कि दुकानदार ने मेरी किताब भी निकाली है, क्योंकि लोकगीत ही इस किताब के प्रकाशक थे। हैरानी तो इस बात की थी कि उस लड़की ने कहा था कि 'यह तो बुआ जी की किताब है।'

न चाहते हुए भी मुझसे रहा न गया, "हाँ बेटा, यह मेरी किताब है। यह मेरी तीसरी किताब है।"

उन लड़कियों ने पीछे मुड़कर मेरी तरफ़ देखा। अभी तक उन्हें शायद यह भी नहीं पता था कि मैं पीछे बैठी उन्हीं को देख रही हूँ।

"बुआ जी, आप लिखते हो?" जिस लड़की ने बुआ जी कहा था, उसने मेरी तरफ़ बढ़ते हुए पूछा।

"हाँ," मैंने कहा।

"बुआ जी आपने मुझे पहचाना नहीं?" उसने फिर कहा।

मैं हैरान होने के साथ-साथ ख़ुश भी थी। उसका मुझे बुआ जी कहना बहुत अच्छा लग रहा था।

"नहीं बेटा, देखा-देखा सा लगता है।" मैंने कहा।

"मैं मनमीत हूँ। आपने मुझे बूट और चप्पलें लेकर दी थीं, निहाल सिंह वाले से।" वह मेरे साथ बेंच पर बैठ गयी और उसने मुझे झप्पी डाल ली। मैंने भी अपनी ओर से पूरा प्यार जताया।

मनजीत ने दूसरी लड़की की जान-पहचान करवायी और बताया कि यह मोगे से है। कॉलेज में पढ़ाती है और इसका नाम अमरजीत है।

दूसरी लड़की भी मुझे बड़े अपनत्व के साथ मिली। अब वे दोनों लड़कियाँ मुझे बुआ जी, बुआ जी कह रही थीं। मनजीत को देखकर मुझे महसूस हुआ जैसे कोई बिछुड़ी हुई साँझ दुबारा मिल गयी हो। परन्तु मुझे अभी तक याद नहीं आ रहा था कि ये लड़की कौन है जिसको मैंने बूट और चप्पलें लेकर दी थीं।

उसने मुझे याद करवाने के लहजे में कहा, "बुआ जी, आप बाबा जी तहसीलदार की ही बेटी हो। मेरा गाँव भी राऊके है। भूल गये आप मुझे, निहाल सिंह वाले जूतियों की दुकान पर मिले थे। तब मैं बी.ए. के दूसरे साल में पढ़ती थी।"

"हाँ-हाँ, याद आ गया।" मैंने उसे सिर पर हाथ रखते हुए कहा।

वह सारा दृश्य मेरी आँखों के सामने फ़िल्मी रील की तरह घूम गया।

जनवरी का महीना था। मैं पंजाब गयी हुई थी। छोटी-छोटी कई चीज़ें ख़रीदने मुझे निहाल सिंह वाले की तरफ़ जाना पड़ा। उन चीज़ों में घर पहनने के लिए गरम-नरम से बूट भी शामिल थे।

उस दिन भी कार में कुछ ख़राबी आ गयी थी। शायद एक लाइट ख़राब हो गयी थी। उस दिन भी ड्राइवर लाइट डलवाने गया था और मैं जूतियों की एक छोटी-सी दुकान पर बैठी थी। सोचा, जब तक यह लाइट ठीक करवाकर लायेगा, तब तक मैं अपने लिए जूती देख लूँगी।

आमतौर पर गाँव के साथ लगते क़स्बों के दुकानदार आसपास के गाँवों के लोगों को जानते हैं और मैं भी यह सोचकर दुकान में बैठ गयी कि यह दुकानवाले भी जानते ही हैं और ड्राइवर ख़ुद लाइट ठीक करवा लायेगा, मैं कहाँ उसके साथ-साथ घूमती रहूँगी।

दुकान पर मेरे से पहले एक अधेड़ आयु की औरत और उसके साथ 18-19 साल की लड़की बैठी थी। पहली ही नज़र में कोई समझ सकता था कि वे माँ-बेटी हैं। दोनों की शक्ल-सूरत मिलती-जुलती थी और रंग पक्का था। औरत ने गँधले-से रंग का सूट पहन रखा था और लड़की ने सस्ते-से खद्दर का सूट। उसने अपनी सूती चुन्नी बड़े सलीके से ले रखी थी। हालाँकि रंग पक्का था, पर वह अच्छी लग रही थी। उसके बोलने का अन्दाज़ उसके पढ़े-लिखे होने का सुबूत पेश कर रहा था। कपड़े-लत्तों से वे ग़रीब ही लगती थीं। लड़की ने पैरों में रबर की बहुत ही सस्ती-सी जूती पहन रखी थी जिसका एक पैर फटा हुआ था।

'बेचारी' मैंने अपने मन ही मन कहा।

दुकानदार उनके सामने डिब्बे खोल-खोलकर रख रहा था।

वह एक जूती पैर में डालती, उसको पसन्द आती और क़ीमत पूछकर रख देती और कम क़ीमत की जूती दिखाने के लिए कहती। उसने कई जोड़े देखे, पसन्द किये पर महँगे कहकर रख दिये।

आख़िर दुकानदार ने कह दिया, "इससे कम क़ीमत की जूती मेरे पास नहीं है।"

लड़की की माँ ने जेब में से रूमाल में बँधे मरोड़े हुए और मैले-कुचैले नोट निकाले और उन्हें गिनकर बोली, "मेरे पास तो ये दो सौ पन्द्रह रुपये हैं। अगर इतने में कोई जूती है तो भाई दे दे। तुझे पुण्य लगेगा। लड़की कॉलेज में पढ़ती है। कल पहनने के लिए इसके पास माड़ी-मोटी भी जूती नहीं हैं। लगता नहीं, यह पहन रखी जूती इसका कल का दिन निकाल देगी।"

माँ के इन शब्दों ने मेरा ध्यान एकदम खींच लिया।

मैंने दुकानदार से कहा, "ये दोनों जोड़े पैक करके इनको दे दो और ये एक जोड़ा मुझे दे दो।"

मैं पैसे देने लगी तो माँ ने मेरा हाथ पकड़ लिया और कहने लगी, "बहन जी, रहने दो। दुकानदार को इतना कह दो कि आज उधार कर ले, कइयों से दिहाड़ियों के पैसे लेने हैं, जब मिल गये, तो इनके पैसे दे जाऊँगी।"

अब यह सुनिश्चित हो गया था कि बेचारी दिहाड़ियाँ करके ही पेट पालती हैं।

परन्तु मैंने उसकी बात सुनी-अनसुनी करके दुकानदार को तीन जोड़ियों के पैसे दे दिये।

लड़की ने मेरी तरफ़ देखा। आँसुओं में डबडबायी उसकी आँखें बहुत कुछ कह रही थीं। वह बहुत भावुक हुई बैठी थी। बोलने का यत्न कर रही थी, पर ज्यों ही बोलने लगती तो गला भर आता। उसकी आँखों के समन्दर में धन्यवाद की लहरों की भाषा मैंने पढ़ ली थी।

मैंने लड़की का सिर अपनी छाती से लगा लिया। प्यार से उसकी चुन्नी को ठीक किया और कहा, "कोई बात नहीं बेटी, भावुक न हो। ये जूती उतार दे और नयी पहन ले।"

लड़की की माँ भी भावुक हो गयी और कहने लगी, "रब किसी न किसी बन्दे के रूप में ख़ुद क़रीब होकर मिल जाता है।"

"बेटी, किस क्लास में पढ़ती है?" मैंने जूती का डिब्बा खोलते हुए कहा।

उसने आँखें पोंछीं और कहा, "आंटी जी, मैं साथ वाले गाँव के कॉलेज में बी.ए. के दूसरे साल में हूँ।"

अपनी आदत के अनुसार मैंने एक और सवाल कर दिया, "बहुत अच्छी बात है। सब्जेक्ट्स कौन से लिए हैं?"

उसने मेरी ओर बड़े आदर से देखा और बताया, "आंटी जी, सब्जेक्ट्स तो मैंने आसानवाले ही लिए हैं। पंजाबी, हिस्ट्री और पोलिटिकल साइंस।"

"क्या बनना है बेटी?" मेरा अगला सवाल था।

उसने कोई जवाब न दिया। उसकी ख़ामोशी की भाषा कह रही थी कि ग़रीबों का कैसा भविष्य ! हमें तो हमारी ग़रीबी की आँधी पता नहीं किस तरफ़ उड़ाकर ले जाये।

"ले बता, मैंने तेरा नाम तो पूछा ही नहीं।" मैंने हँसते हुए कहा।

"आंटी जी, मेरा नाम मनजीत है।"

हमें बातें करते देख दुकानदार ने चाय मँगवा ली।

थोड़ी-सी न-नुकरके बाद मनजीत और उसकी माँ ने चाय के गिलास पकड़ लिए। चाय की उन्हें ज़रूरत तो थी, पर उनकी ग़रीबी उन्हें रोक रही थी। यह भी एक बात थी कि इससे पहले किसी भी दुकानदार ने उनके लिए चाय नहीं मँगवायी होगी। दुकानदार भी ग्राहक की जेब देखकर ठण्डा-गरम पूछते हैं।

चाय का घूँट भरते हुए मनजीत की माँ कहने लगी, "बहन जी, तुम बाहर से आये हो?"

"हाँ, मैं कैनेडा से आयी हूँ। बहुत साल हो गये वहाँ गयी को।" मैंने जवाब दिया।

"हमारे गाँव से भी बहुत गये हुए हैं वहाँ। कई घर ख़ाली पड़े हैं। बाहरवाले कबड्डी वालों को बहुत सारे पैसे भेज देते हैं, पर किसी ग़रीब गुरबे की मदद नहीं करते। मजाल है किसी ग़रीब बच्चे की महीने, दो महीने की फ़ीस ही भर दें।" वह यह लम्बा-सा वाक्य एक ही साँस में कह गयी। इतने में ड्राइवर आ गया। ड्राइवर गाँव से ही था।

"चलें बुआ जी?" मेरे पास पड़े जूती वाले डिब्बे को उठाते हुए वह बोला।

"हाँ," मैंने कहा।

दोनों माँ-बेटी हैरान-परेशान मेरी तरफ़ देख रही थीं। उन्हें ड्राइवर लड़के ने पहचान लिया था और आधी से ज़्यादा कहानी समझ गयी थीं कि मैं कौन हूँ।

मनजीत की माँ ड्राइवर से पूछने लगी, "चरने, ये बहन जी अपने ही गाँव से हैं या लामों से?"

"चाची, तुझे नहीं पता। यह बाबा जी तहसीलदार की बेटी है, सबसे बड़ी।"

"मैं भी सोचूँ कि कहीं देखा लगता है। ले, अब यह मुझे बिल्कुल ही बाबा जी जैसी लगती है।" मनजीत की माँ ने अपनत्व जताते हुए कहा।

मनज़ीत ने अपनी माँ की तरफ़ देखा और पूछा, "मम्मी... आंटी जी मेरे क्या लगते हैं?"

"पगली न हो तो, ये तेरे बुआ जी लगते हैं।" मनजीत की माँ ने बड़े गर्व के साथ बताते हुए कहा।

"अब मैं समझ गयी कि आप कौन हो। बहुत बार गयी हूँ मैं आपके घर। तंगी-परेशानी में माँ के पास।" मनजीत कहने लगी।

चरने ने मेरी जूती वाला डिब्बा कार में रखते हुए कहा, "बुआ जी चलें। दिन भी छोटा है। आज का सारा दिन तो कार की लाइटों पर ही लग गया।"

मैं भी कार की ओर हो गयी।

इससे पहले कि हम कार आगे बढ़ाते, मैंने चरने से कहा, "इन्हें भी बिठा ले। कहाँ बस का इन्तज़ार करती रहेंगी और बस का क्या पता, आये न आये।"

चरने ने कार का शीशा नीचे किया और आदत अनुसार ऊँची आवाज़ में बोला, "चाची! आ जाओ। गाँव ही जाना है सीधा।"

और वे दोनों भी आकर कार में बैठ गयीं। लड़की की माँ ने एक बार फिर रब का नाम लेकर हमारा शुक्रिया किया।

कार गाँव के रास्ते पड़ गयी। छोटी-छोटी बातें करते हुए गाँव आ गया। चरने ने मज़हबी सिखों के मोहल्ले के पास गाँव की फिरनी पर कार रोक ली। दोनों माँ-बेटी सतिश्री अकाल कहकर कार से उतरीं और अपने घर की ओर चल दीं।

उस दिन के बाद मनजीत मुझे अब किताबों वाली दुकान पर मिली। वह अपने कॉलेज की लाइब्रेरी के लिए किताबें ख़रीद रही थी। यह वही कॉलेज था जहाँ से उसने बी.ए. किया था।

मनजीत ने बताया कि उसने एम.ए. प्राइवेट कर ली थी। जैसे ही उसने पढ़ाई ख़त्म की तो उसको कॉलेज में लाइब्रेरियन के तौर पर काम मिल गया और अब वह प्रिंसिपल के कहने पर लाइब्रेरी के लिए किताबें ख़रीदने आयी थीं।

उनके साथ जान-पहचान निकलने के बाद, मैंने भी किताबें चुनने में उनकी मदद की और वायदा किया कि मैं अपनी किताबों सहित कुछ अन्य बड़े और अच्छे लेखकों की किताबें लाइब्रेरी के लिए देकर जाऊँगी।

"मनजीत, तुम्हें वापस गाँव जाना है या यहीं रहना है।" मैंने पूछा।

मनजीत हँस दी और कहने लगी, "बुआ जी, हमने यहाँ और कुछ नहीं करना। अगर आपके पास गाड़ी है तो हम आपके साथ ही जा सकती हैं।"

"कार कुछ ख़राब थी। ड्राइवर ठीक करवाकर वापस आने ही वाला है। हम इकट्ठे ही गाँव चले चलते हैं।" मैंने मनजीत को प्यार के साथ कहा।

"ठीक है बुआ जी। हमें तो बड़ी सुविधा हो गयी आपके मिलने से। नहीं तो बस में बड़ी मुश्किल होती।"

हम अभी बात कर ही रही थीं कि ड्राइवर आ गया। किताबों के बण्डल हमने कार में रखे और गाँव की तरफ़ चल दिये। जाते-जाते हमने एक छोटे-से ढाबे पर रुककर रोटी खायी। पता नहीं क्यों, उस दिन मुझे रोटी बहुत ही स्वाद लग रही थी। यूँ लगता था जैसे इन लड़कियों का प्यार दाल में देसी घी का काम कर रहा था।

अमरजीत को हम मोगे उसके घर उतारकर सीधे गाँव की ओर चल दिये।

ज्यों-ज्यों गाँव नज़दीक आ रहा था, त्यों-त्यों मनजीत की बातों का सिलसिला बढ़ रहा था।

एक जगह पर मनजीत ने भरी आँखों से मेरी तरफ़ देखा और कहा, "बुआ जी, यदि आप उस दिन मुझे बूट न लेकर देते तो अगले दिन मैं क्लास में न जा पाती। मेरी पढ़ाई के कारण रोज़ ही घर में क्लेश रहता था। एक दिन जाती तो दूसरे दिन की फ़िक्र सताने लगती। बी.ए. करने के बाद मैं ट्यूशनें पढ़ाने लगी और कुछ मम्मी के छोटे-मोटे काम के साथ मेरा ख़र्चा चल जाता था।"

वह फूट-फूटकर रोने लगी।

"मन ख़राब न कर। बुरा वक़्त निकल चुका है।" मैंने दिलासा देते हुए कहा।

मनजीत को उसके घर पर उतार दिया। किताबें कार में पड़ी रहने दीं। सोचा कि अगले दिन ड्राइवर एक तो मनजीत को कॉलेज छोड़ आयेगा और साथ ही किताबें भी ले जायेगा।

तीन-चार दिन के बाद मनजीत के कॉलेज की प्रिंसिपल का फ़ोन आया। वह कह रही थी, "मैडम... मनजीत ने आपके बारे में मेरे साथ बहुत सारी बातें की हैं। मैं चाहती हूँ कि आप हमारे कॉलेज आकर बच्चों के रू-ब-रू होवो और उनको बाहरी देशों के रहन-सहन और तौर-तरीक़ों से परिचित करवाओ। आपसे कविता भी सुनेंगे।"

जिस दिन मैं मनजीत के कॉलेज में गयी तो मनजीत से अपनी ख़ुशी सँभाले नहीं सँभल रही थी। बूटों वाली कहानी उसने स्टेज पर सुनायी। मैं उसके बोलने के

अन्दाज़ और कॉलेज में हरेक के मुँह से उसकी प्रशंसा सुनकर सोच रही थी कि समय बहुत बलवान है।

आज वह मुझे कभी टूटी जूती पहने दुकान पर बैठी नज़र आती है और कभी आत्मविश्वास से भरे शब्दों के साथ कॉलेज के स्टेज पर बोलती नज़र आती है।

क़ुरबानी

मीतां मुझे चालीस बरस बाद मिली। कैनेडा के शहर सरीं मैं किसी की मौत हो जाने की वजह से गयी थी। मीतां भी मेरी तरह उनके घर अफ़सोस प्रकट करने आयी थी। यह नहीं था कि मैंने कभी उसको याद नहीं किया था। वह मेरी यादों में समाई हुई थी। मैं यह सोचकर बहुत शर्मिन्दा हो जाती हूँ कि क्यों मैं उसको इतने साल नहीं मिली। अपने आप को इस शर्मिन्दगी से बाहर निकालने के लिए मैं इस बात का सहारा लेने का यत्न करती हूँ कि वह भी तो मुझसे मिल सकती थी और कभी-कभी अपने आप को तसल्ली देने के लिए मैं सारी बात कुदरत पर डाल देती हूँ कि कुदरत को हमें इतने लम्बे समय तक एक-दूसरे से दूर रखना ही था।

हम आगे-पीछे ही कैनेडा आयी थीं। मोगा (पंजाब) में हमारे घर भी पास-पास थे। स्कूल से लेकर कॉलेज तक का सफ़र हमने एकसाथ तय किया। बेशक हमारे पास अलग-अलग विषय थे, पर हमारी कोशिश रहती कि हम इकट्ठी ही कॉलेज जायें। बहुत कुछ साझा था हमारे बीच। हँसी-मज़ाक़ के अलावा दुखों-सुखों की भी साँझ थी। उसका ऊँचा-लम्बा क़द, गोरा रंग, सुन्दर तीखे नयन-नक्श और सबसे अधिक उसके घुँघराले बाल उसकी सुन्दरता को चार चाँद लगाते थे। वह छोटी-छोटी बात पर हँसती रहती थी। सहेलियों की महफ़िलों की रौनक मीतां अपने छह भाई-बहनों में सबसे बड़ी थी।

जब मैंने उसको देखा तो वह मेरे गले लगकर सिसकियाँ भरकर रोने लगी। मैं सोच रही थी कि इतने साल बाद मिलने के कारण वह भावुक हो रही है। मेरा मन भी भर आया। हम दोनों ही रो रही थीं। मुझे महसूस हो रहा था मानो मेरे आँसू मेरी मैली रूह को धो रहे हों। मैं उसको इतने लम्बे समय तक न मिलने के कारण अपने आप को लगातार गुनहगार समझ रही थी। यही कारण था कि मैं उसको लगातार सहला रही थी और अपना प्यार दिखा रही थी। ज्यों-ज्यों मैं उसको शान्त करवाती,

वह और भी ज़ोर से सिसकियाँ भरने लगती। आख़िरकार, मैं उसको शान्त करने में सफल हो गयी।

मैंने उसके चेहरे की तरफ़ देखा। वह, वह नहीं थी जिसको मैंने जवानी में देखा था। उसका रंग-रूप कहीं गुम हो गया था। चेहरा झुर्रियों से भरा पड़ा था। शरीर भी भारी और बेढ़ब-सा हो गया लगता था। उसके चेहरे पर हँसी के स्थान पर त्योरियाँ थीं। अब उसके घुँघराले बाल सफ़ेद हो चुके थे। उसने न अपने बाल संवारे हुए थे और न ही चेहरा। अपने आप को निहारती चलने वाली मीतां ने सूट भी खुला-खुला पहन रखा था जैसे माँगकर पहना हो। थोड़ी देर बैठकर, अफ़सोस करके वह चली गयी।

मैंने बाक़ी का दिन बड़ी मुश्किल से बिताया। मुझे समय की रफ़्तार बहुत धीमी प्रतीत होती थी। हर पल घण्टे बराबर हो गया लगता था। मैं अगले दिन मीतां के घर जाना चाहती थी। उसके बीते हर पल के बारे में जानना चाहती थी जिसने उसका यह हाल किया था। रात में भी मैं मीतां के बारे में सोचती रही। बार-बार उसका उदास चेहरा मेरी आँखों के आगे आ जाता।

अगले दिन मीतां तय किये समय के अनुसार मुझे लेने आ गयी। सरी शहर के बहुत ख़ूबसूरत इलाक़े में उसका बहुत ही सुन्दर घर था। क़ीमती सामान और रहन-सहन देख मुझे अचरज भी हुआ। इतना सब कुछ होने पर भी मीतां उदास है! केवल उदास ही नहीं, बल्कि उदासी में सिर से पैर तक डूबी हुई है। बातचीत के दौरान पता लगा कि उसके बेटे ने बढ़िया कारोबार चला रखा है। अच्छी आमदनी है। सुन्दर रहन-सहन है। किसी चीज़ की कोई कमी नहीं। अब मीतां भी रिटायर है। सारा समय घर पर ही रहती है।

मीतां का पति बलवीर अपने कमरे में से निकलकर नीचे आया। उसका कमरा घर की दूसरी मंज़िल पर था। शायद मेरी आवाज़ सुनकर आ गया था। मैंने सरसरी-सी सतिश्री अकाल कही। शायद उसने मुझे पहचाना नहीं था। उसने मुझे देखा भी तो एक अरसे बाद था। मीतां कुछ न बोली। बलवीर के आने का उस पर ज़रा भी असर नहीं हुआ था। मैं कुछ-कुछ तो समझ गयी कि इनका आपस में अबोला चल रहा है। वह चक्कर-सा लगाकर फिर अपने कमरे में चला गया। मैंने पूछ ही लिया कि क्या यह भी अब रिटायर है?

मीतां ने एक लम्बी-गहरी साँस लेकर बताया, "यह काम कब करता था। इसको तो बहुत समय हो गया, काम पर गया ही नहीं। पी लेना और मेरे पर खरी कर लेना। सारी उम्र इसी तरह ही गुज़र गयी।"

जैसे ही उसने कहा, उसकी आँखें फिर से सजल हो उठीं। चाय बन चुकी थी। मीतां की बहू पिंकी बड़े ही प्यार और सलीके के साथ चाय लेकर आयी। उसने भी अपनी सासु माँ की डबडबायी आँखें देख ली थीं। चाय रखते ही वह मीतां की ओर देखकर कहने लगी, "मम्मी, आपको कितनी बार कहा है, अब अपना मन ख़राब न किया करो। देखो, हम आपके बेटी-बेटा आपका कितना ख़याल रखते हैं।"

और फिर वह मेरी तरफ़ देखकर कहने लगी, "आंटी, मम्मी को समझाकर जाना। अब हम इनके साथ किसी क़िस्म की बेइंसाफ़ी नहीं होने देते। ग़ैरी कहा करता है, मैंने मम्मी को बहुत दुखी होते देखा है। अब मुझे अपनी माँ को ख़ुश रखना है।" मीतां की पुत्रवधू पिंकी को विश्वास था कि मीतां ने सब कुछ मुझे बता दिया होगा।

"मम्मी, आपके पास अब आंटी जी हैं, अगर कहो तो मैं भागकर ग्रोसरी ले आऊँ?" इतना कहकर पिंकी चली गयी।

मीतां ने अपनी कहानी शुरू कर दी।

"शिन्दर! मैंने बहुत दुख झेले हैं ज़िन्दगी में। तुझे तो पता है, मेरे पिता का स्वभाव कैसा था। माँ ने बहुत मार खायी उससे। बात-बात पर उसकी हड्डियाँ तोड़ देता। पता ही है तुझे, मैंने किन हालातों में बी.ए. की और फिर बी.एड.। जैसी क़िस्मत माँ की थी, उससे भी बुरी मेरी निकली।" कहते-कहते उसका गला भर आया।

मैंने पानी का गिलास उसके मुँह से लगाया। थोड़ा ठहरकर वह बोली, "पिता को कैनेडा का लालच हो गया। मुझे इस अनपढ़ के साथ बाँध दिया। चलो, अनपढ़ के साथ भी गुज़ारा हो जाता है, अगर बन्दा अच्छा हो। इसने तो विवाह के दसवें दिन ही अपने रंग दिखाने शुरू कर दिये।"

मैं चुपचाप सुनती जा रही थी। पर मेरा मन अन्दर ही अन्दर रो रहा था। मेरे से उसके आँसू झेले नहीं जा रहे थे। मीतां ने अपनी बात जारी रखी।

"मुश्किल से दस दिन हुए थे विवाह को, सवेरे अभी चाय भी नहीं पी थी, मुझे अपने पास बुलाकर अपनी माँ और भाभी के सामने बोले–ऐसा कर, बस पर जा और अपनी पढ़ाई के काग़ज़ ला। हम देखना चाहते हैं कि तू इतना पढ़ी भी है कि नहीं।" मीतां आँसू पोंछती हुई बता रही थी, "मेरी सास गाँव के अड्डे तक मेरे साथ गयी। मैं काग़ज़ उठा लायी। फिर इन्होंने गाँव से दसवीं पास लड़का बुलाया। उसे मेरा बी.ए. और बी.एड. वाला सर्टिफ़िकेट दिखाया।"

"वो बेचारा गर्दन झुकाकर खड़ा हो गया और काग़ज़ देखकर कहने लगा, "काग़ज़ तो सारे सही हैं।"

"उससे पाँचवें दिन यह इधर आ गया। आते वक़्त दिल्ली से ही मेरे लिए एप्लायी कर दिया। यह पता नहीं कैसे इसके मन में दया आ गयी।"

"दो महीनों में मुझे वीज़ा मिल गया। यह कहने लगा कि मैं तेरा किराया नहीं भेजूँगा। मेरा बापू कहे कि मैंने तो पहले ही बहुत लगा दिया शादी पर। अब टिकट क्यों लेकर दूँ? किसी ने किसी तरह मैंने और माँ ने पिता को मिन्नतें करके मना लिया और टिकट मँगवा ली। वैनकूवर एयरपोर्ट पर आकर बैठ गयी। यह तो मुझे लेने ही न आया।"

"वह क्यों?"

"कहता था, यह सोहणी नहीं है, जितनी सुन्दर मैं चाहता था और फिर इसने मेरी माँ की सेवा नहीं की। लोगों के कहने पर पूरे पाँच घण्टों बाद यह मुझे एयरपोर्ट पर लेने आया। घर आकर एक दिन भी सुख नसीब नहीं हुआ। पीकर, पेटभर कर रोज़ मुझे पीटता। गालियों का तो कोई हिसाब ही नहीं। वाहेगुरु-वाहेगुरु करके दिन काटती। मैं काम पर से थकी-हारी आती और मेरे घर में घुसते ही यह शुरू हो जाता। यदि कहीं थोड़ा-बहुत लेट हो जाती तो इल्ज़ाम लगाने लगता। कहता–बता किस यार के पास से आ रही है? एक दिन मैं लेट हो गयी। मेरी बस निकल गयी। घर में घुसी ही थी कि इसने मेरे सिर पर फ्राईपैन दे मारा। ख़ून निकलने लगा। डॉक्टर से झूठ बोला कि मैं गिर गयी हूँ। फिर एक दिन मेरी बाँह तोड़ दी। एक दिन बालों से पकड़कर दरवाज़े तक घसीटकर ले गया और बोला–इसी दरवाज़े पर बैठकर रात काट। मैं दो-तीन घण्टे बैठी रही। आख़िर, पड़ोसी ने देख लिया। वह मुझे घर के अन्दर कर गया। उसके चले जाने पर इसने मुझे फिर पकड़ लिया, बोला–वह तेरा क्या लगता है? उसने तुझे क्यों देखा? ज़रूर तेरा कोई चक्कर है उसके साथ।" मीतां दम साधे सब कह गयी।

उसने पानी का घूँट भरा और फिर कहने लगी, "ये तो मोटी-मोटी करतूतें हैं इसकी। हफ़्ते में ज़्यादा दिन इसी तरह बीतते हैं। कहने का मतलब कि सारी उम्र ही इसी कंजरखाने में गुज़ारी है।"

मैंने मीतां को अपने संग थोड़ा-सा सटा लिया।

"अरे, तू यह सब कुछ कैसे झेलती रही? तू छोड़कर एकतरफ़ हो जाती। क्या लेना था इस दुष्ट से?" मैंने दाँत भींचते हुए कहा।

मीतां ख़ामोश थी। उससे कोई जवाब न मिलता देख, मैंने फिर बोलना शुरू

कर दिया, "इस मुल्क में कौन इतनी मारपीट झेलता है। तेरी भी ग़लती है। तूने क्यों यह सब झेला?"

"क्या करती शिन्दर! जी तो मेरा भी यही करता था, पर उधर पिता की चिट्ठियाँ आयी जाती थीं कि हमें उधर बुलाने के लिए एप्लायी कर। उसको जल्दी मची हुई थी कि कब परिवार के ये पाँच जन उधर जायें और उसकी क़बीलदारी का भला हो जाये। मुझे भी मोह मारता था बहन-भाइयों का। सभी अनपढ़ थे। सोचती थी कि यहाँ आ जायेंगे तो कुछ सुखी हो जायेंगे। माँ ने उम्रभर मेरे पिता का अत्याचार सहा था। सोचती थी, माँ के दिन भी सुधर जायेंगे। मिन्नतें-याचनाएँ करके, धड़ी धड़ी भर की गालियाँ सुनकर किसी न किसी तरह मैंने अपने पूरे परिवार के लिए एप्लायी करवा लिया।" मीतां ने आँसू पोंछते हुए कहा।

"चल, एप्लायी तो कर दिया।" मैंने गहरा साँस लेकर कहा।

मीतां मेरे मुँह की ओर देखने लगी और फिर फूट पड़ी, "फिर क्या था, इसकी मारपीट और अधिक बढ़ गयी। बात-बात पर मुझे धमकियाँ देने लगा कि यदि मैंने उफ्फ भी की तो चिट्ठी रद्द करवा दूँगा। बस फिर क्या था, मैंने अपनी राह में और ज़्यादा काँटे बो लिए। मैं रात के साढ़े दस बजे घर लौटती और यह क़रीब तीन बजे पीने लग जाता। जैसा यह कहता, मैं वैसा ही करती रहती। मुझे डर था कि कहीं लगाई हुई अर्ज़ी को कैंसिल न करवा दे। बस, इसी लालच में मैं जूतियाँ खाती रही।"

मीतां ने खिड़की का परदा उठा दिया। कुछ उजाला अन्दर आया और उसने फिर से कहना प्रारम्भ किया, "उन दिनों काम जल्दी ही बन जाया करता था। सारा परिवार इधर आ गया। तीनों लड़कियाँ भी काम पर लग गयीं। बापू भी तगड़ा था। वह और बड़ा बेटा रेलवे में काम करने लगे। छोटा यहीं सरी मिल में जुट गया। उन्होंने महीने बाद ही किराये पर किसी की बेसमेंट में रहना शुरू कर दिया। मुझे ग़ैरी होने वाला था। माँ मेरे पास ही रह गयी। दो महीने के ग़ैरी को घर छोड़कर मैं काम पर जाने लगी। उन दिनों साल भर की मैटरनिटी लीव कहाँ होती थी। दो महीने मैंने मुसीबत भरे काटे। माँ घर का काम कर देती, ग़ैरी को सँभालती और मैं काम पर जाकर चार पैसे ले आती। यह तो अपनी मनमर्ज़ी से काम करता था। घर में पैसा नहीं देता था। एक दिन मेरे मुँह से निकल गया कि अब तो बन्दा बन जा। परमात्मा ने सुन्दर-सा बेटा दिया है। उस वक़्त तो यह कुछ न बोला, पर अगले दिन ही काम से लौटकर घर में घुसी ही थी कि मुझ पर बरस पड़ा। कामवाला बैग मेरे कन्धे पर था। बैग पकड़कर मुझे घसीट लिया। माँ मेरे पास थी। बच्चा हो चुका था, नहीं तो शायद मुझे मार ही देता। चाकू उठाये घूमे। कहता था, तेरी जीभ काटनी है। माँ

ने छुड़ाने की कोशिश की तो उसे भी चोटें लगीं। माँ बहुत चीख़ी-चिल्लायी, बहुत पकड़ा, पर कहाँ? इसके अन्दर तो साँड़ जितना ज़ोर था। माँ के सामने मेरे कपड़े फाड़ दिये। इससे अधिक और क्या होना था। माँ बेचारी बुक्का फाड़कर रोती रही कि कैसी क़िस्मत है बेटी की?"

मैंने मीतां की तरफ़ थोड़ी गम्भीरता के साथ देखा, "री बात सुन, तुझसे पुलिस न बुलायी गयी?" मैंने ग़ुस्से में कहा।

"बस, यूँ ही काट ली। डर-डर के।" मीतां बोली।

कुछ मिनट शान्त रहने के बाद उसने पुनः बोलना शुरू किया, "पहले लालच था कि सभी यहाँ आ जायें। फिर बापू कहे–'जुलूस न निकाल हमारा।' उसने भी तो सारी उम्र यही किया था, माँ के साथ।"

मैंने फिर मीतां की आँखें पोंछीं। कुछ दिलासा दिया। मीतां अपने सारे दुख-दर्द और झेली हुई यातनाओं की पीड़ा मेरे सामने रख देना चाहती थी ताकि मैं उसके दर्द का अन्दाज़ा लगा सकूँ। मैंने कड़ा-सा मन बनाकर कहा, "मीतां! चल, बुरा वक़्त बीत गया। तू अब ख़ुश रहा कर।"

वह मेरी आँखों में आँखें डालकर कहने लगी, "कोशिश तो करती हूँ कि अब ग़ैरी और पिंकी मुझे देख उदास न हों और अब तो अमन और गगन भी मेरी आँखों पर हाथ रखकर देखने लग जाते हैं कि कहीं दादी माँ रोयी तो नहीं?"

अमन और गगन मीतां की पोती और पोते का नाम था।

मैंने सोचा, वह अब चुप हो जायेगी, पर नहीं। उसकी कहानी तो अभी बाक़ी थी। बापू के दो बेटे और बेटियाँ काम करती थीं। बापू सहित पाँच जन कमाने वाले। कुछ ही दिनों में उन्होंने अपना घर ले लिया और किराये की बेसमेंट छोड़कर अपने घर में रहने लगे। आमदनी देख बापू की तो चाल ही बदल गयी। अब वह भी पैसे कमाने के तरीक़े बताने लगा था लोगों को। मुझे तो वे भुला ही बैठे थे कि उनकी कोई एक बेटी और भी है। लेकिन माँ मुझे छोड़कर जाना नहीं चाहती थी। वह मेरे साथ ही रही। मेरे बेटे ग़ैरी को सँभालने का बहाना था। ग़ैरी को तो माँ ने ही पाला है।

"शिन्दर, जिनके बदले मैंने सारी उम्र इस बन्दे की जूतियाँ खायीं, वे बहन-भाई मेरे दुश्मन हो गये। कहने लगे–हमने तेरा क्या ठेका लिया। अपना घर आप सँभाल। माँ तेरी क्या अकेली की है? तू क़ब्ज़ा किये बैठी है। हमारा भी दिल करता है, हमारे घर लौटने तक घर में रोटी पकी हो।" "हूँ...।"

"मैंने तो कहा था माँ को कि वह चली जाये, पर माँ नहीं गयी। उसका दिल नहीं करता था, मुझे अकेली को छोड़कर जाने का। और फिर, माँ भी बापू से दूर

ही रहना चाहती थी। लेकिन माँ ज़्यादा देर रह न पायी। उसको कैंसर हो गया और वह कुछ ही दिनों में परमात्मा को प्यारी हो गयी।" माँ को याद कर मीतां को रुलायी फूट गयी।

मेरा भी रोना निकल गया। मीतां की माँ की सारी ज़िन्दगी मेरी आँखों के आगे फ़िल्म की रील की भाँति घूम गयी। हमारा घर नज़दीक होने के कारण मैंने सब कुछ देखा था।

"शिन्दर तू मन ख़राब न कर। माँ की इतनी ही साँझ थी हमारे साथ।" अब मीतां मुझे दिलासा दे रही थी।

"फिर?" मैंने कहा।

मैं मीतां से आगे की कहानी सुनना चाहती थी। मैं अपने आप को दोषी महसूस कर रही थी कि क्यों मैं मीतां के काम नहीं आयी। दुख के समय क्यों मैंने उसकी ख़बर नहीं ली।

"माँ के जाने के बाद बलबीर बीमार हो गया। शराब ने इसके गुर्दे और लिवर खा लिए थे। ऊपर से हार्ट-अटैक हो गया। बाइपास सर्जरी हुई और साथ ही डॉक्टरों ने सलाह करके इसको दवाई पर लगा दिया जिससे वह ज़्यादा समय सोता ही रहे। अब बच्चे मुझे अकेली को घर नहीं छोड़ते। इसका क्या भरोसा, कब दौरा पड़ जाये और मुझे आ पकड़े।"

"पर अब तो बेचारा मरा पड़ा है।" मैंने थोड़ा-सा मुस्कराकर कहा।

"ले, बेचारा-बिचूरा कोई नहीं ये। मेरा तो इसकी तरफ़ झाँकने को भी दिल नहीं करता। अब भी पिंकी तभी तो चली गयी कि तू यहाँ घर में थी। नहीं तो वह मुझे अकेली छोड़कर न जाती। बच्चे मुझे अकेली को इसके पास नहीं छोड़ते। ग़ैरी जैसा पुत्र तो घर घर में हो। देख ले, इतना सब होने के बावजूद वह अपने पिता की पूरी इज़्ज़त करता है। उसका पूरा ख़याल रखता है। घर आते ही सबसे पहले उसके पास जाता है।" मीतां ने एक लम्बा श्वाँस भरा।

दरवाज़े की घण्टी बजी। मैंने सोचा, पिंकी आ गयी। मीतां ने कहा, "नहीं, कोई और है। पिंकी को तो ग़ैराज में से होकर आना है, कार को ग़ैराज में लगाकर।"

मीतां ने उठकर दरवाज़ा खोला। मीतां की छोटी बहन राणो थी। मुझे देखकर वह हैरान-सी हो गयी। उसने मुझे पहली नज़र में ही पहचान लिया था।

राणो मुझे गर्मजोशी से गले लगकर मिली। मीतां राणो के लिए जूस का गिलास भर लायी। राणो हालाँकि अनपढ़ थी, पर कैनेडा आने के कारण अच्छे पढ़े-लिखे

अमीर लड़के के साथ वह ब्याही गयी थी। इसी प्रकार उसकी दूसरी बहन गुड्डी भी अच्छे घर में ब्याही गयी थी। इन्होंने ज़िन्दगी का वह पक्ष देखा ही नहीं था जो मीतां ने अपने तन पर भोगा था। उनके लिए तो ज़िन्दगी के अर्थ कुछ और ही थे।

राणो बातें करती रही। अपनी और अपने ससुराल वालों की बड़ाई करती रही। बातों-बातों में वह मुझे बता गयी कि उसके ससुराल वाले बहुत अमीर हैं। पच्चीस किल्लों का मालिक है उसका घरवाला। स्वभाव भी बहुत अच्छा है उसका। मेरी ज़रा भी तकलीफ़ नहीं झेल सकता। शिन्दर बहन, मेरी ज़िन्दगी तो बढ़िया है।"

"अच्छा!" मैंने कहा, "सुखी बहन-भाइयों का सुख ही होता है। चलो, मीतां की क़ुरबानी तुम्हारे काम आ गयी।"

अभी यह वाक्य पूरा नहीं हुआ था कि वह बीच में ही बोल उठी, "इसने कौन सा कोई दुनिया से अलहदा काम किया है। यहाँ आकर सभी अपने बहन-भाइयों के काग़ज़ भरते हैं। और अब हम क्या तारे तोड़कर दें इसको। हमें नहीं अच्छा लगता, दिनभर रोनी सूरत बनाये रखना।"

मैं और मीतां एकदम चुप हो गयीं। मेरे लिए यह बहुत ही अनकयासी बात थी। मीतां को तो पता था कि उसे ऐसा ही कहना है।

राणो ने जाने के लिए अपना पर्स उठा लिया और कार्ड रखकर बोली, "हमारी विवाह की वर्षगाँठ है पन्द्रह तारीख़ को। हॉल बुक करवाया है। कार्ड देने आयी थी।"

क़ुरबानी शब्द ने जैसे राणो का अपमान कर दिया हो।

क्या ज़रूरत थी पापड़ बेलने की

कांस्टेबल नवतेज सिद्धू पंजाबी अच्छी तरह बोलता और समझता था, पर लिख-पढ़ नहीं सकता था। इंग्लैंड में जन्मा-पला और यहाँ कैलगरी में आकर पुलिस में भरती हो गया। मैं भी उन दिनों में कैलगरी पुलिस में काम करती थी। मैं प्रशासनिक दफ़्तर में थी और वह एक कांस्टेबल था। क़रीब-क़रीब मेरी और उसकी एक ही शिफ्ट थी। उसकी शिफ्टों की तरह मेरी शिफ्टें भी बदलती रहती थीं।

मेरे साथ साधारणत: वह पंजाबी ही बोलता, ख़ासतौर पर जब अकेला होता। मुझे भी चाव चढ़ जाता था, जब वह मेरे दफ़्तर में कोई काग़ज़-पत्र लेने या किसी अन्य काम से आता। दिन भर अंग्रेज़ी बोल-बोलकर ऊब जाया करती थी और उसके आने पर दो-चार मिनट पंजाबी में बात करके अच्छे बीत जाते। कहने का तात्पर्य यह कि मुझे उसका दफ़्तर में आना अच्छा लगता था। हमारे बीच पंजाबियत का एक रिश्ता था जो बातचीत के माध्यम से रूहों को सुकून बख़्शता था।

वह सदैव जल्दबाज़ी में होता और खड़े-खड़े ही वापस लौट जाता। पर उस दिन वह आकर मेरे सामने वाली कुरसी पर बैठ गया और इधर-उधर देखने लगा। मैं पंजाबी भाईचारे की मर्यादा के अनुसार उसको 'वीर जी' ही बुलाती थी, पर कभी-कभी समय के अनुसार अन्य अफ़सरों के सामने कांस्टेबल सिद्धू भी कहती थी।

मैंने सोचा, आज इसके पास काफ़ी फ़ुरसत है। मैंने कॉफ़ी के लिए पूछा जो मैंने और मेरी साथिन लड़की ने अभी ही बनायी थी। उसने कॉफ़ी का कप भरा और कुरसी को नज़दीक खींचता हुआ बोला, "आज बड़ा ही अजीब-सा केस आया है। मैं बड़ा हैरान-परेशान हूँ। समझ में नहीं आ रहा कि कभी ऐसा भी होता है।"

मैं समझ गयी थी कि वह किस मसले की बात कर रहा है। दफ़्तर में होने के कारण मुझे उसी वक़्त रिपोर्ट का पता लग जाया करता था। पर मैंने चुप रहना ही उचित समझा कि शायद कोई अन्य केस न हो। वह सारा मसला समझाने लगा।

तलाक़ हुआ है। पहली पत्नी भी उसी घर में रहती है। वह ऊपर वाले हिस्से में और दूसरी पत्नी नीचे बेसमेंट में है। स्वयं वह ऊपर वाले हिस्से में रहता है जहाँ उसकी पहली पत्नी है। माँ-बाप भी साथ ही रहते हैं। हाँ, एक बहन और उसका पति भी वहीं उसी घर में रहते हैं। पहली पत्नी...तलाक़...ऊपर... दूसरी बेसमेंट में...। वह किसी गहरी सोच में था, पर ऊपरी तौर पर मुस्करा भी रहा था।

मैं कम्प्यूटर पर हाथ चलाने लगी और कम्प्यूटर का स्क्रीन उसकी तरफ़ घुमा दिया। उसने अपनी कुरसी मेरे और नज़दीक खींच ली ताकि स्क्रीन अच्छी तरह पढ़ सके।

"हाँ, मैं इसी केस की बात कर रहा हूँ।" कांस्टेबल सिद्धू ने मेरी तरफ़ देखते हुए कहा।

"ऐसी बातें आम ही हैं," मैंने कहा।

उसने बड़े अचरज भरे लहजे में मेरी तरफ़ देखा और कहा, "मेरे आज तक के पुलिस करियर में यह पहला ऐसा केस है। मैं हैरान हूँ कि कैसे कोई अपनी पहली तलाक़शुदा पत्नी, नयी पत्नी, बहन-भाई और माँ-बाप के साथ एक ही घर में रह सकता है।"

मैं इस मामले में अधिक दख़ल नहीं देना चाहती थी और न ही यह मेरा अधिकार-क्षेत्र था। मैं अपने पहले कहे शब्दों के बारे में भी पछता रही थी।

इंग्लैंड का जन्मा-पला होने के कारण वह पंजाबियों द्वारा कैनेडा की इमीग्रेशन लेने के लिए इस्तेमाल किये जाते हथकण्डों से अनजान था। दूसरी बात यह भी थी कि बेशक वह पंजाबी अच्छी बोलता था, पर उसका पंजाबी परिवारों में आना-जाना नाममात्र ही था। उसकी पत्नी कैनेडियन गोरी थी। कैनेडा में उसका कोई अन्य रिश्तेदार या बहन-भाई नहीं था। पर हाँ, वह कभी-कभी अपनी गोरी पत्नी और बच्चों सहित हमारे घर आ जाया करता था।

यह कहानी उसकी समझ से बाहर थी, पर मैं सारी कहानी समझी बैठी थी।

हुआ यूँ कि यह परिवार जिसका केस इसके पास था, अपने किसी रिश्तेदार लड़के को पंजाब (भारत) से कैनेडा मँगवाना चाहता था।

दर्शन के मामा के घर काफ़ी ग़रीबी आ चुकी थी। मामी की बीमारी ने घर ख़ाली कर दिया था और क़र्ज़े के बोझ तले उसका मामा कुचला पड़ा था। उसके पास केवल तीन एकड़ ज़मीन थी और परिवार को पालना बड़ा कठिन था। दर्शन की माँ ने दबाव डाला तो दर्शन ने अपनी माँ की ख़ुशी के लिए यह कड़वा घूँट भरने में ज़रा भी न-नुकर नहीं की।

कोई तरीक़ा नहीं मिल रहा था। काफ़ी सोच-विचार के बाद उन्होंने सरल और सस्ता तरीक़ा खोज लिया।

दर्शन ने पहले अपनी पत्नी हरजीत से तलाक़ ले लिया और फिर पंजाब जाकर गाँव से दूर किसी शहर में मनजीत नाम की एक अन्य लड़की से विवाह करवा लिया और उसको कैनेडा बुलवा लिया। उसने मनजीत के मामाओं के साथ करार कर लिया कि मनजीत को उसके मामा के लड़के के साथ विवाह करवाना पड़ेगा। दर्शन के साथ उसका विवाह केवल काग़ज़ों में ही रहेगा।

यह सारा काम हरजीत की सहमति के साथ हुआ था। हरजीत से वायदा किया गया कि जब मनजीत इधर स्थायी होकर अपने माँ-बाप को बुलाने के लिए एप्लायी कर देगी, तो उनके साथ आयी उसकी बहन का विवाह उसके भाई के साथ कर देंगे।

हरजीत के लिए यह बहुत बढ़िया अवसर था। उसने हाँ करने में ज़रा भी देर न की। और फिर, दर्शन के साथ तलाक़ काग़ज़ों में ही तो था। अवसर आने पर वे फिर कोर्ट मैरिज करवा लेंगे। कैनेडा इस बात में अच्छा मुल्क है। उसकी छोटी-सी क़ुरबानी से उसका भाई यहाँ आ जायेगा। घर के सारे रोने-धोने धुल जायेंगे। पूरे परिवार को महसूस होने लगा जैसे सूरज उनके आँगन में हर रोज़ नयी चमकती आशाओं भरी सवेर लेकर आता है। उन्हें अपना आसपास बहुत ही सुन्दर लगने लगा।

मनजीत के माता-पिता ने भी सब शर्तें क़ुबूल कर लीं। उनके अन्दर कहाँ हिम्मत थी अपनी बेटी के लिए कैनेडा, अमेरिका वाला लड़का देखने की। उन्होंने तो बमुश्किल से अपनी बेटी को गाँव के स्कूल से हाई-स्कूल करवाया था। मनजीत के कैनेडा पहुँचने से उनकी दूसरी बेटी का भी राह खुल जाना था। उन्हें मनजीत का यह रिश्ता लॉटरी निकलने की तरह लगता था।

चुपचाप सारा काम कर लिया गया। शिकायत होने के डर से किसी भी रिश्तेदार के कानों में इस बात की भनक न पड़ने दी गयी। वे भलीभाँति जानते थे कि यदि किसी ने भी छोटी-मोटी बात इमीग्रेशन वालों के कान में डाल दी तो सब कुछ धरा-धराया रह जायेगा।

मनजीत कैनेडा पहुँच गयी। उसका बेड घर की बेसमेंट में लगा दिया गया। घर का कोई भी सदस्य मनजीत को कभी भी किसी बात पर ऊँची आवाज़ में न बोलता। दर्शन और हरजीत मनजीत को ख़ुद ही उसके काम पर छोड़ने और लेने जाते। वे नहीं चाहते थे कि मनजीत ट्रेन या बस में लोगों से मिले-जुले। ज़माना बहुत ख़राब है। लोग किसी के बेटी-बेटे को पट्टी पढ़ाने में देर नहीं लगाते। उसको

अकेली को घर से बाहर नहीं जाने दिया जाता। घर का कोई भी सदस्य मनजीत से गुस्से में न बोलता। कोई भी किसी क़िस्म के रूठने या नाराज़ होने का मौक़ा नहीं देना चाहता था।

वे तो हँसी-ख़ुशी के साथ अपना काम निकालना चाहते थे।

समय बीतता गया। मनजीत कैनेडा में स्थायी हो गयी। ज्यों ही उसके पासपोर्ट पर कैनेडा की मोहर लगी, उसके रंग-ढंग बदलने लगे। वह बात-बात पर बहाने बनाकर लड़ने-झगड़ने लगी। छोटी-छोटी बातों पर बहस करने लगती। उसका लोगों के साथ मेलजोल बढ़ गया। वह कभी-कभी अपनी सहेली के साथ शॉपिंग करने जाने की ज़िद्द भी करती। वह भी भारत जाकर किसी अच्छे घर के किसी अच्छे पढ़े-लिखे, सुन्दर-सुशील लड़के के साथ विवाह करवाने के सपने लेने लगी। वह किसी न किसी तरीक़े से इस घर से निकलना चाहती थी। वह जब दर्शन के मामा के लड़के के साथ विवाह करवाने के बारे में सोचती तो उसकी देह काँपने लग जाती।

आज सवेरे से ही मनजीत अपने कपड़े वग़ैरह सँभाल रही थी। सबको सन्देह तो हुआ, पर किसी ने कुछ न कहा। दोपहर के बाद क़रीब दो बजे, मनजीत अपना सूटकेश लेकर ऊपर आ गयी। हरजीत ने पूछा तो उसने दो टूक सुना दिया कि वह अपनी सहेली के साथ रहना चाहती है। कुछ देर तक उसकी सहेली उसको लेने आ रही है।

इस तू तू-मैं मैं में दर्शन भी जाग गया। वह रात को टैक्सी चलाता था और दिन में सोता था। जैसे ही मनजीत ने अपना सूटकेश उठाकर घर के बाहर रखने की कोशिश की तो दर्शन ने उसको बाँह से पकड़कर खींच लिया। दर्शन की बहन ने उसको बालों से पकड़कर खींचा।

मनजीत का सिर दीवार से जा बजा। माथे से ख़ून बहने लगा। दर्शन की बहन ने मनजीत के मुँह पर थप्पड़ों की वर्षा शुरू कर दी। अपनी सुरक्षा के लिए मनजीत से जो कुछ हो सका, उसने किया। वह अपने आपको छुड़ाकर घर के बाहर आ गयी, पर दर्शन तेज़ी से सीढ़ियों से उतरकर नीचे गया और मनजीत को घसीटता हुआ अन्दर खींच लाया।

तब तक मनजीत की सहेली भी अपनी कार लेकर पहुँच गयी थी। उसने मनजीत के माथे से बहता ख़ून देखकर पड़ोसियों के घर से पुलिस को फ़ोन कर दिया। उन दिनों में लोगों के पास आजकल की तरह मोबाइल फ़ोन नहीं हुआ करते थे।

कुछ ही मिनट में पुलिस आ गयी। दर्शन और उसकी बहन दलजीत को हथकड़ी लगाकर पुलिस स्टेशन ले गयी। मनजीत को एम्बुलेंस में अस्पताल पहुँचा दिया गया।

मनजीत ने रोते हुए पुलिस को यह सारी कहानी सुना दी। मनजीत का लम्बा-चौड़ा स्टेटमेंट लेकर वे फिर मेरे पास आ बैठा।

अब कांस्टेबल नवतेज सिद्धू बहुत उदास था। उसको सारी कहानी समझ आ चुकी थी। वह भरी आवाज़ में इतना ही कह सका, "सुरिन्दर, छह-सात पन्नों की पंजाबी में लिखी स्टेटमेंट की अंग्रेज़ी में ट्रांसलेशन कर दो।"

उसने सारे पन्नों की फ़ोटो कॉपी मेरे डैस्क पर रखी और असली सफ़े केस फ़ाइल में रखकर अपनी उदासी समेटता चला गया।

कुछ समय बाद ही मुझे ऊपरी मंज़िल पर बुला लिया गया। दर्शन और उसकी बहन दलजीत को 'जस्टिस ऑफ़ पीस' के सामने पेश करना था और मैंने दुभाषिये के तौर पर काम करना था। जज ने दर्शन और दलजीत को मनजीत के साथ किसी भी तरह का सम्पर्क न रखने और केस की छानबीन में पुलिस को हर तरीक़े से सहयोग देने और कुछ अन्य शर्तों पर छोड़ दिया गया। साथ ही, प्रोवेंशियल कोर्ट में फाइनल पेशी की तारीख़ भी सुना दी।

अब तक मेरी ड्यूटी भी ख़त्म हो गयी थी और मैं घर आने के लिए अपने दफ़्तर के सामने से चलने वाली ट्रेन ले ली। क्या देखती हूँ कि वे दोनों बहन-भाई मेरे वाले डिब्बे में ही चढ़ गये थे घर जाने के लिए। मुझे भी उधर ही जाना था, जिधर उन्हें जाना था।

उनके चेहरे पर छायी घोर उदासी और भरे नयन गहरे विलाप में डूबे होने का संकेत दे रहे थे। मुझे देखकर वे मेरे साथ वाली ख़ाली सीट पर आ बैठे। उस समय ट्रेन की बहुत सारी सीटें ख़ाली पड़ी थीं।

लड़की ने मुझे बड़ी ही विश्वासभरी नज़रों से देखा और कहने लगी, "बहन जी, क्या आपको पता है, वह कहाँ है?"

"वह" का भाव मैं समझ गयी थी। मैं जानते हुए भी उन्हें बता न सकी। मेरी नौकरी का सवाल था और इस पुलिस विभाग में ज्वाइन करते समय बाइबल पर हाथ रखकर खायी कसम का भी मुझे अहसास था।

"जी नहीं।" मैंने कहा।

मेरा जवाब सुनकर वे और अधिक उदास हो गये।

“अब वह कहाँ मिलने वाली है हमें।” दर्शन अपने आँसुओं को अपने अन्दर समेटता हुआ बोला।

“हाँ, तुम मिलने की कोशिश भी न करना। तुम दोनों को इस शर्त पर छोड़ा गया है कि तुम किसी भी तरीक़े से उससे मिलने या बात करने की कोशिश नहीं करोगे। नहीं तो तुम मुश्किल में आ जाओगे।” मैंने समझाने के ढंग से कहा।

दोनों बहन-भाई एक-दूसरे की ओर देख रहे थे। उनकी नज़रें कह रही थीं कि हम तो सब तरफ़ से मारे गये।

और मैं सोच रही थी, यदि हमें अपने देश में ही रोज़गार मिले, हालात ठीक हों तो क्या ज़रूरत है ऐसे पापड़ बेलने की?

तीन पीढ़ियाँ

आषाढ़ का महीना। अत्यन्त गरमी। तारों भरी रात। ज्ञान कौर ने आसमान की ओर देखा। अभी तो रात पूरी पड़ी है। ख़त्म होने पर नहीं आती। उसने अपनी चुन्नी के पल्लू से पसीने से तर हुआ मुँह पोंछा। फिर सुखविन्दर की चारपाई की ओर झाँका। सुखविन्दर भी जाग रहा था, पर उसने अपनी माँ को देख आँखें मूँद लीं। सोचा, माँ पहले ही बेचैन है। उसको जागता देख और अधिक बेचैन होगी। ज्ञान कौर ने कूलर को खींचकर सुखविन्दर की चारपाई की ओर कर दिया। उसने मन ही मन सोचा, 'मेरा क्या है, बच्चा थका-टूटा पड़ा है। पता नहीं कितने दिन हो गये होंगे जागते हुए। वह ठीकठाक आ गया, यही बहुत है। जिसने पेट दिया है, वही रोटी भी देगा।'

राणो ने करवट बदली। ज्ञान कौर को पता था कि राणो को भी नींद नहीं आ रही।

'कितने दिनों से सुखविन्दर का फ़िक्र करती है। दिनों में ही सूखकर तिनका हो गयी। पिता साथ ही जुड़ गया। बहन-भाई एक-दूसरे के साँसों में जीते हैं। वाहेगुरु आप सब निबटेगा।' ज्ञान कौर ने वाहेगुरु कहा और पानी के दो घूँट भरकर दुबारा अपने बिस्तर पर लेट गयी।

वह एकटक तारों की तरफ़ ही देख रही थी। वह तारों के साथ मन ही मन बातें करने लगी। उसको लगा जैसे तारे उसकी सारी पीड़ा चूस लेंगे। उसने अपना आप तारों के आगे खोल कर रख दिया।

सन् चौरासी के अतिवाद के दिनों में मैं पन्द्रह साल की थी। दरबार साहब अमृतसर पर भारतीय फ़ौज हमला कर चुकी थी। बहुत बुरे दिन थे। इतने बुरे कि लोग दिन छिपने से पहले ही दरवाज़े बन्द कर लेते। अपने-अपने घरों में जागते-जागते घुन की भाँति सो जाते थे। मेरे बापू ने मुझे स्कूल में भेजना बन्द कर दिया। मैंने दसवीं भी पूरी नहीं की। पढ़ना चाहती थी, पर बापू के सामने वश नहीं चलता

था। वह भी अपनी जगह पर सच्चा था। राह चलते जवान बेटी के साथ कहीं कुछ बुरा घट गया तो किसको मुँह दिखाता। बापू तो मेरे भाई मक्खण को भी घर से बाहर न निकलने देता। बहुत ज़रूरत पड़ने पर ही घर से बाहर जाता। मैं तो फिर भी औरतज़ात थी।

हमारा घर खेत में था। गाँव से ज़्यादा दूरी नहीं थी। गाँव के घरों से थोड़ा हटकर था। गुरु घर नज़दीक होने के कारण सवेरे-शाम बाबा की आवाज़ सुनाई देती रहती थी। रात-बिरात ज़रा-सा खड़का होता तो सभी चुप हो जाते। वैसे बोलता भी कौन था, इन दिनों में। यदि किसी का कुत्ता भौंक उठता तो जान हाथों में आ जाती। उन दिनों में हम भी अपने टोनी को अन्दरवाले कमरे में बाँध कर रखते थे। वह भी हमारे साथ ही इन बुरे दिनों का शाप झेल रहा था।

मेरा बापू, माँ और भाई मक्खण, तीनों अमृतधारी थे। मुझे भाई के सफ़ेद कुरते-पायजामे के साथ बाहर की तरफ़ नीले रंग का पहना गातरा बहुत अच्छा लगता था। भाई था भी छह फ़ुटा जवान। भाई की दाढ़ी अभी फूट ही रही थी। उसका बड़ा-सा जूड़ा तो कुछ अधिक ही सुन्दर था। भाई जब लकड़ी के कंघे के साथ बाल बहाता तो मैं टकटकी लगाकर देखती। आगे की ओर फेंके बाल ज़मीन को छूते। मैं दौड़कर जाती कि कहीं भाई के बाल मैले न हो जायें। मैं भाग-भागकर भाई का काम करती। कभी उसके नहाने के लिए पानी की बाल्टी भरती, कभी बहुत सारा मक्खण उसकी दाल में डाल कर रोटी उसके सामने ला रखती। कई बार भाई की ओर देखकर अपने आप से कहती, "यूँ ही न ज्ञान कौर लड़के के बालों की तरफ़ देखा कर। नज़र न लगा देना कहीं।"

मैंने एक बार अपनी माँ से कह दिया, "बेबे, वीरा कितना सोहणा लगता है।"

माँ ने मुझे झिड़कते हुए कहा था, "री बस कर। यूँ ही न बोला कर। कहीं नज़र न लगा देना।"

और उसी दिन भाई को हल्का-सा बुख़ार हो गया था। माँ ने मेरे पैरों की मिट्टी उठाकर चूल्हे में डाली थी। भाई बहुत हँसा था, माँ की इस हरकत पर। उस रात भाई ने माँ की यह बात बापू को भी बतायी। बापू हँसकर कहने लगा, "मक्खण बेटा, तेरी बेबे तो कमली है। एक तो अमृत छके फिरती है, और साथ ही ऐसे विचार रखती है।"

भाई मुझसे क़रीब दो साल बड़ा था।

क़रीब दस किल्ले थे घर के। किसी का कुछ देना नहीं था। बापू बहुत मेहनती था। खेत में घर होने के कारण माँ भी बापू के साथ बहुत सारा काम करवा देती।

जब मोटर चलती होती तो नाली का नाका भी मोड़ देती। भाई कॉलेज से आकर बापू के साथ काम करवाता। दूध-घी की कभी कमी नहीं आयी थी। एक भैंस दूध देना बन्द करती तो दूसरी ब्याई जाती। माँ जहाँ भाई को बड़े मोह के साथ पालती थी, वहीं मेरे साथ भी कोई पक्षपात नहीं करती थी।

हाँ सच, बापू ने मेरी सगाई भी कर दी। इस गाँव में। इस घर में ही मैं ब्याह कर आयी। वाहेगुरु की कृपा के साथ इनका परिवार भी अमृतधारी था। ये भी अच्छे खाते-पीते थे। किसी क़िस्म के नशे का तो सवाल ही पैदा नहीं होता था। दोनों घरों में कभी शराब ने पैर नहीं रखे थे। जिस घर में मेहनत नाचती हो, घर के लोगों में इत्तफ़ाक हो और रोटी के अलावा और किसी चीज़ का अमल न हो, वहाँ बरकत तो होती ही होती है। अपनी माँ का लाड़ला बेटा और मेरा मंगेतर गुरदेव सिंह मेरे भाई की तरह ही सुन्दर-सुशील था। मैंने देखा तो नहीं था, पर कभी-कभार माँ से चोरी उसकी फ़ोटो देख लेती थी। मुझे गुरदेव नाम सुन्दर भी बहुत लगता। गुरदेव सिंह मेरे से चार साल बड़ा था और मेरे भाई से क़रीब दो साल बड़ा। उसकी इकलौती बहन हरदेव ब्याही हुई थी, पर सभी उसको देबो ही कहते थे।

मेरे बापू ने गुरदेव के बापू यानी मेरे होने वाले ससुर साहिब को कह दिया था कि अभी लड़की बच्ची है और शान्ति हो जाने पर हम विवाह धरेंगे। उनके घर हालाँकि रोटी-पानी की दिक़्क़त थी, पर उन्होंने बात मान ली। मेरी होने वाली सास ने रोटी-पानी का काम करवाने के लिए गाँव से ही झीवरों की लड़की को रखा हुआ था। खाते-पीते घर में अक्सर ही रोटी-पानी का काम करवाने की ख़ातिर गाँव में से कोई न कोई लड़की रख ही लिया करते हैं।

ज्ञान कौर को लगा जैसे तारे उसकी बात ध्यान से सुन रहे हैं। वह अपना सारा दर्द इन तारों के आगे ढेरी कर रही थी। ज्ञान कौर ने सिरहाने पड़े पानी के गिलास में से एक बार फिर पानी का घूँट भरा और चुन्नी के पल्लू से फिर पसीना पोंछा और बात आगे बढ़ाने लगी।

बोलने से पहले उसने इतनी बड़ी आह भरी कि तारे भी काँप उठे।

उन्हीं दिनों में अड़ोस-पड़ोस में रोज़ ही बातें होतीं कि फलानी जगह पर फलानां पुलिस मुक़ाबले में मारा गया। यहाँ यह हो गया, वहाँ वो हो गया। बात मारने या मरने की ही होती थी। जन्मने की बात तो कोई करता ही नहीं था। अख़बारें तो जैसे लहू में नहा कर ही आतीं। लहू में नुचड़तीं नुचड़तीं। माँओं के जवान बेटे मरते। झूठे पुलिस मुक़ाबले बनते। पुलिस तो मानो क़साई ही बन गयी हो और लड़के मूली-गाजर। जहाँ चाहे, जब चाहे पुलिस लड़कों को उठाकर ले जाती, ख़ास कर

अमृतधारी लड़कों को। कोई कहता यह धर्मयुद्ध मोर्चा है, कोई कहता यह तो सिर्फ़ लूट-खसोट का मंज़र है। मुझे तो कुछ भी समझ में न आता कि क्या हो रहा है। मेरा मन करता कि मैं अपने बापू और भाई, दोनों को घर से बाहर ही न जाने दूँ।

ज्ञान कौर का गला भर आया। उसने अपने आप को सँभाला। सो रहे सुखविन्दर की ओर देखा। एक और गहरा निःश्वास लिया जो कूलर की ठण्डी हवा में मिल गया। कहानी चलती रही।

एक दिन तो हद ही हो गयी। गाँव के गुरद्वारे के स्पीकर में से ऐलान हुआ कि सारे आदमी और जवान लड़के गाँव की धर्मशाला में इकट्ठे हो जायें। गाँव में सन्नाटा छा गया। उस दिन इतवार था। भाई बैठक में बैठा पढ़ रहा था और बापू बाहर बरामदे में चारपाई पर लेटा था। बापू ने माँ से पूछा कि मक्खण कहाँ है। माँ की तो जैसे जान ही निकल गयी कि अब इसके साथ मक्खण को भी जाना पड़ेगा।

माँ बोली, "सरदार जी, मक्खण तो पढ़ रहा है। तुम इसे रहने दो। मेरी मानो तो अकेले ही चले जाओ।"

बापू ने सिर के ऊपर का परना दुबारा ठीक करके लपेटा और कहा, "कैसे हो आऊँ? अगर पुलिस घर में आ गयी तो और भी बुरा होगा। और फिर इसने कौन-सा कुछ किया है। इसे क्या कहना है पुलिस ने।"

बापू ने मक्खण को आवाज़ दी। आवाज़ तो भाई ने भी सुन ली थी। वह किताब रखने ही वाला था कि बापू ने हाँक मार ली। बापू कह रहा था, "मक्खण शेरा, आकर पढ़ लेना। धर्मशाला में इकट्ठे होने के लिए कहा है। जल्दी लौट आयेंगे।"

भाई ने भी सिर पर अपना डिब्बीदार अँगोछा लपेट लिया। बिना कुछ बोले, पैरों में चप्पल डालकर वह बापू के साथ हो चला।

धर्मशाला में सारा गाँव इकट्ठा हो गया। घरों में औरतें सहमी बैठी थीं। माँओं को भयभीत देख बच्चे भी कोनों में जा छिपे।

गाँव में शोर मच गया कि पुलिस गाँव के दो लड़के उठाकर ले गयी है। धर्मशाला में ही कइयों के साथ मारपीट की। मेरे भाई और भोलू चाचा के लड़के बिन्दर को पुलिस ने बालों से पकड़कर घसीटते हुए जिप्सी में डाल लिया। सारा गाँव सहम उठा। न किसी ने पकाई, न किसी ने खायी। पानी का घूँट हलक से नीचे नहीं उतरता था। गाँव त्राहि-त्राहि करने लगा। गाँव के दो जवान लड़कों का पकड़ा जाना और वह भी बेकसूर लड़कों का। कैसा समय आ गया। लोगों के मुँह के अन्दर शब्द सूख गये। कोई बोले तो क्या बोले।

मेरी तो जान ही निकल गयी। मेरी आँखों के सामने भाई के लम्बे-लम्बे सुन्दर बाल घूमने लगे। मैं चीख़ने-चिल्लाने लगी, "मेरा वीरा...मेरा वीरा।" साथ वाले घर से चाची ने आकर मुझे बाँहों में भर लिया और दिलासा दिया कि आज या कल तक दोनों लड़के छूटकर आ जायेंगे। पर मेरा दिल नहीं ठहरता था।

गाँव में से कुछ आदमी इकट्ठा होकर थाने गये, पर किसी ने न सुनी। माँ बापू से कहे, "जाकर मेरे बेटे को छुड़ाकर ला। बेशक सारी ज़मीन पुलिस के नाम करवा दे, पर मुझे मेरा बेटा चाहिए।"

मेरी ससुराल वालों ने भी बहुत हाथ-पैर मारे। बापू के साथ थाने गये। भाई का कोई अता-पता न चले। कहाँ ले गयी पुलिस?

बापू खेत भी नहीं जाता था। दिन-रात थानों के चक्कर काटता रहता। शाम के वक़्त थक-टूट कर घर लौट आता। फूट-फूटकर रोता। माँ दिनभर आँखें पोंछती रहती। मैं माँ से छुपाकर भाई की फ़ोटो उठाकर भाई से बातें करती रहती। रब के आगे अरदासें करती कि हे रब्बा, मेरे वीरे को गरम हवा भी न लगने देना। मैं ख़ुद रोती, पर बापू और माँ को दिलासा देती। और कर भी क्या सकती थी।

बहुत भटकने के बाद इतना ही पता लगा कि मेरे भाई और भोलू चाचा के लड़के पर आतंकवादी होने, लूटपाट करने और क़त्ल के कई केस डाल दिये गये हैं। हमारा घर खेत में होने के कारण पुलिस ने यह भी इल्ज़ाम लगाया कि तुम्हारे लड़के के पास रात-बिरात आतंकवादी आते हैं। तुम्हारा लड़का उनको वक़्त-बेवक़्त पनाह देता है। इन दोनों लड़कों को एक दिन आतंकवादियों की कार में से निकलते देखा गया है, बिल्कुल तुम्हारे घर के सामने। बापू ने बहुत कहा कि यदि हमारे घर कभी कोई आया होता तो क्या हमें पता न चलता। गाँव के लोगों ने भी बहुत हाथ जोड़े। बहुत याचनाएँ कीं पर कठोर दिलों के आगे कोई पेश न चली।

हुआ यूँ था कि एक दिन भोलू चाचा का लड़का बिन्दर हमारे घर आया। बिन्दर भाई से कोई किताब लेने आया था। वे दोनों बातें करते-+करते हमारे खेत को आती पगडंडी के सामने वाली पुलिया पर जा बैठे। सड़क पर जाती एक कार का टायर फट गया। कार में दो सवार थे। बिन्दर और भाई दोनों दौड़कर उनकी मदद करने चले गये। वे कौन थे, कहाँ से आये थे, उन्हें किधर जाना था, बिन्दर और भाई को कुछ पता नहीं था। वे तो सिर्फ़ यही जानते थे कि मुश्किल के समय बन्दे को बन्दे का साथ देना चाहिए।

लोग बातें करते कि बहुत बुरा हुआ। ये दोनों तो गाँव के शरीफ़ बेटे थे। दोनों की आपस में बनती भी बहुत थी। इकट्ठे कॉलेज जाते और इकट्ठे ही वापस आते।

बिन्दर ने भी मेरे भाई की देखादेखी अमृत छक लिया था। पहले वह कभी-कभार शराब पी लिया करता था। अब तो बिन्दर 'रहित मर्यादा' का पक्का धारणी था।

मैं सोचती, मेरा भाई कैसे लूटपाट कर सकता है। वह तो पाँच-दस रुपये ही बापू से लेकर जाता था कॉलेज जाने के समय।

और फिर एक दिन ख़बर आयी कि मेरा भाई मक्खण और भोलू चाचा का लड़का बिन्दर दोनों ही पुलिस मुक़ाबले में मारे गये। फिर क्या होना था। दोनों की तस्वीर अख़बार में थी। भाई के लम्बे खुले बाल लहू में लथपथ थे। बिखरे हुए बालों को देखकर मेरा कलेजा बाहर आ गया। माँ-बापू मरने वाले हो गये। माँ तो पागल ही हो गयी। दिनभर अबा-तबा बोलती रहती। न खाती, न पीती। जो भी सामने आता, उसको गालियाँ देने लग जाती। इसी पागलपन में उसने कोठे पर से छलाँग लगा दी और इस दुनिया से चली गयी।

मुझे बार-बार भाई के लम्बे-लम्बे बाल याद आते। वह जब घर से गया था, उसने सफ़ेद कुरता-पायजामा और ऊपर से नीले रंग का गातरा पहना हुआ था। डिब्बीदार अँगोछा तो भाई के सिर पर कुछ ज़्यादा ही सजता था। आज तक वही तस्वीर मेरी आँखों के सामने घूमती है।

एक दिन मैंने देखा, माँ और बापू बरामदे में बैठे कानाफूसी कर रहे थे। मैं बापू के मुँह से गुरदेव सिंह का नाम सुनकर काँप गयी।

बापू माँ से कह रहा था, "कल हरनेक सिंह को पकड़कर ले गये हैं। वे गुरदेव के बारे में पूछते हैं कि वह कहाँ है। गुरदेव के मक्खण के साथ क्या सम्बन्ध थे। दोनों को शहर में कई बार एक साथ देखा है।"

मैं समझ गयी कि अब गुरदेव के साथ भी वही होगा जो मेरे भाई के साथ हुआ है। परन्तु मेरे ससुराल वालों ने मेरे बापू के साथ सलाह कर गुरदेव को पहले ही कलकत्ता किसी रिश्तेदार के पास भेज दिया था।

मेरे श्वसुर का आज तक अता-पता नहीं चला। कहते हैं, पुलिस ने उसको भी ख़ूब मारा-पीटा और पीट-पीटकर उसको मार दिया। वे गुरदेव के बारे में पूछते थे कि उसे कहाँ छिपाया है।

मेरी सास ने मुझे बताया कि वह सारा माल-असबाब बेचकर अपने मायके चली गयी। घर बरबाद हो गया। ज़मीन बिक गयी। उसके मायके वालों ने पुलिस के पेट में पूरे चार किल्ले ज़मीन डाली तब कहीं जाकर गुरदेव का पीछा छोड़ा। सारा केस रफ़ा-दफ़ा करवाया। दो-तीन साल बाद गुरदेव कलकत्ता से घर आ गया, पर दिल में डर बना रहा।

गुरदेव की माँ भी अपने मायके से अपने घर लौट आयी। वह भी ज़िन्दा लाश बन चुकी थी। घर बरबाद हो चुका था। जिस औरत को पता न हो कि उसके सिर का साईं जीवित है या मर गया है तो उसकी हालत का उसे ही पता होता है। बाक़ी लोग तो अन्दाज़े ही लगा सकते हैं।

अब घर में गुरदेव और उसकी माँ ही रह गये थे। रिश्तेदारों ने सलाह-मशवरा करके हमारा विवाह कर दिया। गुरदेव ने बची-खुची ज़मीन पर खेतीबाड़ी का काम करना शुरू किया। नये सिरे से पुराने-नये औज़ार ख़रीदे। जैसे-तैसे होकर एक तोकड़ गाय रख ली। कहने का अर्थ हम रूखी-सूखी खाने योग्य हो गये।

बहुत समय नहीं बीता था। दुर्भाग्य जो लगातार हमारा पीछा कर रहा था, फिर हम तक पहुँच गया। हुआ यह कि एक दिन पुलिस की गाड़ी हमारे आँगन में आ खड़ी हुई। मैं और बेबे यानी मेरी सास घर में थीं। पुलिस में से एक ने गुरदेव के बारे में पूछा।

मैं तो पीछे हट गयी, बेबे जी ने काँपती आवाज़ में जवाब दिया, "गुरदेव तो भाई घर में नहीं है। बाहर गया है सौदा लेने। आप बैठो, चाय-पानी पियो।"

वे हमारे घर के कमरों की तरफ़ हो लिए। भूसे वाले कोठे में भी देखा, जहाँ गाय बाँधते हैं, वहाँ भी गये। इकट्ठे करके रखे बिस्तरे भी खँगाले। एक ने दूसरे की ओर इशारा किया। उसने मूँछों को मरोड़ते हुए और नयी रज़ाई की ओर डंडे से इशारा करते हुए पूछा, "कल रात कौन आया था?"

बेबे जी ने काँपती आवाज़ में कहा, "कल हमारी बहू का बापू आया था। दोपहर में आया था अपनी बेटी से मिलने और आज सवेरे चाय पीकर चला गया। यह नया बिस्तर उसके लिए निकाला था।"

पुलिस अफ़सर जिसकी तोंद दो फ़ुट बाहर निकली हुई थी, ने बेबे जी की ओर घूरकर देखा और बोला, "हमें सूचना मिली है कि कल रात तुम्हारे घर किसी आतंकवादी ने रात बितायी थी।"

"ना भाई ना। इसके बापू के अलावा तो चिड़िया नहीं फड़की।" बेबे जी ने रुआँसी आवाज़ में जवाब दिया।

तभी गुरदेव आ गया। उसने साइकिल खड़ी की और बड़े अदब के साथ 'सतिश्री अकाल' बुलायी। चाय-पानी के लिए कहा।

"हमें ख़बर मिली है कि रात कोई पराया आदमी तुम्हारे घर में ठहरा था। बाज नहीं आते तुम अपनी करतूतों से।" एक पुलिस वाला बोला जैसे हम बहुत बड़े अपराधी हों।

देखते-देखते गुरदेव को हथकड़ी लगाकर थाने ले गये। मुझे बार-बार यही ख़याल आता रहा कि कहीं भाई की तरह इसको भी...।

बेबे जी ने गाँव में दुहाई दी। अपने मायके और मेरे बापू को सन्देशा भिजवाया।

जैसे-जैसे पता लगा, सभी रिश्तेदार इकट्ठे हो गये। मेरा बापू पता नहीं कहाँ से चालीस हज़ार पकड़ लाया। मेरी सास के भतीजे की किसी बड़े अफ़सर के साथ जान-पहचान थी। वह उधर को भागा। पूरे पचास हज़ार देकर और कह-कहवाकर अगले दिन गुरदेव को घर ले आये।

गुरदेव जब घर आया, उसका बुरा हाल था। उससे चला नहीं जाता था। उसके बाल नोचे हुए थे। जगह-जगह पर ज़ख़्म थे। पैर सूजे पड़े थे। उसकी हालत देखकर मेरी और बेबे जी की रुलायी फूट गयी।

मेरे बापू ने मेरे सिर पर हाथ रखा, हौसला दिया और गुरदेव के लिए दूध-घी का प्रबन्ध करने के लिए कहा।

धीरे-धीरे गुरदेव चलने-फिरने लगा। हमने उसकी ख़ूब सेवा की। शरीर का तगड़ा होने के कारण जल्दी ही ज़ोर पकड़ गया।

उस समय सुखविन्दर होने वाला था। चौथा-पाँचवाँ महीना था। ज्ञान कौर ने सुखविन्दर की तरफ़ देखा। सुखविन्दर तो बिल्कुल ही मेरे भाई मक्खण जैसा है।

सुखविन्दर के बापू यानी गुरदेव सिंह से काम न होता। पुलिस ने पीट-पीटकर हड्डियाँ खोखली कर दी थीं। कामकाज करने के लिए वह अफ़ीम खाने लगा। उसका अमृत भी भंग हो गया। कभी-कभी पी भी लेता था।

दो साल बाद राणो आ गयी। अब आतंकवाद को भी नकेल लग गयी थी। हम एक बार फिर अपने पैरों पर खड़े हो गये। बेबे जी बीमार रहने लगी। कुछ साल बाद भगवान को प्यारी हो गयी। मेरा बापू भी चल बसा। वह तो पहले ही ज़िन्दा लाश था। मेरी माँ तो पहले ही हमको छोड़कर जा चुकी थी। जब बापू अकेला था तो ज़्यादातर बुआ के पास ही रहता था। बापू और फूफा की आपस में अच्छी बनती थी।

बापू को अकेला देखकर फूफा ने एक दिन कह ही दिया, "गुरदयाल सिंह, हमसे नहीं देखा जाता तुम्हें हाथ जलाते। तू हमारे पास आ जा। हम कौन-सा पराये हैं।"

बापू के जाने के बाद मेरे मायके का घर खँडहर बन गया।

'चल वह जाने, जो आया है, उसने चले जाना है अपनी-अपनी उम्र भोग कर।'

दिन बीतते गये। सुखविन्दर और राणो जवान होने लगे। सुखविन्दर का बापू गुरदेव सिंह अब अधिक नशा करने लगा था। पता नहीं, बुरे-बुरे नशे कहाँ से आ

गये। शुरू-शुरू में तो शराब और अफ़ीम का ही नशा होता था। अब तो काले-पीले और चिट्टे कितने ही नशे चल पड़े थे।

मुझे तो पता ही न चला कब मेरे बच्चों का बाप चिट्टे का आदी हो गया। अगर चिट्टा न मिलता तो नशे वाली गोलियाँ खा लेता। ज्यों-ज्यों दिन बीतते गये, इसकी ललक बढ़ती गयी। खेत का एक किल्ला गिरवी रख दिया, तब जाकर सुखविन्दर और राणो की पढ़ाई आगे चली। बची-खुची ज़मीन ठेके पर देने लगा। ख़ुद से तो काम होता नहीं था।

घर में रोज़ लड़ाई-झगड़ा रहता। मैं पैसे उससे छिपाकर रखने लगी। पैसे भी कहाँ से आने थे। चार किल्लों का कितना ठेका आता। सुखविन्दर की स्कूल की फ़ीस, राणो की पढ़ाई और घर का खाना-पीना। जब भैंस ब्याई होती, मैं बच्चों के मुँह से छीनकर दूध डेयरी पर दे आती। गुज़ारा तो करना था। कभी गोबर इकट्ठा करके पाथियाँ बनाकर बेच देती। यदि कभी सिलायी का काम आ जाता तो वह कर लेती। क्या बताऊँ? कौन-कौन से पापड़ बेले मैंने बच्चों की ज़िन्दगी के वास्ते।

और फिर एक दिन... सुखविन्दर का बापू बिस्तर लायक ही रह गया। हमने तो सुबह ही देखा जब मैं चाय बनाकर उसको देने गयी।

अब रह गयी मैं बच्चों के सिर पर। उधर बच्चों की पढ़ाई का ख़र्चा बढ़ रहा था, इधर मेरी हिम्मत मेरा साथ छोड़ रही थी। राणो को तो मैंने पढ़ाई से हटा लिया था, पर सुखविन्दर को बारहवीं के बाद आयीलैट करवा दी। अच्छे बैंड आ गये। ख़र्चा तो बेशक बहुत हो गया, पर मन को तसल्ली थी कि सुखविन्दर कैनेडा जाकर सारी उम्र के रोने धो देगा। मुझे कह भी देता, "माँ, तू अब फ़िक्र न किया कर। अपने दिन बदलने वाले हैं। मेरा वीज़ा लग लेने दे। पौ बारा कर दूँगा।"

मैं ख़ुश हो जाती। सुखविन्दर को जी भरकर प्यार करती। वह जैसा कहता, मैं किये जाती। एक किल्ला ज़मीन और बेच दी। जितने पैसे माँगता, मैं दे देती। मुझे आस थी कि एक बार इसका वीज़ा लग जाये, घर में फिर से बरकत आ जायेगी।

एजेंट ने सुखविन्दर का कैनेडा का वीज़ा लगवा दिया। छह महीने की फ़ीस और पूरे दस लाख देकर उसे जहाज़ चढ़ाया। पूरे शगुनों के साथ। गुरद्वारे वाले बाबा से अरदास करवाकर।

राणो ने करवट बदली। ज्ञान ने सोचा, राणो जाग गयी है। उसने आवाज़ दी, पर राणो करवट लेकर फिर सो गयी। सुखविन्दर तो हिला भी नहीं था सारी रात। ज्ञान कौर ने प्यार से सुखविन्दर के मुँह पर हाथ फेरा और अपनी कहानी आगे बढ़ायी। उसको लगा मानो आसमान के तारे उसका दुख बाँट रहे हों।

उसको लगता था कि तारों को अपना सारा दुख सुनाकर वह हलकी हो जायेगी। सो, उसने बात जारी रखी।

सुखविन्दर वहाँ जाकर पूरी मेहनत करने लगा। जो पैसे मैंने घर से दिये थे, वे तो कुछ ही दिनों में ख़त्म हो गये थे। अगले छह महीनों की फ़ीस उसने काम करके पूरी कर ली। रोटी-पानी वह गुरद्वारे में खा आता। वह और उसका दोस्त मिलकर बेसमेंट का किराया चुकाते रहते। मुझे मेरी सारी आशाओं पर बौर लगता नज़र आ रहा था। मैं ख़ुश थी कि अब दिन बदलने वाले हैं। सुखविन्दर ने तीन साल पूरे कर लिए थे। उसका चार वर्षीय कोर्स था।

और एक दिन सुखविन्दर का फ़ोन आया। बोला, "बेबे, मुझे कैनेडा इमीग्रेशन वालों ने बीस घण्टों से ज़्यादा काम करते हुए पकड़ लिया है। पता नहीं अब क्या होगा। मैंने वकील किया है। मुझे डर है, कहीं मुझे डिपोर्ट ही न कर दें।"

"बेटा, ये डिपोर्ट क्या होता है?" मैं जानती हुई भी अनजान बन गयी। मुझे उम्मीद थी कि कुछ और होता होगा। मेरा बेटा कैसे डिपोर्ट हो सकता है? ऐसा सोचकर मैंने अपने आप को तसल्ली दी। मैंने अड़ोस-पड़ोस में भी किसी से बात नहीं की। राणो तो गूँगी ही बन गयी। उसकी तो जैसे बोलती ही बन्द हो गयी। मैं तो सोच रही थी कि सुखविन्दर के उधर पक्का होने पर राणो के रिश्ते की बात चलाएँगे।

"माँ, अगर सुखविन्दर वापस आ गया तो क्या करेंगे? हम तो लुट जायेंगे।" राणो मुझे कह बैठी।

मुझे राणो पर ग़ुस्सा क्या आया, मैं तो उसके पीछे ही पड़ गयी।

मेरे मुँह से निकल ही गया, "अपनी जुबान को लगाम देकर रख। सुख की बात कर। वाहिगुरु-वाहिगुरु कर। करमजली कहीं की।"

आढ़तियों से पकड़कर मैंने और पैसे भेज दिये। वकील को देने थे। पर हमारी बुरी क़िस्मत हमारे साथ ही रही। सुखविन्दर केस हार गया। इमीग्रेशन वालों ने उसको वापस भेज दिया। कल सवेरे चार बजे दिल्ली आ गया और बस पकड़कर शाम को घर।

ज्ञान कौर की रुलायी फूट गयी। सुखविन्दर ने उठकर माँ को पकड़ा। पानी पिलाया। माँ को बाँहों में भरकर कहने लगा, "माँ, यह केवल हमारा ही दुखान्त नहीं, यह सारे पंजाब का दुखान्त है। एक पीढ़ी हमारी आतंकवाद ने खा ली, दूसरी नशों ने और तीसरी बाहरी मुल्कों में जाने के रुझान ने।"

ज्ञान कौर ने सुखविन्दर का माथा चूमते हुए कहा, "बेटा, कोई बात नहीं, पैसा ही बरबाद हुआ है, पर तू राजी-ख़ुशी अपने घर लौट आया है। वाहिगुरु का शुक्र है।

यहाँ तो रोज़ अख़बारों में ख़बरें छपती हैं कि फलानीं जगह किश्ती डूब गयी, इतने लड़के मारे गये, फलानीं जगह पकड़े गये। जेलों में बैठे हैं। और तो और, लड़कियाँ भी फँसी बैठी हैं मुस्लिम देशों में।"

सुखविन्दर ने माँ के इर्दगिर्द और अच्छी तरह कसकर बाँहें लपेट लीं।

"सच में बेटा! पंजाब की तीन पीढ़ियाँ खा लीं इन अलामतों ने।" ज्ञान कौर ने आह भरते हुए कहा।

दिन चढ़े जो भी कोई अफ़सोस करने आता, ज्ञान कौर यही कहती।

अफ़सोस करने आयी स्त्रियों में से दयालो बोल उठी, "मैं तो ख़ुद लड़के को कहती हूँ, भाई यहीं काम कर। काम करता कोई भूखा नहीं मरता। गनीमत समझो, लड़का सही सलामत घर आ गया। रब का शुक्र मनाओ।"

माँ

पहली बार वह मुझे टोरंटो में एक समारोह में मेरी सहेली परम के साथ मिली थी। वह मुझे बहुत प्यारी लगी। ईश्वर ने लगता था, उसको कहीं फुर्सत में बिल्कुल अकेले बैठकर बड़ी हसरत से तराशा था। वह हँसती तो और अधिक सुन्दर लगती। उसका ऊँचा-लम्बा क़द, गोरा रंग और तराशे हुए नयन-नक्श। वह बात-बात पर खिली कपास की तरह खिल जाती। मैंने मन ही मन सोचा कि यह लड़की कितनी ख़ुश है। यूँ लगता है जैसे कोई दुख कभी इसके क़रीब से भी नहीं गुज़रा। ख़ुशक़िस्मत लड़की है। मेरे मन में बार-बार यह ख़याल आया कि इस लड़की से हँसना सीखा जाये। पर कैसे? मैं स्वयं ही अपने आप से सवाल करती और ख़ुद ही जवाब बन जाती। परन्तु आज के बाद मैं इस लड़की को कैसे मिलूँगी? कल तो मेरी फ्लाइट है। आख़िर मैं अपने दिल की बातें दिल में लेकर अपने शहर आ गयी।

क़रीब दो महीने ही बीते थे कि अचानक मेरी सहेली परम का फ़ोन आ गया कि मैं कैलगरी अपने रिश्तेदारों से मिलने आ रही हूँ।

कैलगरी पहुँचकर परम ने मुझे फ़ोन किया और मैं तय समय के अनुसार उससे उसके रिश्तेदारों के घर मिलने गयी। वह लड़की जिसको मैं कभी दुबारा मिलने की ख़्वाहिश अपने दिल में पाले बैठी थी, वह वहाँ मौजूद थी। बातचीत में पता लगा कि वह परम के साथ आयी है। वह जब भी परम को बुलाती तो माँ कहकर बुलाती। मुझे पता था कि परम की दो बेटियाँ हैं और दोनों ही कैनेडा में जन्मी-पली हैं। मैंने उन दोनों की तस्वीरें भी देख रखी थीं। मेरे मन में यह जानने की उत्सुकता बढ़ गयी कि यह लड़की परम को माँ क्यों कहती है। जब वह माँ कहती है तो 'माँ' शब्द सारे वातावरण को सुगन्धित कर देता है। अब मुझे उसका नाम भी मालूम हो गया था। उसकी सुन्दरता के साथ बिल्कुल मेल खाता उसका नाम–सीरत।

कुछ समय रिश्तेदारों के घर बैठकर मैं और परम घूमने निकल गयीं। किसी रेस्टोरेंट में दोपहर का खाना खाने का प्रोग्राम बन गया।

रास्ते में मैंने कई बार सीरत को लेकर बात करनी चाही, पर हर बार रुक जाती। परम कोई न कोई दूसरी बात शुरू कर देती। कभी अपने दफ़्तर की बात, कभी परमात्मा को प्यारे हो चुके अपने पति की बात, कभी कोई और कभी कोई। यूँ बातचीत करते-करते हम दस-पन्द्रह मिनट में रेस्टोरेंट पहुँच गयीं।

"परम, यह सीरत तुझे माँ कहती है।" मैंने खाना ऑर्डर करने से पहले ही इस तरीक़े से पूछा कि परम को अन्यथा महसूस न हो।

परम ने विश्वासभरे शब्दों में कहा, "हाँ! मैं सीरत की माँ ही हूँ।"

"बहुत अच्छा लगता है उसके मुँह से ये शब्द। सीरत बहुत ख़ुश रहती है, सुन्दर भी बेहद है।" मैंने एक साथ कई बातें कर दीं।

परम ने एक पल के लिए अपना साँस रोका और कहा, "सीरत, दिल की भी बहुत सुन्दर है। पर बेचारी ने बहुत कुछ बुरा देखा है, इस छोटी-सी उम्र में।"

"अरे! वह तो बहुत ख़ुश लगती है। उसके हँसने-खेलने से तो ऐसा लगता है जैसे कभी कोई दुख उसके क़रीब से गुज़रा ही न हो।" मैंने हैरानी के साथ कहा।

परम ने मेरे सवाल का जवाब देते हुए कहा, "सभी को ऐसा ही लगता है। पर जैसा दिखता है, वैसा नहीं होता।"

"हाँ, यह बात तो है। पर सीरत...।" मेरे से वाक्य पूरा न हुआ।

परम ने गहरा निःश्वास भरा और मेरे चेहरे पर टकटकी लगाकर बोली, "सुरिन्दर, सीरत के साथ बेशक मेरा ख़ून का रिश्ता नहीं है, मैंने बेशक उसको जन्म नहीं दिया, पर वह मेरी बेटी है। वह मेरी बेटी कैसे बनी, यह कहानी बड़ी अजीब और दिल चीरने वाली है।"

"हूँ...।" कहकर मैंने परम के चेहरे की तरफ़ यूँ देखा जिससे परम समझ गयी कि मैं यह सारी कहानी सुनना चाहती हूँ।

परम ने कहना प्रारम्भ किया, "सीरत का अल्हड़ उम्र में ही किसी लड़के के साथ प्यार हो गया। सीरत बहुत समझदार लड़की थी। दोनों का प्यार बहुत सच्चा और पवित्र था। दोनों जन ज़्यादा से ज़्यादा समाज की नज़रों से बचकर रहते। किसी को भनक भी नहीं पड़ी इनके प्यार की। दरअसल वह लड़का जगरावां का था और सीरत गाँव में रहती थी। एक ही कॉलेज में पढ़ते थे। सीरत जब बी.ए. के दूसरे साल में थी, वह एम.ए. फाइनल में पढ़ता था। लड़का होनहार और सुन्दर-सुशील था। राजविन्दर नाम था उसका।

"राजविन्दर एम.ए. करके उसी कॉलेज में पढ़ाने लगा और सीरत ने बी.ए. कर ली। बी.ए. क्या की, साथ ही सीरत के विवाह की तैयारी शुरू हो गयी।"

"सीरत की बुआ ने लड़के के बारे में बताया था। माँ-बाप लड़का देखकर बातचीत करने की सोचने लगे।"

"सीरत ने सोचा, इससे पहले कि बातचीत आगे बढ़े, उसके माता-पिता किसी को हाँ कर दें, उनको बता देना चाहिए कि वह किसी को प्यार करती है। सीरत को इस बात का भी यक़ीन था कि उसके माता-पिता बुआ का कहना नहीं टाल सकते। बुआ तो कब से बिचौलन बनने को फिरती थी। घरवालों ने ही उसे रोक रखा था कि सीरत को बी.ए. तक तो ज़रूर पढ़ाना है, फिर उसके बाद विवाह के बारे में सोचेंगे।"

"ज्यों ही सीरत ने अपनी बुआ को बताया कि वह किसी लड़के से प्यार करती है तो उस पर मुश्किलों का पहाड़ टूट पड़ा। उसका घर से निकलना कठिन हो गया। सीरत का हर समय कोई न कोई पीछा करता रहता। फ़ोन की घण्टी बजती तो सीरत की जान निकल जाती। सीरत का हाथ जब तक फ़ोन तक पहुँचता, घर का कोई न कोई सदस्य फ़ोन उठा लेता।"

"लब्बोलुआब यह कि सीरत क़ैद कर ली गयी थी अपने ही माता-पिता के घर में। बात-बात पर उसका भाई और पिता उसको मारते-पीटते। माँ अनगिनत गालियाँ निकालती। सीरत ने खाना-पीना छोड़ दिया। जितना खाये बग़ैर गुज़ारा नहीं हो सकता था, बस उतना ही खाती-पीती।"

मैं बराबर हुंकारा भर रही थी।

"तो फिर सीरत यहाँ कैसे आ गयी?" मैंने उत्सुकतावश पूछ लिया।

परम की आवाज़ भारी हो गयी। वह भरे गले से बोली, "सीरत का इस मुल्क में आना और आकर मुझसे मिलना, यह एक बड़ी अजीब-सी कहानी है। सीरत के चाचा-चाची टोरंटो में रहते हैं। सीरत के माता-पिता ने सीरत के चाचा के साथ बातचीत करके सीरत को यहाँ भेज दिया, किसी के साथ अदला-बदली करके। सीरत की चाची के भाई ने सीरत के काग़ज़ भर कर काग़ज़ों में विवाह करवा लिया। बदले में सीरत ने चाची के किसी दूर के रिश्तेदार को इधर बुलवाना था। सीरत के माता-पिता सोचते थे कि कैनेडा जाकर भूल-बिसर जायेगी। वे किसी भी स्थिति में मिस्त्रियों के लड़के के साथ सीरत का रिश्ता नहीं करना चाहते थे। उनके जट्टपन को चोट पहुँचती थी।

"सीरत को इधर भेजकर उसके माता-पिता तो जैसे सुर्खुरू हो गये। उन्होंने

चाची को कह दिया कि अब वह पूरी तरह से तेरी है। जैसे चाहे तू इसको बरत। जहाँ चाहे, जैसे चाहे इसको ब्याह। यह तुझको सौंप दी है।"

"फिर...।" परम को पानी का गिलास पकड़ाते हुए मैंने कहा।

"फिर क्या था। जब सीरत यहाँ आ गयी तो चाचा-चाची की क़ैद में रहने लगी। सीरत के क़दम क़दम पर चाची की आँखें पहरेदार बन उसका पीछा करने लगीं। वह किसी को फ़ोन भी नहीं कर सकती थी। काम पर जाती, शिफ्ट पूरी करती और बस पर घर वापस आ जाती। अपने पास पैसे नहीं रख सकती थी। चाची, सीरत की सारी कमाई ले लेती और सीरत को पाँच-सात डॉलर पर्स में रखने के लिए दे देती। बड़ी बात यह थी कि वे पाँच-सात डॉलर ख़र्च करने की भी उसको आज़ादी नहीं थी। उसकी क़िस्मत अच्छी थी कि मैं वहाँ सुपरवाइज़र थी जहाँ सीरत काम करती थी।" परम ने लम्बा नि:श्वास लिया।

कुछेक मिनट ठहरकर वह फिर बोली, "सीरत किसी के साथ न बोलती। न कभी हँसती। फैक्टरी में काम करती और घर चली जाती। पर इसकी आँखें सदैव नम रहतीं। मैं कई बार पूछने का यत्न करती, पर यह टालमटोल कर देती या रो पड़ती। मुझे याद है, एक दिन सीरत बहुत उदास थी। मैंने उससे उसकी उदासी का कारण पूछा तो कहने लगी, मैडम! मेरी आँखों के ज़रिये मेरी क़िस्मत पानी बन बनकर बह रही है।"

मेरी भी आँखें भर आयीं। बेचारी लड़कियों का क्या है हमारे समाज में। पता नहीं यहाँ कितनी ही सीरतों की क़िस्मत पानी बन-बनकर बह गयी और बह रही है—मैंने अपने आप से कहा।

परम ने पानी का घूँट भरा, नैपकिन से आँखें पोंछी और बोली, "एक दिन मौसम बहुत ख़राब था। हवा भी बहुत तेज़। ठण्ड और बरफ़ का क़हर अलग। सीरत के कपड़े भी मामूली से थे। जैकेट का होना, न होना बराबर था। हाथों के दस्ताने नहीं थे और सिर ढँकने के लिए भी उसके पास कुछ नहीं था। मैंने सोचा, इस भीषण मौसम में वह बेचारी घर कैसे जायेगी। बस का भी क्या पता, आये या न आये। इस हालत में बस-स्टैंड पर खड़ा होना कौन-सा आसान था। मैंने सोचा, इसको घर छोड़ आती हूँ। मैंने सीरत को कार में बिठाया और धीरे-धीरे तूफ़ान को चीरती हम सीरत के चाचा-चाची के घर पहुँच गयीं। किसी ने दरवाज़ा न खोला। वे घर में नहीं थे और सीरत के पास घर की चाबी नहीं थी। मैंने सीरत से पूछा कि वह घर की चाबी अपने पास क्यों नहीं रखती तो उसने बताया कि चाची से उसने माँगी थी, चाची का जवाब था कि हम किसी को घर की चाबी नहीं देते। यह उनका

उसूल है। चाचा ने भी चाची की हाँ में हाँ मिला दी। चाचा की घर में बिल्कुल भी नहीं चलती थी। हालाँकि सीरत का चाचा पढ़ा-लिखा था और अच्छी नौकरी पर था, पर घर में उसकी कोई नहीं सुनता था।

"चलो, मैं सीरत को अपने घर ले आयी। मैंने उसके चाचा को फ़ोन करके बता दिया कि वह सीरत की चिन्ता न करें, वह मेरे पास है। मैंने सीरत की भी उनके साथ बात करवायी। सीरत के चाचा ने मेरा धन्यवाद किया। साथ ही मैंने सीरत के माता-पिता का फ़ोन घुमा दिया और सीरत ने अपने माता-पिता को सारी बात बतायी कि वह कैसे चाची के अत्याचार सह रही है। मेरी भी उनके साथ बातचीत हुई। सीरत की माँ बार-बार यही कहती रही कि बहन, अब तू ही इसकी माँ है। इसका ख़याल रखना। मैंने उन्हें भरोसा दिलाया कि मैं हर प्रकार से सीरत का ख़याल रखूँगी। उसी रात ही सीरत ने कैनेडा आने की अपनी सारी कहानी मुझे बतायी और मेरे दिल में सीरत के प्रति हमदर्दी पहले से अधिक बढ़ गयी।

"दूसरे दिन सीरत मेरे साथ ही काम पर चली गयी।

"काम के बाद शाम को जब सीरत घर गयी तो चाची बहुत नाराज़ थी कि वह क्यों किसी के साथ उसके घर गयी। सीरत ने मुझे बताया कि उसने चाची से बहुत कहा कि उसके पास कोई और रास्ता भी तो नहीं था। मैं ठण्ड में कैसे बाहर खड़ी रह सकती थी। बस, बार-बार यही कहती रही, जो तुझे लेकर गयी थी, हमारे लौटने पर वो तुझे घर भी छोड़ सकती थी। उसके चाचा ने बहुत समझाया कि कोई बात नहीं, इस बात को ज़्यादा पहाड़ न बना। ज़िन्दगी में अक्सर ऐसा हो जाता है, और फिर अपनी भी तो ग़लती है कि हमको घर की चाबी देनी चाहिए थी। पर उसके चाचा की कौन सुनता था।

"सीरत की चाची बात-बात पर कहती थी कि यदि यह अच्छी होती तो इसके माँ-बाप इसको यहाँ क्यों भेजते। आप तो वो सुख-आराम से बैठे हैं और मेरे पल्ले डाल दी यह बदकार। जिस दिन से यहाँ आयी है, हमारे घर में कोई न कोई मुसीबत बनी ही रहती है।

"उस दिन सीरत की चाची ने सीरत को बहुत पीटा।" यह बताते-बताते परम की आँखें भर आयीं। सीरत के शरीर पर मार-पीट के निशान थे। उसके चेहरे पर चाची के ज़ालिम हाथों की उँगलियों के निशान थे। मेरे ज़ोर देकर पूछने पर सीरत ने मुझे सब कुछ बता दिया और कमीज़ उठाकर किसी छड़ी जैसी चीज़ से मारने के निशान भी दिखाये।

मैं भी पानी बनी बैठी थी। ज़ोर देकर इतना ही कह सकी, "सीरत ने पुलिस को फ़ोन क्यों नहीं किया?"

"बेचारी डरी और सहमी हुई थी। मैं सीरत की मदद तो करना चाहती थी, पर उसकी निजी ज़िन्दगी में ज़्यादा दख़ल नहीं देना चाहती थी। मैं नहीं चाहती थी कि मेरे कारण उसके दुखों के समन्दर में ज्वार-भाटा आये।"

खाना तो कब का आ चुका था। इसका अहसास तब हुआ जब वेटर लड़के ने अचानक आकर पूछा, "कुछ और चाहिए?"

परम ने खाना शुरू करने के लिए इशारा किया और हम दोनों ने आहिस्ता-आहिस्ता खाना शुरू किया। निवाला अन्दर नहीं उतर रहा था। हम दोनों ही भावुकता में बह रही थीं।

परम ने मेरी तरफ़ देखा और कहा, "तुझे पता है जब अपने माँ-बाप बच्चे का साथ न दें तो बेगाने लोग फ़ायदा उठाते ही हैं।"

मैंने अपने आप पर ज़ोर देकर फिर बात शुरू की, "फिर क्या हुआ सीरत के साथ?"

परम ने पानी का घूँट भरते हुए कहा, "होना क्या था... सीरत के फर्ज़ी विवाह का तलाक़ करवाकर चाची मौक़ा देखकर सीरत को इंडिया ले गयी। अपनी किसी दूर की रिश्तेदारी में से भाई लगते किसी लड़के के साथ विवाह करने के लिए। सालभर के अन्दर वह भी इधर आ गया। तुझे तो मालूम ही है कि उन दिनों में यह सब आसान होता था। जल्दी ही वीज़ा मिल जाता था। इमीग्रेशन विभाग आज की तरह तंग-परेशान नहीं करता था। ज़्यादा पूछताछ नहीं होती थी उन दिनों में। कुछ दिन वह चाचा-चाची के साथ रहे और बाद में किराये पर सस्ते से अपार्टमेंट में मूव हो गये।"

परम ने पानी का घूँट भरा। मुझे लगा जैसे अगली बात करने के लिए उसको बहुत हिम्मत चाहिए थी।

मैंने परम के चेहरे की ओर देखा। उसकी आँखों में पानी था। उसकी आँखों में चमकता आँसू सीरत की ज़िन्दगी की इससे अगली दास्तान को ख़ामोशी के साथ बयान कर रहा था। मैंने भी अपने आप को कुछ बँटोरा, क्योंकि अब मुझे भी सीरत की हँसी के पीछे छिपे रुदन सुनाई देने लगे थे।

परम ने कहना प्रारम्भ किया कि मेजर के आने के साथ सीरत की ज़िन्दगी और भी अधिक नरक बन गयी।

"मेजर कौन?" मैंने हैरानी के साथ पूछा।

"मेजर... चाची का रिश्तेदारी में भाई जिसके साथ सीरत का विवाह हुआ था। शराबी-कबाबी निठल्ला। दिनभर पीकर पड़ा रहता। जब बहुत ज़रूरत पड़ती तो

काम पर जाता। बात-बात पर वह सीरत को मारता-पीटता। सीरत की ज़िन्दगी पहले की अपेक्षा और ज़्यादा बुरी हो गयी। उसको पता होने के बावजूद कि सीरत का पहला विवाह फर्ज़ी था, वह उसको ताने-उलाहने देता। यहाँ तक कह देता कि उसके साथ धोखा हुआ है। यह पहले ही ब्याही हुई थी। दरअसल सीरत की चाची को पता था कि वह इंडिया में नशा करता था। यहाँ उसको वहाँ वाला नशा मिलता नहीं था और वह शराब पीकर गुज़ारा किये जा रहा था। चाची का तो एक ही उद्देश्य था कि इस बिगड़े हुए लड़के को कैनेडा में बुलाना और रिश्तेदारों से शाबाशी लेनी। इस काम के लिए उसने सीरत को फँसा दिया।"

"एक दिन सीरत के साथ काम करती किसी लड़की का सीरत को फ़ोन आया। बस, इतने भर से वह बिगड़ गया। बोला, तेरे कौन-से यार का फ़ोन था। उसने बहुत कहा कि उसकी सहेली का फ़ोन था। वह उसके साथ काम करती है। मेजर ने सीरत को मामूली-सी बात पर इतना मारा-पीटा कि उसके माथे पर अच्छी-ख़ासी चोट लग गयी। लहुलूहान हो गयी वह। सीरत ने उसको धक्का देकर पीछे धकेल दिया। मेजर ने चाकू निकाल लिया। अपनी जान बचाने के लिए वह घर से निकलकर सीढ़ियों में बैठ गयी। पड़ोसी गोरे ने देख लिया। उसने पुलिस को फ़ोन कर दिया। पुलिस सीरत को हस्पताल ले गयी।

"सीरत ने सारा बयान गलत दिया। उसने कहा कि घर के दरवाज़े की सीढ़ियों पर उसका पैर फिसल गया। तब जाकर पीछा छूटा। सीरत ने फिर भी मेजर को बचा लिया।

"सीरत की चाची सीरत को ही दोषी सिद्ध करती रही। कहती–बदचलन है। तभी माँ-बाप ने हमारे गले में मरा साँप डाल दिया। एक दिन तो हद ही हो गयी। अपनी कुछ ज़रूरी चीज़ें ख़रीदने और ग्रोसरी वैग़रह लेने गयी सीरत को लौटने में कुछ विलम्ब हो गया। उसने बहुत सफ़ाई दी कि उसे वॉलमार्ट भी जाना था अपना सामान लेने, मगर मेजर ने उसकी एक न सुनी। और फिर उसके पास कौन-सा कार थी। बस में ही धक्के खाती रही बेचारी। बसों में देरी हो ही जाती है।

"मेजर ने अपनी बहन यानी अपनी चाची को फ़ोन कर दिया कि यह छुट्टी वाला पूरा दिन घर से बाहर रहती है। पता नहीं कहाँ जाती है। सवेर की गयी अब आयी है। लाना क्या था, बस ये दूध की कैनियाँ।

"चाची ने घर पहुँचते ही सीरत को दो थप्पड़ जड़ दिये। मेजर सीरत को घसीटकर दरवाज़े के पास ले आया और धक्का मारकर बाहर निकाल दिया। सीरत

ने पड़ोसियों के घर से मुझे फ़ोन किया और मैं सीरत को अपने घर ले आयी। उसके बाद सीरत उस घर में नहीं गयी।"

परम के आँसू अब अपने आप बह रहे थे। आँखें पोंछने के लिए मैंने अपन पर्स में से पेपर निकालकर दिया। परम कुछेक मिनट के लिए रुक गयी। हमसे ठीक से खाना भी न खाया गया।

परम ने फिर कहना शुरू किया, "मैं अकेली थी घर में। दोनों लड़कियाँ अमेरिका में पढ़ती थीं। उनके साथ मैंने सीरत की बात की। दोनों ने मुझे बहुत हौसला दिया और कहा, "मम्मी, तुम सीरत को कहीं न जाने देना। अपने पास ही रखो। सीरत हमारी बहन है। हम इसको अपनी सगी बहन बनाकर रखेंगी।"

"उनके मुख से ये शब्द सुनकर मुझे तसल्ली हुई। मैं और अधिक तगड़ी हो गयी। मैंने सीरत की खुलकर मदद करनी शुरू कर दी। हम दोनों माँ-बेटी एक साथ काम पर जातीं और इकट्ठी ही घर लौटतीं। सीरत की सेहत में भी फर्क़ पड़ना शुरू हो गया। अब थोड़ा मुस्कराने भी लगी। कुछ ही दिनों में वह मेरे साथ घुलमिल गयी। सीरत की ख़ुशी मेरी ज़िन्दगी का मकसद बन गयी। यह हँसती तो मैं ख़ुश हो जाती। उसने मुझे माँ कहना आरम्भ कर दिया और मैंने अपने दिल में यह ठान लिया था कि यह लड़की मुझे माँ कहती है, मुझे इसको माँ बनकर दिखाना है।"

सालभर बाद सीरत का मेजर से क़ानूनी तलाक़ हो गया।

"और सीरत के माँ-बाप की क्या प्रतिक्रिया थी?" मेरे दिमाग़ में यह सवाल बेचैनी पैदा कर रहा था। सो, मैंने पूछ लिया।

परम कुछ मुस्करायी और कहने लगी, "पंजाबियों को आजकल बेटियों के साथ क्या? उन्हें तो बेटों के भविष्य की चिन्ता होती है। वे तो एक ही बात की रट लगाते रहे कि हमारा उधर एप्लायी कर दे। हमारे साथ लड़का यानी सीरत का भाई भी आ जायेगा। उनका बोझ उतर जायेगा। और हाँ, सीरत की चाची की और सीरत के माँ-बाप की आपस में अनबन हो गयी। होनी भी चाहिए थी। माँ-बाप चाहे जैसे भी हों, पर कोई नहीं चाहता कि उनकी बेटी के साथ कोई ऐसा सलूक करे। अब तो उसके माँ-बाप मेरा धन्यवाद करते नहीं थकते। कहते हैं–तूने हमारी बेटी की ज़िन्दगी बचा ली।"

"चल, समझ तो आयी, बेशक देर से ही आयी।" मैंने कहा।

परम ने खाने वाली प्लेट एक तरफ़ सरकाकर फिर कहना शुरू किया, "एप्लायी करने के लिए इन्कम का होना आवश्यक था। इसलिए मैंने घर सीरत के नाम करवा दिया और साथ में अपनी गारंटी देकर सीरत के माँ-बाप के लिए एप्लायी

करवा दिया। दो साल में उनका काम बन गया। उनको एक बेसमेंट किराये पर ले दी। सीरत अब उनके साथ रहने लगी। परन्तु अधिकतर वह मेरे पास ही होती। मैं सीरत को लेकर सोचती रही कि यदि कोई अच्छा-सा लड़का मिल जाये तो सीरत का विवाह कर दें।"

बैरा बिल लेकर आ गया। हम बिल देकर कार में आ बैठीं।

जैसे ही हम पार्किंग-लॉट से बाहर निकलीं तो परम ने बताना शुरू किया, "एक दिन मैंने सीरत को अपने पास बिठाकर बड़े ही प्यार से पूछा कि तेरा क्या ख़याल है अगर हम इंडिया में राजविन्दर से बात करें। मैंने इधर-उधर से मालूम कर लिया था कि राजविन्दर ने अभी विवाह नहीं करवाया था। उसके दिल में अभी भी सीरत बसी हुई थी। शायद वह सीरत की प्रतीक्षा ही कर रहा था।

"सीरत के मुख पर ख़ुशी की चमक आ गयी। मैं समझ गयी कि सीरत भी राजविन्दर की तरह उसको अपने मन का मीत समझती है। सो, मैंने सीरत के माँ-बाप के साथ बात की। वह न-न करते आख़िर मान गये। वे बार-बार यही कहते रहे कि लड़का मिस्त्रियों का है, और तो कोई बात नहीं है। ख़ैर, वे मान गये। यदि न भी मानते तो भी मैं सीरत के लिए उसकी माँ बनकर उसके साथ खड़ी हो जाती।

"अब और ही मुश्किल थी। सीरत का पहले भी दो बार तलाक़ हो चुका था। यदि इंडिया जाकर विवाह करके राजविन्दर के लिए एप्लायी करते तो बहुत चक्कर पड़ जाता। इसलिए राजविन्दर को वर्क-परमिट पर इधर बुलाया गया और उसके पहुँचते ही उसका सीरत के साथ बहुत सादा-सा विवाह कर दिया। मुझसे जो भी बन पड़ा, मैंने सीरत को दिया। जो घर मैंने सीरत के नाम करवाया था, वह उसके पास ही रहने दिया और मैंने ख़ुद एक छोटा-सा अपार्टमेंट ले लिया। अमेरिका बसती मेरी दोनों लड़कियों ने मुझे साफ़-साफ़ कह दिया कि मम्मी, हमारे पास सब कुछ है। तुम सीरत का ख़याल रखो। हमें किसी भी तरह का कोई एतराज़ नहीं।"

परम ने फिर एक गहरा नि:श्वास लिया। कुछ रुकी और फिर बोली, "मेरे पति की जब फैक्टरी में काम करते हुए मौत हुई थी तो कम्पनी की तरफ़ से जो कुछ मिला था, मैंने किसी न किसी रूप में तीनों लड़कियों में बाँट दिया है। अपनी तीनों लड़कियों के प्रति अपनी सारी ज़िम्मेदारियाँ निभा कर मैं अब अपने आप को सुर्ख़ुरू हुआ महसूस करती हूँ। मेरा चित्त किया कैलगरी आने को कि चलो, कुछ दिन घूम-फिर आते हैं, छुट्टियाँ मना आते हैं। सीरत और राजविन्दर भी मेरे साथ तैयार हो गये।"

तभी, परम के रिश्तेदारों का घर आ गया। मैंने कार घर के ऐन सामने पार्क कर ली। सीरत और राजविन्दर घर के लॉन में खड़े अपनी माँ का इन्तज़ार कर रहे थे।

एक अन्त, एक शुरुआत

सिमर अपने विवाह के बाद बहुत ख़ुश थी और उससे भी अधिक ख़ुश थे उसके ससुराल और मायके वाले। सिमर के मायके वाले ख़ुश थे कि अच्छा घर-बार मिल गया। अच्छी-ख़ासी जायदाद है और परिवार भी कोई ज़्यादा बड़ा नहीं है। दो भाई और एक बहन। बहन बड़ी है और ब्याही हुई है। सबसे बड़ी बात तो यह है कि लड़के वालों ने ही विवाह में सारा ख़र्च किया था। हालाँकि उनका दामाद सुखपाल उनकी बेटी के मुक़ाबले कम पढ़ा-लिखा था, पर यह बात उन्हें ज़रा भी नहीं खटकती थी। सिमर ने अंग्रेज़ी में एम.ए. कर ली थी और सुखपाल बारहवीं करने के पश्चात घर गया था।

सिमर का ससुराल परिवार तो कुछ अधिक ही ख़ुश था क्योंकि सिमर के कैनेडा रहते रिश्तेदार ने सिमर की फ़ाइल लगा रखी थी, कैनेडा की इमीग्रेशन के लिए। सिमर के कैनेडा जाने पर सिमर के पति सुखपाल को तो जाना ही था, बाक़ी समस्त परिवार ने भी तैयारियाँ शुरू कर दी थीं। इसी लालच के कारण ही तो उन्होंने विवाह में दोनों तरफ़ का सारा ख़र्च उठाना ख़ुशी-ख़ुशी स्वीकार कर लिया। पढ़ी-लिखी, सुन्दर-सुशील लड़की और वह भी जिसकी फ़ाइल कैनेडा में लगी हो, उनके लिए तो यह लड़की लॉटरी ही थी।

अड़ोस-पड़ोस और निकट के गाँवों में इस विवाह की बहुत चर्चा थी। चौपाल में बैठे नशेड़ी ने तो एक दिन कह ही दिया, "ओ बिक्कर! देख ले कैसे ज़माने आ गये। लड़के वाले ही सारा ख़र्च करने लगे। सुना है, बारात में जो घूँट-घूँट हमने पी थी, वह भी अपने वाले उस्तादों ने ही दी थी।"

"चल, चुप कर जा। यूँ नहीं किसी की बात किया करते। जैसे उन्हें अच्छा लगा, कर लिया। हमें क्या है। हमें पेटभर मुर्गा और पेटभर दारू मिली है।"

बिक्कर सिंह ने नशेड़ी की बात को बीच में ही टोकते हुए कह दिया।

"मुझे तो क्या है, पर यह कहानी उलटी-सी लगती है। मुझे तो बस इतना ही कहना है भई कि बुरा समय है आजकल। साले रिश्तों के...।" नशेड़ी कुछ खीझकर बोला।

जब भी सुखपाल के घर का कोई सदस्य चौपाल में से होकर गुज़रता तो वहाँ बैठे लोगों में से कोई न कोई ऐसी बात कर ही देता। उधर सिमर के गाँव के लोगों, रिश्तेदारों और सिमर की सहेलियों में भी सिमर का विवाह चर्चा का विषय बन गया था। कोई सिमर के पिता को कोसता कि वह ज़मीन-जायदाद पर ही फिसल गया। लड़की और लड़के में ज़रा भी बराबरी नहीं। लड़की सोलह पढ़ी है और लड़का सिर्फ़ बारह। जिसको सिमर की कैनेडा वाली फ़ाइल की भनक होती, वह 'चल होगा' कहकर बात ख़त्म करता कि लड़की-लड़के ने कौन-सा यहाँ रहना है। कैनेडा ही चले जाना है। वहाँ पढ़ाई-वढ़ाई कोई नहीं पूछता। सभी एक जैसा काम करते हैं।

और यदि सिमर की कोई सहेली सिमर से इस बाबत पूछ लेती तो सिमर का घड़ा-घड़ाया एक ही जवाब होता कि उसने अपने माँ-बाप के हुक्म का पालन किया है। माँ-बाप कभी अपने बेटों-बेटियों का बुरा नहीं सोचते। सुखपाल और उसका सारा परिवार उसके आगे-पीछे घूमता है। वह ख़ुश है और इससे अधिक और क्या चाहिए।

सिमर कुछ दिन के लिए मायके आयी हुई थी। दोपहर के क़रीब दो बजे थे। डाकिये ने साइकिल की घण्टी बजा दी। सिमर की माँ दौड़कर गेट की ओर गयी। वह समझ गयी कि कोई रजिस्ट्री आयी है। माँ ने सिमर को आवाज़ दी। डाकिये के हाथ में बड़ी-सी चिट्ठी देखकर सिमर दौड़ती हुई आयी। उसने अपने साइन किये और ख़ुशी-ख़ुशी माँ-बेटी दोनों चिट्ठी लेकर बरामदे में आ बैठीं। चिट्ठी पढ़ते ही सारी ख़ुशी ग़म में बदल गयी। मौत जैसा माहौल पैदा हो गया। उम्मीदों पर पानी फिर गया। सिमर का केस रिजेक्ट हो गया था। उस दिन किसी के गले से निवाला नीचे न उतरा।

सिमर अपने पति सुखपाल को कैसे बताये? सिमर का पिता सोच रहा था कि वह कौन-सा मुँह लेकर सुखपाल के माता-पिता को बतायेगा। पर बताना तो पड़ेगा ही। सोच-विचार के बाद फ़ैसला हुआ कि जब सिमर अपनी ससुराल जायेगी, तभी ख़ुद ही उन्हें बता देगी।

सिमर अपने गाँव से बस लेकर क़रीब दस बजे अपनी ससुराल पहुँच गयी। उसको अपना आप चोरों की तरह लग रहा था। अपने आप को गुनहगार महसूस कर रही थी वह। मगर अपने आप को समझाती कि इसमें उसका क्या कसूर है।

मैंने तो नहीं कहा था इन्हें विवाह के लिए और न ही मेरे बापू जी ने कोई मिन्नत की थी कि हमारी लड़की का रिश्ता ले लो। उसको सुखपाल पर भी भरोसा था कि वह उसको कितना चाहता है। उस पर इस बात का थोड़ा-बहुत प्रभाव पड़ेगा, पर इतना नहीं जितना घरवाले फ़िक्र करते हैं।

आख़िर उसने अवसर देखकर और हौसला करके सुखपाल को बता ही दिया कि उसका केस रिजेक्ट हो गया है।

ज्यों ही सुखपाल के कानों में ये शब्द पड़े, उसके तन-बदन में आग लग गयी। उसने चीख़-चीख़ कर सारा परिवार इकट्ठा कर लिया। सिमर, अब उसको अपनी दुश्मन लगने लगी। सुखपाल को लगा जैसे सिमर के चेहरे पर बड़े-बड़े फोड़े निकल आये हों। जो कल तक ख़ूबसूरत दिखती थी, आज बेहद बदसूरत लगने लगी। सिमर ने सोचा भी नहीं था कि उसको इतना प्यार करने वाला सुखपाल उससे इतनी नफ़रत करने लगेगा। वह अपने सास-ससुर के लिए एकदम श्राप बन जायेगी। कल तक इस घर की सारी ख़ुशियाँ जो उसके इर्दगिर्द घूमती थीं, आज उसको घूरने लगेंगी। उस दिन सिमर की ख़ुशियाँ सिसकने लगीं और साँसों की भीख माँग रही थीं।

सारे परिवार ने सिमर का जीना दूभर कर दिया। उसकी सास ने यहाँ तक कह दिया कि हमें क्या आरती उतारनी है तेरी सोलह जमातों की। तेरा बाप तो कहता था कि लड़की के नम्बर बहुत हैं और केस झट ही निकल जायेगा।

सिमर ने आम दिनों की तरह ही सभी के लिए रोटी बनायी और सबको खिलायी। वह अपने श्वसुर के लिए रोटी लेकर गयी। उसने बिना उसकी तरफ़ देखे कह दिया, "रख जा। हमें क्या आज रोटियाँ सूझती हैं, खिला दी बहुत तूने।"

सिमर का पूरा शरीर काँप रहा था और उसके काँपते हाथों से दूध का भरा गिलास फिसल गया। यह देख सुखपाल की माँ का पारा सातवें आसमान पर जा चढ़ा। जैसे ही सुखपाल की माँ ने बोलना शुरू किया कि पता नहीं हमारे भाग्य में यह कहाँ धरी हुई थी तो उसी वक़्त सुखपाल ने अपने पैर में पहनी जूती उतारकर सिमर को कूटना शुरू कर दिया। उस घर में कोई भी तो नहीं था जो सुखपाल का हाथ पकड़ता। जहाँ बजी, उसने मारी। सिमर का सारा बदन पीड़ा से कराह उठा। उसके गोरे गुलाबी गुलाब सरीखे चेहरे पर सुखपाल की उँगलियों के निशानों ने इन्सानी फ़ितरत के नक्शे बना दिये।

अगले दिन सवेरे उठते ही सुखपाल ने सिमर से कह दिया, "अपने बाप से कह कि आकर तुझे ले जाये। हमारे साथ जो धोखा उसने करना था, कर लिया, अब और हम झेल नहीं सकेंगे।"

सिमर ने रोते-रोते अपने बापू को फ़ोन किया और वह अपनी बेटी का दुख सुनकर बिना रोटी खाये ही घर से चल दिया। सिमर की गालों पर पड़े नील देख अरजन सिंह का मन चीख़ उठा। उसका मन तो किया कि वह सारे परिवार को घुटनों के नीचे ले ले, पर वह अपनी पीड़ा अपने अन्दर ही पी गया। सिमर के बापू ने सुखपाल के बाप और माँ से बात करनी चाही, पर किसी ने बात करने का मौक़ा नहीं दिया। यही कहते रहे कि हमारे साथ धोखा हुआ है।

सिमर के बापू अरजन सिंह ने हालत को अच्छी तरह भाँप लिया। उसने सिमर को तैयार होने के लिए कहा। सिमर ने सुखपाल के साथ बात करनी चाही, पर वह सिमर के बुलाने पर भी नहीं बोला। सिमर ने अपने कुछ कपड़े लिए और बापू के पास आ बैठी। पाँच-सात मिनट चुप छायी रही। आख़िर, सुखपाल बोला, "अब क्या देख रहे हो? बहुत लहू पी लिया हमारा। बचा-खुचा भी पीना है? भागो यहाँ से।"

अरजन सिंह ने कुछ कहना चाहा। उसने मुँह खोला ही था कि सुखपाल बोल उठा, "अब कुछ न बोल, और कुफ्र न तोल। बहुत देख लिया तेरी बातों में आकर। ले जा अपनी बेटी को। हमें नहीं चाहिए ठग रिश्तेदार।"

"बेटा... बेटा, मेरी बात तो सुन।" अरजन सिंह ने थुथलाते हुए कुछ कहना चाहा, परन्तु सुखपाल ने बीच में ही टोक दिया, "आँखों से दूर हो जाओ... कुछ और न हो जाये मेरे हाथों।"

सिमर के बापू ने काँपते हाथों से कार स्टार्ट की। सिमर डरी-सहमी सी सुखपाल की ओर देखने लगी। सुखपाल उसको बाँह से पकड़कर खींचता हुआ कार के पास ले गया और बोला, "जैसा धोखा तूने हमारे संग किया है, वह हमारी हड्डियों के साथ ही जायेगा। अच्छी बात यह होगी कि तू यहाँ से चलती बन।"

सुखपाल ने कार का दरवाज़ा खोला और सिमर को अन्दर धकेल दिया। सिमर कार में सिमटकर बैठ गयी। एक बार फिर अरजन सिंह का दिल हुआ कि कार से बाहर निकलकर सुखपाल के पिछवाड़ा सेंक दे, पर उसने अपने आप पर नियन्त्रण रखा।

आज उसको पहली बार पता लगा था कि बेटी का दर्द क्या होता है। जिसने कभी किसी से 'ओए' नहीं कहलवायी, आज चुपचाप सब कुछ सह रहा था।

साल से अधिक समय बीत गया था सिमर को अपने पीहर में आयी को। उसने तीन-चार बार सुखपाल को फ़ोन भी किया कि वह घर आना चाहती है। एक बार तो सिमर ने यहाँ तक कह दिया, "इसमें मेरा कोई कसूर नहीं है, मुझे नहीं पता कि तुम्हारी मेरे बापू जी के साथ क्या बात हुई थी। मुझे तो इतना भर मालूम है कि मैंने

माँ-बाप की मरज़ी के आगे एक अच्छी बेटी होने के नाते अपना सिर झुकाया था। मैं तुम्हारी पत्नी हूँ अब। तुम्हारे घर आकर मैंने अपना हर फ़र्ज़ निभाया है। यदि मेरा केस रिजेक्ट हो गया है तो इसमें मेरा कोई कसूर नहीं है। मैं जैसी भी हूँ, मुझे स्वीकार करो। तुम मेरे मालिक हो।"

'मालिक' शब्द सुनकर जैसे सुखपाल को आग लग गयी। कहने लगा, "क्या तुझे पता है कि मालिक क्या होता है, अगर नहीं पता तो सुन–विवाह पर हमने सारा ख़र्चा किया। मैरिज पैलेस से लेकर बारात के खाने-पीने तक का पूरा ख़र्चा। हम तेरे बापू की बात पर बँध गये कि तेरे नम्बर बहुत हैं सोलहवीं में। तुझे तो वे वीज़ा दे ही देंगे। अगर तेरे बापू ने सच बताया होता या ज़रा-सा भी इशारा किया होता कि केस रिजेक्ट भी हो सकता है तो हम कभी भी तुम्हारे जैसे मँगतों से हाथ न जोड़ते।"

सुखपाल के तानों ने सिमर का सीना छलनी-छलनी कर दिया। पर उसने कोई जवाब न दिया। मन ही मन में बहुत दुखी हुई। इन्सानी रिश्तों की मियाद के बारे में सोचकर वह पागल जैसी हो गयी थी।

इसके कुछ दिन बाद ही उनके दरवाज़े पर डाकिया रजिस्ट्री लिए खड़ा था। सिमर का माथा ठनका। उसने काँपते हाथों से डाकिये से लिफ़ाफ़ा पकड़ा। सुखपाल की ओर से भेजा गया तलाक़ देखकर सिमर घबरा गयी। उसके सिर में ऐसी घुमेरी चढ़ी कि गिरते-गिरते मुश्किल से बची। समीप खड़ी उसकी माँ उसको सहारा देकर चारपाई तक ले गयी। भागकर पानी ले आयी और सिमर के मुँह से लगाया। अपनी चुन्नी के पल्लू से हवा करने लगी। क़रीब दो मिनट बाद सिमर ने होश सँभाला। काग़ज़ों को दुबारा पढ़ा। दो-तीन बार वाहेगुरु-वाहेगुरु कहा और उसी वक़्त मन बना लिया कि वह सुखपाल की यह इच्छा ज़रूर पूरी कर देगी।

अब सिमर और सुखपाल में तलाक़ हो चुका था। अब तक सिमर ने अपनी ज़िन्दगी से यह सीख लिया था कि अपनी ज़िन्दगी की वह ख़ुद मालिक है। वह अपने फ़ैसले आप लेने लगी। अपने माँ-बाप की पूरी इज़्ज़त करती, मगर जब कहीं इसको किसी फ़ैसले की ज़रूरत होती तो वह अपने आप से बातें करके, अपने मन की सलाह लेकर, अगला क़दम बड़े हौसले के साथ उठाती।

सिमर की पक्की सहेली, कॉलेज में पढ़ते समय उसकी रूममेट और हर दुख-सुख में उसका साथ देने वाली जस्सी विवाह करवाकर, अपनी बी.ए. की पढ़ाई बीच में ही छोड़कर कैनेडा चली गयी थी। वह अपने पति, बच्चों और सास-ससुर सहित सरी में एक महल जैसे घर में रह रही थी। वह अपने घर में हर प्रकार से ख़ुश थी। उसका पति गुरमेल रीयल एस्टेट का काम करता था। पैसे की उसको कभी

कमी महसूस नहीं हुई थी। जस्सी ने जब अपने माता-पिता और भाई गुरमीत के लिए एप्लायी करना था तो थोड़े समय के लिए ही काम किया। सिर्फ़ इनकम बनाने और अरज़ी भरने की ख़ातिर। कैनेडा आकर ज़्यादा समय वह घर पर ही रही थी। अपने पति गुरमेल और बच्चों की देखभाल करने के साथ-साथ वह अपने सास-ससुर की भी पूरी सेवा करती। घर में कभी भी किसी क़िस्म की ऊँची-नीची बात नहीं हुई थी। जस्सी के माँ-बाप अपने बेटे गुरमीत को कैनेडा छोड़कर जल्दी ही भारत वापस लौट गये थे। दरअसल, वे बेटे को कैनेडा छोड़ने ही आये थे। वे नहीं चाहते थे कि उनके कैनेडा रहने पर पीछे भारत में उनका कारोबार चौपट हो जाये।

एक दिन सिमर को जस्सी का फ़ोन आया कि उसके भाई की पत्नी उसको धोखा देकर चली गयी है। दरअसल, बात यूँ हुई कि जस्सी का भाई पिछले साल भारत आया और एक सुन्दर-सी लड़की बिन्दर के साथ विवाह करवाकर वापस चला गया। कैनेडा पहुँचकर सप्ताहभर बाद उसने बिन्दर के लिए एप्लायी कर दिया। पाँच महीने बाद बिन्दर को कैनेडा का वीज़ा मिल गया। जस्सी के भाई गुरमीत को बेहद चाव चढ़ा था कि अब जल्दी ही वह और बिन्दर अपने घर में आराम से रहेंगे। हालाँकि गुरमीत को जस्सी के घर में कोई तकलीफ़ नहीं थी, पर फिर भी अपना घर तो अपना ही होता है। वह अपनी दुनिया के सपने ले रहा था। वो...बिन्दर और उनका अपना घर।

आख़िर, बिन्दर के आने की तारीख़ तय हो गयी। जस्सी ने चावों के साथ गुरमीत को बिन्दर के लिए आवश्यक सामान की शॉपिंग करवायी।

गुरमीत ने अपनी कड़ी मेहनत की कमाई में एक छोटे-से घर की डाउन पेमेंट लायक पैसे जमा कर लिए थे। पर मोरगेज लेने के लिए उसको अपनी सालाना आमदनी के साथ और बहुत कुछ दिखाना था। इसलिए जस्सी और जस्सी के पति गुरमेल ने सलाह-मशविरा करके गुरमीत को छोटा-सा घर ले दिया जिसकी पूरी डाउन पेमेंट गुरमीत ने दी, मगर मोरगेज की मजबूरी के कारण घर गुरमेल के नाम करवाना पड़ा। रिश्तेदार ही रिश्तेदार के काम आता है। गुरमीत के लिए ऐसा करके कौन-सा बड़ा अहसान किया था। घर की पेमेंट तो गुरमीत ने ही भरनी थी, गुरमेल का तो नाम ही डलवाया गया था मोरगेज लेने की ख़ातिर।

गुरमीत चाहता था कि बिन्दर के आने से पहले वह अपने घर में शिफ्ट कर ले, पर किरायेदारों को महीना पहले नोटिस देना पड़ता था। इसलिए जस्सी और गुरमेल ने गुरमीत को सलाह दी कि वह महीना भर उनके साथ ही रह लें और फिर आराम से शिफ्ट कर लें। और फिर बिन्दर का परिवार में दिल लग जायेगा।

आख़िर, वह दिन आ गया जिस दिन बिन्दर को वैनकूवर एयरपोर्ट पर उतरना था। गुरमीत और जस्सी बहन-भाई दोनों ने बमुश्किल तीन बजाये। तीन बजे बिन्दर की फ्लाइट ने वैनकूवर एयरपोर्ट पर उतरना था।

ज्यों-ज्यों समय नज़दीक आता जाता, त्यों-त्यों जस्सी और गुरमीत के दिलों की धड़कन तेज़ होती जाती। आख़िर तीन बज गये। हीथ्रो लंडन से आने वाले जहाज़ ने वैनकूवर की धरती को छुआ। वे सोच रहे थे कि आधे घण्टे तक बिन्दर बाहर आ जायेगी। पर नहीं। चार बज गये और फिर साढ़े चार। दोनों बहन-भाई की चिन्ता बढ़ गयी। गुरमीत ने एयरपोर्ट पर इधर-उधर पूछना शुरू कर दिया। आख़िर में उसको इमीग्रेशन विभाग से पता चला कि हरबिन्दर नाम की कोई भी औरत इस फ्लाइट पर नहीं आयी।

बेइन्तहा बोझ लेकर बहन-भाई दोनों घर वापस आ गये। सारी रात कभी इसको तो कभी उसको फ़ोन करते रहे। आख़िर दूसरे दिन उनको पता लगा कि बिन्दर तो वैनकूवर आयी ही नहीं। वह तो लन्दन से सीधी ही टोरंटो चली गयी थी अपने प्रेमी के पास। उसने पहले ही अपने प्रेमी के साथ यह स्कीम बना रखी थी कि मैं विवाह करवाकर सीधी तेरे पास आ जाऊँगी। उन दिनों में ऐसी बहुत सारी घटनाएँ हुईं जब लड़कों ने नहीं, बल्कि लड़कियों ने धोखा किया। वह तो अच्छा हुआ, कैनेडा सरकार ने क़ानून में तब्दीली कर दी, नहीं तो पता नहीं और कितने लोगों ने ऐसे धोखे करने थे और कितने परिवार को तंग-परेशान होना था।

सिमर और जस्सी के बीच फ़ोन कॉल्स बढ़ गयीं। दोनों एक-दूसरे के साथ दुख-सुख साझा कर लिया करती थीं। एक दिन जस्सी के मन में आया कि क्यों न वह अपने भाई गुरमीत की सिमर के साथ बातचीत करवा दे। दोनों एक-दूसरे को अच्छी तरह जानते हैं। दोनों की कहानी भी एक जैसी ही है।

और फिर एक दिन जस्सी ने अपने भाई गुरमीत के साथ बात कर ली। गुरमीत का भी बिन्दर से तलाक़ हो गया। ज़्यादा समय इन्तज़ार नहीं करना पड़ा क्योंकि मामला अडल्टरी का था। गुरमीत को अपनी बहन की बात अच्छी लगी। सो, उसने हाँ कर दी और कहा कि यदि सिमर को मंजूर है तो बात आगे चलाते हैं।

सिमर के लिए भी यह अच्छा अवसर था। गुरमीत और सिमर आपस में रोज़ाना ही बातचीत कर लिया करते थे। कुछ ही दिनों में उनकी निकटता बढ़ गयी। इसके पीछे यह भी एक कारण था कि पहले से ही एक-दूसरे को जानते थे और दोनों के एक तरह के हालात थे। दोनों सहेलियों का एक-दूसरे के परिवार में आना-जाना भी तो था। होती-होती बात जीवन भर का साथ देने तक पहुँच गयी। आख़िर गुरमीत ने

सिमर से कह ही दिया कि मैं क़रीब दो महीने तक भारत आऊँगा और कोर्ट मैरिज करके तेरे लिए एप्लायी कर दूँगा। जस्सी जब उन दोनों को फ़ोन पर बातें करते सुनती तो मन ही मन बहुत ख़ुश होती। वह अपने भाई गुरमीत के दर्द के साथ-साथ अपनी प्यारी सहेली सिमर के दर्द को भी पहचानती थी। वह फ़ोन करके कभी सिमर के आगे गुरमीत के गुणगान करती और कभी गुरमीत को सिमर की प्यारी-प्यारी, भोली-भोली बातें बताती। दरअसल, वह दोनों के बीच पुल बनी रहती।

आख़िर वह दिन आ गया जब गुरमीत ने पंजाब की धरती पर पैर रखा। वह अपने माँ-बाप को साथ लेकर सीधे सिमर के घर गया और बड़े सलीके के साथ सिमर का हाथ माँगा। गुरमीत ने स्पष्ट कह दिया कि विवाह पर कम से कम ख़र्च करना है। कोर्ट मैरिज या पाँच बन्दों की उपस्थिति में आनन्द-कारज होगा। दाज-दहेज और बाक़ी सब फिज़ूल रस्मों का बायकॉट।

सिमर के माता-पिता को कोई एतराज़ नहीं था, पर एक शर्त लगाना चाहते थे कि वह उन्हें और उनके बेटे को उधर ज़रूर बुलवायेगा। सिमर ने पहले ही अपने माता-पिता का मुँह बाँध दिया था। उसने साफ़ शब्दों में कह दिया, "पिछली बार भी तुमने मेरा सौदा किया, अपनी मरज़ी की। मुझे पता भी न लगने दिया कि कब तुमने विवाह के ख़र्च की शर्तें रख दीं। मुझे एम.ए. करवाने का यह अर्थ तो नहीं कि तुम हर जगह मेरी बोली लगाते रहो। यह मेरी ज़िन्दगी है, इसका फ़ैसला मुझे ख़ुद करना है। यह विवाह होगा, पर इसमें कोई शर्त नहीं होगी।"

अरजन सिंह सिमर की दहाड़ सुनकर चुप हो गया। बस, इतना ही कह सका, "जैसी तेरी मरज़ी बेटी।"

सिमर और गुरमीत का विवाह हो गया। सब कुछ बहुत सादा था। दोनों जन बहुत ख़ुश थे। दोनों घूमने चले गये। अच्छी-अच्छी जगहें देखीं, जो उन्होंने पहले कभी नहीं देखी थीं। गुरमीत के माँ-बाप तो पहले ही सिमर के बारे में बहुत कुछ जानते थे। उनको पता था कि सिमर बहुत ही नेक और सज्जन स्वभाव की लड़की है। सिमर अपने सास-श्वसुर की सेवा करती, उनके आगे-पीछे घूमती रहती। कुछ ही दिनों में वे बिन्दर को भूल गये और सिमर के साथ घुलमिल गये। कभी-कभी सिमर की सास अपने अड़ोस-पड़ोस को कहती, "बहन, हमें तो ठूठा तोड़कर छन्ना मिल गया।"

गुरमीत महीनाभर भारत में रहकर वापस कैनेडा लौट आया। आते ही उसने सिमर के लिए एप्लायी कर दिया और सिमर अब दिन-रात वीज़ा की प्रतीक्षा कर रही थी।

और फिर एक दिन सिमर का वीज़ा आ गया। सिमर कैनेडा जाने की तैयारियों में जुट गयी। उसने सुन्दर-सुन्दर सूट बनवाये, कुछ अपने लिए और कुछ अपनी सहेली से ननद बनी जस्सी के लिए। वह बहुत ख़ुश थी। उसको लगा जैसे उसका नया जन्म हुआ हो। यह नये जन्म जैसी ही तो बात थी। वह अपने सूटों और अन्य छोटे-मोटे सामान को एक दिन में कई बार देखती। उसके धरती पर पैर नहीं लग रहे थे। ख़ुशियों के साथ दुबारा मेल हो गया था।

और फिर एक दिन सिमर वैनकूवर एयरपोर्ट पर पहुँच गयी। ख़ुशी-ख़ुशी पूरा परिवार उसको एयरपोर्ट पर लेने आया। एयरपोर्ट से बाहर निकलते ही सिमर ने एक लम्बा श्वास भरा। एक पल के लिए उसकी सारी दर्द कहानी उसकी आँखों के आगे घूम गयी, पर उसने उसी पल अपने आप को सँभाल लिया और वैनकूवर की रंगीनियों में गुम हो गयी। उसको सब कुछ बहुत सुन्दर लग रहा था। वह बार-बार अपने साथ बैठी जस्सी का हाथ पकड़कर चूम रही थी। बात यह थी कि उसको सब कुछ ही अच्छा और सुन्दर लग रहा था। क़रीब आधे घण्टे बाद जस्सी का घर आ गया।

सिमर की आँखें फटी की फटी रह गयीं। हर चीज़ अपनी जगह पर बड़े ही करीने के साथ रखी हुई थी। किसी तरफ़ कोई धूल का कण तक नहीं था। जस्सी की सास और श्वसुर ने सिमर को जी भरकर प्यार दिया। सिमर को उसका कमरा दिखाया गया। एक पल के लिए सिमर ने महसूस किया कि वह किसी स्वर्ग में आ पहुँची है। वाहेगुरु के शुक्राने के तौर पर उसके अन्तर्मन से वाहेगुरु निकला।

क़रीब पन्द्रह दिन बाद सिमर और गुरमीत अपने घर में शिफ्ट हो गये। सिमर अपना घर देख बाग़-बाग़ हो उठी। घर हालाँकि सिमर के घर से बहुत छोटा था, पर बहुत सुन्दर था और ख़ास बात यह थी कि वह उनका अपना घर था। हर प्रकार की सुविधा थी, इस छोटे-से घोंसले में।

कुछ ही दिनों में दोनों जन पूरी तरह सैट हो गये। सिमर ने अपनी मरज़ी से अपने घर को सजाया और अपनी मरज़ी का सामान ख़रीदा। गुरमीत ने सिमर को मोरगेज वाली बात बतानी चाही, पर मोरगेज वाली बातों की न उसको समझ थी और न ही वह समझना चाहती थी। उसके लिए तो गुरमीत ही उसकी ज़िन्दगी था और शेष सारा जीवन वह गुरमीत की साँसों में साँस मिलाकर व्यतीत करना चाहती थी।

गुरमीत और सिमर एक-दूसरे के साथ बहुत ख़ुश थे। गुरमीत ने कुछ दिनों की छुट्टियाँ लीं और उसने सरी का आसपास का सारा इलाक़ा सिमर को घुमा दिया। फैरी और विक्टोरिया भी दिखा दिया। छुट्टियों के ये दस-पन्द्रह दिन पता ही नहीं

चला, कब बीत गये। गुरमीत एक फ़ैक्टरी में काम करता था। माँ-बाप के साथ ही आया था अपनी पढ़ाई बीच में ही छोड़कर। उसने बारह ग्रेड पूरे नहीं किये थे और कैनेडा में आकर भी उसने पढ़ने की कोशिश न की। फ़ैक्टरी का काम भारी तो था पर पैसे अच्छे मिलने के कारण उसको महसूस नहीं होता था। सिमर को उसके भारी काम का बहुत अहसास था। वह उसके लिए अच्छे पकवान बनाती और हर तरीक़े से उसकी सेहत का ख़याल रखती। क़रीब दो महीनों बाद सिमर भी किसी अन्य फ़ैक्टरी में काम करने लगी। दिनभर ख़ाली बैठकर व्यतीत करना बहुत कठिन था। हालाँकि गुरमीत ने उसको कई बार कहा कि उसकी तनख़्वाह से उनका गुज़ारा हो जायेगा, पर सिमर को अच्छा नहीं लगता था कि गुरमीत देहतोड़ मेहनत करे और वह घर में निठल्ली बैठकर सारा दिन टी.वी. देखती रहे।

ख़ुशी के समय की रफ़्तार कुछ ज़्यादा ही तेज़ होती है। इसी प्रकार उनका भी ख़ुशियों भरा समय बड़ी तेज़ी के साथ बीत गया। गुरमीत के पेट में दर्द रहने लगा। कभी-कभी मल में ख़ून भी आने लगता। एक दिन डॉक्टरों ने स्पष्ट बता दिया कि इसके अमाशय में कैंसर काफ़ी फैल चुका है। सभी के हाथ-पैर फूलने लगे। सिमर को अपना सूरज डूबता प्रतीत होने लगा। गुरमीत के साथ-साथ वह भी सूखकर तिनका हो गयी। वह कई बार रब से कहती कि क्यों उसकी ख़ुशी की उम्र इतनी छोटी होती है। उसने कौन-से ऐसे पाप किये हैं, जिसकी ईश्वर उसको सज़ा दे रहा है।

गुरमीत की हालत दिन-प्रतिदिन बिगड़ती गयी। डॉक्टरों ने अपना पूरा ज़ोर लगाया कि उसको कुछ देर जीवित रखा जा सके, पर कुदरत को यह मंजूर नहीं था। अन्त में, गुरमीत ईश्वर को प्यारा हो गया। सिमर पर दुखों का पहाड़ टूट पड़ा। उसके चारों तरफ़ अँधेरा ही अँधेरा था। उसकी समझ में नहीं आ रहा था कि वह क्या करे। गुरमीत अपनी कोई निशानी भी तो देकर नहीं गया था जिसके सहारे वह अपनी ज़िन्दगी काट लेती। अन्तिम संस्कार के बाद भोग पर अन्य सब कुछ एक सप्ताह में निबट गया। दुख बाँटने आये सभी रिश्तेदार, मित्र-दोस्त अपने-अपने घरों को लौट गये।

वह घर जो सिमर को स्वर्ग लगता था, अब काटने को आता। उसका दिल करता, वह कहीं दूर चली जाये जहाँ बैठकर वह जी भरकर रो सके। वह सिर्फ़ और सिर्फ़ गुरमीत की याद के साथ जीना चाहती थी। कई बार उसका दिल करता, वह सबको कह दे कि उसके घर से सभी चले जायें ताकि वह अकेली बैठकर जी भरकर गुरमीत की याद के गले लगकर रो सके। पर कोई भी उसको अकेला न छोड़ता।

गुरमीत का पिता भी अपनी जान से प्यारे पुत्र को इस दुनिया से भेजने समय से आ गया था। उसको सिर्फ़ महीने भर का ही वीज़ा मिला था। महीने भर में सब कुछ निबट गया था।

थोड़ा शोर-शराबा कम हुआ तो गुरमीत के बापू ने सिमर और जस्सी को गुरमीत के फूल भारत ले जाने की सलाह दी। जस्सी और सिमर ने उसकी हाँ में हाँ मिला दी। तय किये समय के अनुसार गुरमीत का बापू और सिमर दोनों जन एक छोटे-से डिब्बे में बन्द गुरमीत को लेकर सजल आँखों और टूटे दिल के साथ भारत जाने के लिए जहाज़ में बैठ गये।

सभी रिश्तेदार और दोस्त-मित्र आते, रस्मी-सा अफ़सोस प्रकट करके चले जाते। सबकी नज़रें तो सिमर पर थीं। रिश्तेदारों में दौड़ लग गयी सिमर को अपने वश में करने की। सब भूल गये कि ज़ख़्म अभी कच्चे हैं। उन्हें न उखाड़ा जाये। पर किसी को किसी के दर्द से क्या। हर कोई अपना उल्लू सीधा करना चाहता है। रिश्तेदारों में सिमर को लेकर आपाधापी मच गयी।

सबसे पहले गुरमीत की बुआ वीरो अपने भाई केहर सिंह से कहने लगी, "वीर! परमात्मा ने तो हमारे साथ बहुत बुरी की है। कलेजा बाहर को आता है। पर निर्दयी के आगे किसकी चलती है। मुझे भी गुरमीत का बहुत दुख है। सिमर तो मुझसे देखी नहीं जाती। मेरे लिए कौन-सा परायी है वो।"

केहर सिंह अपने अँगोछे से आँखें पोंछने लगता है तो वीरो बोल पड़ती है, "ऊपर वाले की इच्छा तो माननी ही पड़ती है। किसका ज़ोर चलता है उस रब के आगे।"

"तेरी बात तो ठीक है, पर आगा तो ख़ाली दिखता है। मेरी ज़िन्दगी में तो अँधेरा ही अँधेरा दिखता है। क्या होगा इस घर का?"

"हाँ वीर, मुझे भी यही दुख लगा रहता है। अभी लड़की की उम्र ही क्या है। कैसे काटेगी पहाड़-सी ज़िन्दगी!"

केहर सिंह ने बड़ा-सा नि:श्वास भरा और वीरो के मुँह की तरफ़ देखने लगा मानो वह उसको पढ़ने का यत्न कर रहा हो।

"हाँ!" केहर सिंह के मुँह से निकला।

वीरो ने सोचा कि इससे पहले कि कोई दूसरा उसके भाई को सिमर के बारे में कहे या सिमर की ही किसी के साथ बात हो जाये, उसको अपने दिल की बात कह देनी चाहिए।

"वीर! मैं और मनदीप का डैडी सोच रहे थे कि अगर सिमर और मनदीप का आपस में...। हो जाये तो घर की बात घर में ही रह जायेगी।" वीरो ने यह कहकरकेहर सिंह के चेहरे पर टकटकी लगा ली और उसके हाव-भाव पढ़ने लगी।

केहर सिंह ने सिर पर बाँधा अँगोछा ठीक किया और बिना कुछ कहे गली की तरफ़ चल दिया।

उधर जस्सी की सास ने जस्सी के कान खाने शुरू कर दिये। वह अपनी बहन का लड़का देखे बैठी थी।

जस्सी ने एक दिन खीझकर कह ही दिया, "मम्मी! अभी तो मेरे भाई की चिता ठण्डी नहीं हुई और तुम ऐसी बातें करने बैठ गये। अभी तो सिमर ने होश भी नहीं सँभाली, अभी तो उसको यक़ीन नहीं आ रहा कि गुरमीत हमें छोड़कर चला गया है और वह वापस नहीं लौटेगा।"

जस्सी की सास के तो जैसे आग ही लग गयी। सोफ़े से दुखते घुटनों पर हाथ धर उठती हुई मुँह-सा बनाकर बोली, "हमें तो भाई क्या है और फिर हमारी कौन-सा चलनी है। मैंने तो भले के लिए ही सोचा था कि घर की बात घर में ही रह जायेगी। अपने बापू और सिमर के साथ बात करके तो देखन:। ख़ुद ही जवाब दिये जाती है। और, आज कल में ही बात कर ले, ये न हो सिमर या कोई और कहीं दूसरी जगह ही हाँ कर दें।"

सिमर का बापू अरजन सिंह कुछ और ही सोच रहा था। उसके पास उसके रिश्तेदारों और यार-दोस्तों का आना-जाना बढ़ गया। लोगों को था कि अब सिमर यहाँ भारत में है, इसके साथ अभी ही बात पक्की कर लेनी चाहिए। कैनेडा जाकर इसका मन बदल न जाये।

अरजन सिंह के एक दोस्त बलदेव सिंह ने तो यहाँ तक कह दिया, "अरजन सिंह, दुख तो बहुत है जो कुछ रब ने बेटी के साथ किया। पर उसकी रज़ा तो माननी ही पड़ेगी। और फिर लड़की अभी छोटी है। उम्र काटनी बहुत कठिन है। मैं सोचता हूँ कि यदि हम घर की बात घर में निपटा लें तो दोनों पक्षों का फ़ायदा है। अपना छोटा अच्छा पढ़-लिख गया है। मेरा ख़याल है सिमर... और जग्गे...।"

अरजन सिंह ने बलदेव सिंह की बात तो ध्यानपूर्वक सुन ली, पर जवाब न दिया।

बलदेव सिंह को पता था कि अरजन सिंह कुछ लालची वृत्ति का व्यक्ति है। उसको सिमर के पहले विवाह के बारे में भी पता था कि कैसे अरजन सिंह ने लड़के वालों से सारे विवाह का ख़र्चा करवाया था। इसलिए उसने उसकी 'हाँ' सुनने के

लिए अपना पैंतरा बदल लिया और कहने लगा, "अपने पास कौन-सा किसी चीज़ की कमी है। लड़का यूँ ही कैनेडा जाने की ज़िद्द करता है। अगर बात सिरे चढ़ती है तो लड़की को दस-बारह लाख देंगे सैट होने के लिए।"

इतना कहकर वह अरजन सिंह से जवाब की प्रतीक्षा करने लगा। संयोग से सिमर उस समय अपने मायके आयी हुई थी। उसने सारी बात सुन ली थी। वह डर गयी कि कहीं उसका बापू पैसे के लालच में आकर फिर न कोई डील कर बैठे।

वह चाय देने के बहाने आयी और क़रीब पड़ी एक ख़ाली कुरसी पर बैठ गयी। बलदेव सिंह ने उठकर उसके सिर पर प्यार से हाथ फेरा। सिमर का मन भर आया। उसने भरे मन के साथ बोलना शुरू किया, "गुरमीत तो अभी रब के पास पहुँचा भी नहीं होगा, कहीं राह में ही होगा, आपने अभी से मेरा मोल डालना शुरू कर दिया। मुझे परमात्मा ने दो हाथ दिये हैं। मैं अपना गुज़ारा आप कर सकती हूँ, मेहनत-मज़दूरी करके। अपने बारे में फ़ैसला करने का अधिकार मुझे ख़ुद को है।"

सिमर की बात सुनकर दोनों ख़ामोश हो गये और एक-दूसरे के मुँह की ओर एकटक देखने लगे। कोई कुछ न बोला।

जैसे ही चाय ख़त्म हुई, बलदेव सिंह उठा, सिमर का दुबारा सिर सहलाया और अरजन सिंह के साथ हाथ मिलाकर 'अच्छा भाई' कहकर अपनी कार में बैठ गया।

पता नहीं और कितने ऐसे सौदेबाज़ों ने अरजन सिंह के घर के चक्कर लगा लगाकर आँगन नीचा कर दिया। यूँ लगता था, लोग अफ़सोस करने नहीं आते बल्कि गुरमीत की मौत का लाभ उठाने आते हों। सिमर के बापू को इस बात का पूरा ज्ञान हो चुका था कि अब सिमर किसी क़िस्म की सौदेबाज़ी में नहीं आने वाली और उसको अपनी मनमरज़ी करनी है। हालाँकि बीच-बीच में उसने कई बार सिमर को समझाने की कोशिश की थी कि ज़िन्दगी को आगे चलाने के लिए यदि कोई दस-पन्द्रह लाख देता है तो बुरा नहीं। उसकी उम्र अभी बहुत छोटी है और पहाड़ जितनी ज़िन्दगी अकेले रहकर बितानी बहुत कठिन है।

यही हाल सिमर के ससुर का था। जो भी आता यह सवाल लेकर आता कि अब सिमर का क्या करना है। सिमर एक मण्डी में बिकने वाली वस्तु बनकर रह गयी थी। सिमर की ससुराल में उस दिन क्लेश पड़ गया जिस दिन सिमर ने गुरमीत की बुआ को कह दिया, "बुआ जी देखो, मैं पहले ही बहुत दुखी हूँ। मेरे साथ परमात्मा ने अच्छा नहीं किया। बहुत बुरा खेल खेला है। मैं किसी भी रिश्ते के बारे में सोच नहीं सकती। रब का वास्ता, तुम हमें तंग न करो। तुम रोज़ एक ही बात करने आते हो हमारे घर।"

वीरो के तो माना आग लग गयी। लाल-पीली हो कहने लगी, "लो, सुन लो... रोज़ आती हूँ...। मैं अपने भाई के घर आती हूँ। किसी का कुछ उठाकर नहीं ले जाती।"

केहर सिंह यह सब कुछ दुखी हृदय से देख रहा था। कितने दिनों की चुप आख़िर टूट ही गयी, पर फिर भी उसने अपनी बहन को बड़े धैर्य के साथ कहा, "देख वीरो! हमें लड़की को तंग करने का कोई हक़ नहीं। उसकी अपनी इच्छा है। वह जो भी फ़ैसला करेगी, मुझे मंजूर होगा। और फिर वह पढ़ी-लिखी लड़की है, वह अपना अच्छा-बुरा समझती है।"

बस, फिर क्या था। वीरो उठकर खड़ी हो गयी और झोला उठाकर जाने के लिए तैयार हो गयी। केहर सिंह की पत्नी गुरचरन कौर ने उसके हाथ से झोला पकड़ना चाहा, पर उसने उसको धक्का देकर एक तरफ़ धकेल दिया।

"मेरी तो इस घर में क़ीमत ही नहीं है। मैं तो अनपढ़ हूँ। मेरे भाई को तो आजकल लोगों की पढ़ाइयाँ दिखती हैं। अपने बहन-भाई नहीं दिखते। वो जाने, दुख तो मुझे भी बहुत है, मेरा भतीजा था, मेरे भाई का अंश था। मैंने तो सोचा था कि घर की बात घर में ही रह जायेगी।"

क्रोध में लाल हुई इतनी बात कहकर वह बस-अड्डे की ओर चल दी। केहर सिंह पीछे-पीछे गया, पर वह न मुड़ी।

अपने सिर पर बेहिसाब बोझ लेकर सिमर क़रीब दो महीनों बाद कैनेडा लौट आयी। जस्सी उसको एअरपोर्ट पर लेने गयी। जस्सी ने बहुत कहा कि वह कुछ दिन उसके घर में रह ले और फिर अपने घर चली जाये, पर जस्सी तो उस घर जाना चाहती थी, जहाँ गुरमीत की यादें थीं। जहाँ गुरमीत और उसकी तस्वीरें थीं। जिस घर की दीवारों में उनकी हँसी गूँजती थी। जस्सी ने सिमर के खाने-पीने के लिए कुछ सामान ख़रीदा और कुछ समय सिमर के साथ बिताने के बाद सिमर को उसके घर छोड़कर अपने घर लौट आयी।

घर पहुँचते ही उसकी सास ने जस्सी को कहना शुरू किया, "अरे, तू उसको साथ ले आती। बेचारी अकेली कैसे रहेगी?"

"बी जी, मैं कहा था, पर वह अकेला रहना चाहती थी।" जस्सी ने कहा।

"चल कोई बात नहीं। कल हम दोनों जायेंगी उसको लेने।"

अगले दिन सुबह होते ही जस्सी की सास सिमर के घर जाने के लिए तैयार हुए फिरती थी। जस्सी अपनी सास की चाल तो समझ रही थी, पर वह बोली कुछ

नहीं। जस्सी की सास ने सिमर को बहुत प्यार किया। ऐसा प्यार उसने पहले कभी सिमर को नहीं दिखाया था।

बलवीर कौर को आस थी कि जस्सी उसके साथ बात करेगी सिमर के बारे में। पर जस्सी ने कुछ नहीं कहा। आख़िर बलवीर कौर ने पूछ ही लिया, "जस्स बेटी, तू सिमर के बारे में अपने डैडी के साथ बात की थी? तो क्या सलाह है उनकी?"

"बी जी! सच बताऊँ, मैंने सिमर को लेकर कोई बात नहीं की। न ही मैं सिमर से पूछ सकती हूँ। वह अपनी ज़िन्दगी की आप मालिक है। उसके साथ क़िस्मत ने बहुत कुछ कर लिया। मैं अब...।" जस्सी का रोना निकल आया।

"अच्छा...।" बलवीर कौर बड़बड़ाती हुई बोली।

उस रात बलवीर कौर देर रात तक जागती रही। अपने पुत्र गुरमेल के साथ इस मामले पर बात करना चाहती थी। गुरमेल अपने कारोबार में इतना व्यस्त हुआ पड़ा था कि उसको प्रॉपर्टीज़ के सौदे करने के अलावा कुछ और सूझता ही नहीं था। वह थका-टूटा घर देर से आता और सुबह-सवेरे ही घर से चला जाता। उन दिनों में कैनेडा की आर्थिक स्थिति शिखर पर थी। मकान बनते बाद में थे, बिक पहले जाते थे। एक मकान के कई-कई ग्राहक आ खड़े होते और इस तरह घरों की क़ीमतों में आये दिन वृद्धि होती जाती।

'क्या पता वह कल सुबह भी जल्दी घर से निकल जाये। और फिर वह सवेरे-सवेरे किसी के साथ बात कम ही करता है। आज रात ही उसका मन टटोलूँगी।' बलवीर कौर ने मन ही मन सोचा।

वह अपने कमरे में जाने की बजाय फैमिली रूम में ही सोफ़े पर लेट गयी।

ज्यों ही गुरमेल के आने की आहट हुई, वह सोफ़े पर से उठकर बैठ गयी।

"आज तुम सोये नहीं बी जी?" गुरमेल ने टाई ढीली करते हुए पूछा।

"तू पहले बता, कुछ खायेगा-पियेगा?" बलवीर कौर बोली।

गुरमेल ने अँगड़ाई ली और कहने लगा, "नहीं बी जी। मैं रोज़ बाहर से ही डिनर करके आता हूँ। आजकल मार्केट बहुत तेज़ है। चार पैसे कमाने के लिए दिन-रात काम करना पड़ता है। ग्राहकों से और ग्राहक लेने के लिए उन्हें डिनर वग़ैरह पर ले जाना पड़ता है।"

बलवीर कौर ने देखा कि गुरमेल अच्छे मूड में है। उसके लिए बात करने का अच्छा मौक़ा था। उसने अपने चेहरे के हाव-भाव बदले और कहने लगी, "बेटा! तेरी बठिण्डे वाली मासी का कई बार फ़ोन आया कि सिमर के साथ बात करो। दुख

के माँ-बाप और भाई को उसके बेटे ने इधर बुलवाया और अब जस्सी की यह मज़ाल!

इसके बाद बलबीर कौर रोज़ रात को अपने बेटे का इन्तज़ार करने लगी। उसके कान भरने के लिए कोई न कोई समय निकाल ही लेती। गुरमेल पर अपनी माँ का असर होना शुरू हो गया। यद्यपि पहले-पहले वह कह दिया करता था कि बी जी मुझे यह ठीक नहीं लगता कि हम सिमर को मजबूर करें। सिमर और गुरविन्दर का कोई मेल नहीं बनता। यह एक तरह से पाप होगा। पर बलवीर कौर ने अपने ढंग-तरीक़े का प्रयोग कर गुरमेल के दिमाग़ में यह बात पक्की कर दी कि उसका सिमर की ज़िन्दगी पर अधिकार है। उसकी मासी के पुत्र के साथ सिमर का विवाह करना उनका अधिकार है। यह कैसे हो सकता है कि सिमर कहीं और विवाह करवाये जबकि उसकी मासी का बेटा अभी कुँआरा है। उसकी मासी के बेटे का अधिकार है सिमर पर क्योंकि गुरमीत को तूने ही इधर बुलवाया था। यदि तू गुरमीत को न बुलवाता, तो सिमर कैसे आती।

और सिमर... कैसे हौसला कर सकती है यह कहने का कि उसको अपनी ज़िन्दगी का फ़ैसला स्वयं करना है। वह कैसे कह सकती है कि उसको अभी बहुत कुछ सोचना है। सिमर की यह मज़ाल!

और फिर एक दिन गुरमेल ने जस्सी से कहा कि वह सिमर के घर जाने के लिए तैयार हो जाये। जस्सी तैयार हो गयी और दोनों कार में बैठ गये। रास्ते में जस्सी ने गुरमेल से पूछना चाहा कि क्या बात करनी है। गुरमेल ने सिर्फ़ इतना ही कहा कि वहाँ पहुँचकर पता चल जायेगा।

सिमर ने अदब के साथ चाय-नाश्ता पूछा। गुरमेल उठकर खड़ा हो गया और कहने लगा, "हम चाय पीने नहीं आये। हम तो तेरा फ़ैसला सुनने आये हैं। और हाँ, बता तूने क्या सोचा है गुरविन्दर के बारे में।"

सिमर गुरमेल के आगे हाथ जोड़कर कहने लगी, "वीरे, मैं पहले भी कई बार कह चुकी हूँ कि मेरा अभी विवाह करवाने का कोई इरादा नहीं है। मैं गुरमीत की यादों के साथ ही दिनकटी करना चाहती हूँ। परमात्मा के वास्ते मुझे जी लेने दो। यदि रब ने मेरे साथ यह कुछ किया है तो तुम तो मेरे पर तरस खाओ।"

"तरस हमने बहुत कर लिया। तरस करके ही हमने किसी की छोड़ी औरत को यहाँ बुलाया। तेरे से बढ़िया वहाँ और बहुत थीं। तू कोई ज़्यादा दूर नहीं थी। कभी शीशे के सामने खड़ी होकर देखना कि तेरे में ऐसा कुछ नहीं जिसके गर्व में तू अहंकारी हुई फिरती है।"

गुरमेल के शब्दों ने जस्सी और सिमर का हृदय नोच डाला। सिमर जस्सी के गले लगकर ज़ोर-ज़ोर से रोने लगी।

गुरमेल ने जस्सी को पकड़कर सिमर से अलग किया और बोला, "अच्छा, अगर तुझे हमारी बात नहीं मंजूर तो मेरा घर ख़ाली कर दे और जहाँ चाहे धक्के खा।"

"तुम्हारा घर! वो कैसे?" जस्सी ने सवालिया नज़रों से गुरमेल की ओर देखा।

"हाँ... मेरा घर। घर मेरे नाम है।"

"पर... सारी डाउन पेमेंट तो गुरमीत ने दी थी।" जस्सी हौसला करके बोली।

"अच्छा! तू अब इसकी वकील बन गयी। काग़ज़ देख, किसके नाम है यह घर। आ गयी बड़ी इसकी रक्षक।"

"कोई बात नहीं वीरे, यदि ऐसी बात है तो मैं घर ख़ाली कर दूँगी।" सिमर ने रोते-रोते कहा।

कुछ ही दिनों बाद सिमर ने घर ख़ाली कर दिया और वह किसी की बेसमेंट किराये पर लेकर रहने लगी। यह उसके एक जीवन का अन्त था और एक नये जीवन की शुरुआत।

□□